Diogenes Taschenbuch 21705

W0075810

Katherine Mansfield

Das Puppenhaus

Ausgewählte Erzählungen

Auswahl, Nachwort und
Übersetzung aus dem
Englischen von
Elisabeth Schnack

Diogenes

Sämtliche Erzählungen sind mit freundlicher Genehmigung
der Büchergilde Gutenberg entnommen aus:
Katherine Mansfield, Sämtliche Erzählungen in 2 Bänden,
Frankfurt, Wien, Zürich 1980
Copyright © 1980 by
Büchergilde Gutenberg, Frankfurt, Wien, Zürich
Umschlagillustration:
J.J. Tissot, ›A Portrait (Miss Lloyd)‹, 1876
(Ausschnitt)

Inhalt

Glück

Obwohl Bertha Young dreißig war, kannte sie noch Augenblicke wie diesen, wo sie Lust hatte, lieber zu rennen statt zu gehen, auf dem Bürgersteig herumzutanzen, Reifen zu treiben, etwas in die Luft zu werfen und aufzufangen oder stillzustehen und zu lachen – über nichts – einfach über nichts.

Was kann man auch tun, wenn man dreißig ist und an der eigenen Straßenecke plötzlich von einem Glücksgefühl, von einem Gefühl reinen Glücks überwältigt wird, als hätte man plötzlich einen leuchtenden Schnitz Nachmittagssonne verschluckt und als brennte es einem in der Brust und jagte einen kleinen Funkenregen durch den ganzen Körper, bis in jeden Finger und Zeh? ...

Oh, gibt es denn keine Möglichkeit, das auszudrücken, ohne ›öffentliches Ärgernis zu erregen‹? Wie blöd ist die Zivilisation! Warum hat man einen Körper bekommen, wenn man ihn wie eine kostbare Geige in einen Kasten einsperren muß?

›Nein, das mit der Geige ist nicht ganz, was ich meine‹, dachte sie, während sie die Treppe hinaufsprang und in ihrer Handtasche nach dem Schlüssel wühlte – sie hatte ihn vergessen, wie üblich – und am Briefkasten ratterte. ›Das ist es nicht, was ich meine, denn –‹

»Danke, Mary!« Sie trat in den Flur. »Ist das Kindermädchen wieder da?«

»Ja, M'm.«

»Und ist das Obst gekommen?«

»Ja, M'm. Alles ist da.«

»Tragen Sie bitte das Obst ins Eßzimmer! Ich will es nett anordnen, ehe ich hinaufgehe.«

Im Eßzimmer war es dämmerig und ziemlich kühl. Trotzdem zog Bertha ihren Mantel aus; sie konnte die enge Hülle keinen Augenblick länger ertragen, und die kalte Luft prallte auf ihre Arme.

Doch in ihrer Brust war immer noch die helle, glühende Stelle – und der kleine Funkenregen, den sie aussandte. Es war beinah unerträglich. Sie wagte kaum zu atmen, vor Angst, es dadurch höher anzufachen, und doch holte sie ganz tief Atem. Sie wagte es kaum, in den kalten Spiegel zu blicken – doch sie blickte hinein, und er zeigte ihr eine strahlende Frau mit lächelnden, zitternden Lippen, mit großen dunklen Augen und einem Ausdruck, als lausche sie, als warte sie, daß etwas… Himmlisches sich ereignete… von dem sie wußte, daß es geschehen mußte… unweigerlich.

Mary brachte auf einem Tablett das Obst, zusammen mit einer Glasschüssel und einer wunderschönen blauen Schale, die seltsam schimmerte, als wäre sie in Milch getaucht worden.

»Soll ich das Licht einschalten, M'm?«

»Nein, danke. Ich sehe noch genug.«

Tangerinen und Äpfel mit erdbeerroten Backen waren da, ein paar gelbe, seidig glatte Birnen, einige weiße Trauben mit silbrigem Flaum und eine riesengroße mit dunkelblauen Beeren. Die hatte sie gekauft, weil sie mit dem neuen Eßzimmerteppich übereinstimmen sollte. Sicher, es klang etwas weit hergeholt und verrückt, aber es war tatsächlich der Grund, weshalb sie sie gekauft hatte. Im Geschäft hatte sie gedacht: ›Ich muß ein paar dunkelblaue

8

haben, um den Teppich zur Geltung zu bringen.‹ Und dort war es ihr ganz sinnvoll vorgekommen.

Als sie fertig war und aus den leuchtenden, runden Bällchen zwei Pyramiden aufgebaut hatte, trat sie vom Tisch zurück, um die Wirkung zu prüfen. Es war tatsächlich äußerst merkwürdig. Denn der dunkle Tisch schien in das dämmerige Licht hineinzuschmelzen, und die Glasschüssel und die blaue Schale schienen in der Luft zu schweben. In ihrer gegenwärtigen Stimmung war es natürlich so unglaublich schön . . . Sie mußte lachen.

›Aber nein, ich werde noch hysterisch!‹ Und sie nahm ihre Handtasche und den Mantel und lief ins Kinderzimmer hinauf.

Die Kinderschwester saß an einem niedrigen Tisch und gab Klein-B. nach dem Bad sein Abendessen. Das Baby hatte ein weißes Flanellhemd und ein blaues Wolljäckchen an, und sein dunkles, feines Haar war zu einem lustigen kleinen Schopf hinaufgebürstet. Klein-B. blickte auf, als es die Mutter sah, und begann zu zappeln.

»Komm, Liebchen, iß schön brav auf!« sagte die Kinderschwester und kniff die Lippen auf eine Art zusammen, die Bertha wohlbekannt war und bedeutete, daß sie wieder mal im verkehrten Augenblick ins Kinderzimmer gekommen war.

»War sie brav, Nanny?«

»Den ganzen Nachmittag ist sie ein süßer Schatz gewesen«, flüsterte Nanny. »Wir waren im Park, und ich habe mich auf einen Stuhl gesetzt und sie aus dem Wagen gehoben, und ein großer Hund kam daher und legte seinen Kopf auf mein Knie, und sie griff nach seinem Ohr und zupfte daran. Oh, Sie hätten sie sehen sollen!«

9

Bertha hätte gern gefragt, ob es nicht recht gefährlich sei, wenn das Baby einen fremden Hund an den Ohren zupfte. Aber sie wagte es nicht. Sie stand da und schaute mit herabhängenden Armen zu, wie ein armes kleines Mädchen vor einem reichen kleinen Mädchen mit Puppe steht.

Das Baby blickte wieder zu ihr auf, sah sie an und lächelte dann so reizend, daß Bertha nicht mehr an sich halten konnte und rief: »O Nanny, lassen Sie mich das Baby zu Ende füttern! Sie können unterdessen die Badesachen wegräumen!«

»Aber, M'm, sie sollte nicht in andre Hände kommen, während sie ißt«, antwortete Nanny noch immer flüsternd. »Es macht sie unruhig, und wahrscheinlich bekommt es ihr nicht.« Wie unsinnig das war! Wozu hatte sie ein Baby, wenn es zwar nicht gerade wie eine kostbare Geige in einem Kasten aufbewahrt werden mußte, jedoch in den Armen einer anderen Frau liegen sollte?

»Ich möchte aber!« sagte sie.

Schwer gekränkt reichte Nanny ihr das Kind.

»Aber regen Sie sie ja nicht nach dem Essen auf, M'm! Sie wissen doch, daß Sie's immer tun, und ich habe dann hinterher die Plage!«

Gott sei Dank ging Nanny mit den Badetüchern aus dem Zimmer!

»Jetzt habe ich dich ganz für mich allein, mein kleiner Schatz«, sagte Bertha, als sich das Baby an sie lehnte.

Sie aß so niedlich, hielt ihr Mündchen dem Löffel entgegen und zappelte mit den Händen. Manchmal wollte sie den Löffel nicht loslassen, und manchmal, wenn Bertha ihn gerade gefüllt hatte, schlug sie ihn in alle Winde.

Als die Suppe aufgegessen war, drehte sich Bertha zum Kaminfeuer um.

»Du bist süß, du bist ganz, ganz süß!« sagte sie und küßte ihr warmes Baby. »Ich liebe dich, ich liebe dich!«

Und tatsächlich liebte sie Klein-B. so sehr, den Nacken, wenn sie sich vornüber beugte, und die wunderfeinen Zehlein, die im Flammenschein durchsichtig schimmerten, daß ihr ganzes Glücksgefühl wiederkehrte, und wieder wußte sie nicht, wie sie es äußern, was sie damit anfangen sollte.

»Sie werden am Telefon gewünscht!« sagte Nanny, die triumphierend zurückkam und *ihr* Baby in Besitz nahm.

Sie flog hinunter.

Es war Harry.

»Oh, bist du's, Ber? Hör mal, ich bin heute abend etwas spät dran. Ich werde ein Taxi nehmen und komme, so rasch ich kann, aber schiebe das Abendessen zehn Minuten hinaus, ja? Ist es recht?«

»Ja, sicher! Oh, Harry ...«

»Ja?«

Was hatte sie ihm noch zu sagen? Nichts. Sie wollte nur einen Augenblick länger in Verbindung mit ihm bleiben. Sie konnte nicht so verrückt sein und ihm zurufen: ›Ist es nicht ein himmlischer Tag?‹

»Was ist denn?« kläffte die dünne Stimme.

»Nichts. *Entendu*«, sagte Bertha, hängte den Hörer auf und dachte, daß die Zivilisation noch viel mehr als nur blöd sei.

Zum Abendessen hatten sie Gäste. Die Norman Knights kamen – ein sehr einwandfreies Paar –, er war im Begriff, ein Theater zu gründen, und sie beschäftigte sich leidenschaftlich mit Innendekoration; dann ein junger Mann, Eddie Warren, der gerade einen kleinen Gedichtband veröffentlicht hatte und den jedermann zum Essen einlud, und noch

Pearl Fulton, eine ›Entdeckung‹ Berthas. Was Miss Fulton tat, wußte Bertha nicht; sie hatten sich im Klub kennengelernt, und Bertha hatte sich in sie verliebt, wie sie sich immer in schöne Frauen verliebte, die etwas Seltsames an sich hatten. Es war irritierend, daß sie zwar gelegentlich zusammengewesen waren und miteinander gesprochen hatten, daß Bertha sie aber trotzdem nicht durchschauen konnte. Bis zu einem bestimmten Punkt war Miss Fulton von einer seltenen, herrlichen Offenheit, aber eben über den bestimmten Punkt ging sie nie hinaus.

Gab es überhaupt etwas darüber hinaus? Harry sagte: ›Nein!‹ Er hielt sie für langweilig und ›kalt wie alle Blondinen – vielleicht mit einem Anflug von seelischer Blutarmut‹. Aber Bertha mochte ihm nicht recht geben, jedenfalls noch nicht.

»Nein, die Art, wie sie dasitzt und den Kopf ein bißchen auf die Seite legt und lächelt, Harry – da steckt was dahinter, und ich muß herausfinden, was es ist.«

»Wahrscheinlich eine gute Verdauung«, erwiderte Harry. Er tat es ganz bewußt, Bertha mit Antworten dieser Art etwas zu bremsen... ›Leberstauungen, liebes Kind‹ oder ›nichts als Blähungen‹ oder ›nierenkrank‹... und so weiter. Aus irgendeinem sonderbaren Grund hatte Bertha es gern und bewunderte es nachgerade an ihm.

Sie ging in den Salon und zündete das Kaminfeuer an; dann hob sie der Reihe nach die Kissen auf, die Mary so sorgfältig aufgestellt hatte, und schleuderte sie wieder auf die Stühle und Sofas zurück. Es war ein himmelweiter Unterschied: das Zimmer bekam sofort Leben. Als sie gerade das letzte hinwerfen wollte, überraschte sie sich dabei, wie sie es plötzlich stürmisch an sich drückte. Doch das löschte das Feuer in ihrer Brust nicht.

O nein, ganz im Gegenteil!

Die Fenster des Salons gingen auf einen Balkon, der den Garten überblickte. Am andern Ende, vor der Mauer, ragte ein hoher, schlanker Birnbaum in vollster, üppigster Blüte auf; vollkommen still stand er da und hob sich vom jadegrünen Himmel ab. Bertha glaubte selbst aus dieser Entfernung feststellen zu können, daß er keine einzige unerschlossene Knospe und auch keine welke Blüte hatte. Weiter unten, auf den Gartenbeeten, schmiegten sich die roten und gelben Tulpen mit ihren schweren Kelchen in die Dämmerung hinein. Eine graue Katze kroch mit schleppendem Bauch über den Rasen, und eine andere, eine schwarze, folgte ihr wie ein Schatten. Der Anblick der beiden, die so gespannt und aufmerksam dahinschlichen, ließ Bertha erschauern.

»Was für gruselige Tiere Katzen doch sind!« stammelte sie, wandte sich vom Fenster weg und begann hin und her zu gehen ...

Wie stark die Narzissen in dem warmen Zimmer dufteten! Zu stark? O nein! Und doch warf sie sich wie überwältigt auf ein Sofa und drückte die Hände auf die Augen.

»Ich bin glücklich – zu glücklich!« murmelte sie.

Und es schien ihr, als sähe sie hinter den Augenlidern den schönen Birnbaum mit seinen weit offenen Blüten als Symbol ihres eigenen Lebens.

Doch – doch – sie hatte alles! Sie war jung. Harry und sie waren ineinander so verliebt wie nur je, und sie kamen herrlich miteinander aus und waren wirklich gute Kameraden. Sie hatte ein hinreißendes Baby. Sie hatten keinerlei Geldsorgen. Sie besaßen ein in jeder Hinsicht zufriedenstellendes Haus und den Garten. Und sie hatten Freunde, moderne, anregende Freunde, Schriftsteller und Maler und

13

Dichter oder Leute, die sich brennend für soziale Fragen interessierten – genau die Art Freunde, die sie haben wollten. Und außerdem Musik und Bücher, und sie hatte eine fabelhafte kleine Schneiderin entdeckt, und im Sommer reisten sie ins Ausland, und ihre neue Köchin machte die köstlichsten Omeletten ...

»Ich bin verrückt! Verrückt!« Sie setzte sich auf, aber sie war ganz benommen, wie berauscht. Es mußte der Frühling sein.

Ja, es war sicher der Frühling! Jetzt war sie so müde, daß sie sich kaum die Treppe hinaufschleppen konnte, um sich umzuziehen.

Ein weißes Kleid, eine Kette aus Jadekugeln, grüne Schuhe und Strümpfe. Sie hatte es nicht erst jetzt beabsichtigt: sie hatte sich diese Zusammenstellung schon vor Stunden ausgedacht, lange bevor sie vom Salonfenster aus den Birnbaum betrachtet hatte.

Wie mit Blütenblättern rauschte sie leise auf den Flur und küßte Mrs. Norman Knight, die einen furchtbar lustigen Mantel ablegte: orangefarben, mit einer Prozession schwarzer Äffchen unten am Saum und an den Vorderkanten.

»...Ach je, meine Liebe, daß unsre Mittelklasse auch gar so spießig ist – so gänzlich ohne Sinn für Humor! Es ist der reinste Glücksfall, daß ich überhaupt hier bin – wobei Norman der beschützerische Glücksfall ist! Denn meine süßen Äffchen haben alle Leute im Zug in solche Aufregung versetzt, daß sie wie ein Mann aufstanden und mich geradezu mit den Augen verschlangen. Sie haben nicht gelacht – sie fanden es nicht lustig –, das hätte mir ja gefallen. Nein, sie haben bloß geglotzt – und mich furchtbar angeödet.«

»Aber was der Glanzpunkt war«, sagte Norman und klemmte sich ein großes, in Schildpatt gefaßtes Monokel ins Auge, »ich darf's doch erzählen, Face, ja?« (Zu Hause und unter Freunden nannten sie sich Face und Mug.) »Der Glanzpunkt war es dann, als sie es gründlich satt hatte und sich an die Frau neben ihr wandte und fragte: ›Haben Sie noch nie im Leben einen Affen gesehen?‹«

»Ach ja!« Mrs. Norman Knight stimmte in das Gelächter ein. »War das nicht wirklich glänzend?«

Und was noch komischer war: daß sie jetzt, ohne ihren Mantel, tatsächlich wie ein sehr gescheites Äffchen aussah, das sich sogar das gelbe Seidenkleid – aus abgeschabten Bananenschalen – selbst gemacht hatte. Und ihre Bernsteinohrringe: glichen sie nicht baumelnden kleinen Nüssen?

»Ein äußerst trauriger Fall!« sagte Mug und blieb nachdenklich vor Klein-B.s Kinderwagen stehen. »Kommt ins Haus, der Kinderwagen...« Den Rest des Zitats überging er. Es läutete an der Haustür. Der magere, blasse Eddie Warren erschien – wie üblich in einem Zustand größter Bedrängnis.

»Das muß doch das *richtige* Haus sein, nicht wahr?« rief er flehend.

»Vermutlich – hoffentlich!« entgegnete Bertha strahlend.

»Ich hatte so ein *entsetzliches* Erlebnis mit einem Taxifahrer! Ein ganz *finsterer* Kerl! Ich konnte ihn nicht dazu bringen, daß er *hielt!* Je *mehr* ich klopfte und rief, um so *schneller* fuhr er! Dazu im Mondschein die *bizarre* Gestalt, mit dem *verkürzten* Kopf über das *kleine* Lenkrad geduckt...«

Er schauderte und legte einen riesigen weißen Seiden-

15

schal ab. Bertha stellte fest, daß auch seine Socken weiß waren – äußerst elegant.

»Nein, wie gräßlich!« rief sie.

»Ja, das war es wirklich«, sagte Eddie und folgte ihr in den Salon. »Ich sah mich in einem *zeitlosen* Taxi durch die *Ewigkeit* fahren!«

Mit den Norman Knights war er bekannt. Er wollte ja ein Stück für N. K. schreiben, wenn sich der Plan mit dem Theater verwirklichte.

»Sieh da, Warren! Was macht das Stück?« fragte Norman Knight, ließ das Monokel fallen und gönnte seinem Auge eine Pause, in der es an die Oberfläche steigen konnte, bevor er es hinunterzwängte.

Und Mrs. Norman Knight rief: »Oh, Mr. Warren, was für hinreißende Socken!«

»Ich freue mich *so*, daß sie Ihnen gefallen«, sagte er und blickte auf seine Füße. »Sie sind anscheinend *sehr* viel weißer geworden, seit der Mond aufgegangen ist!« Dabei wandte er Bertha sein schmales, melancholisches junges Gesicht zu. »Der Mond ist nämlich *aufgegangen!*«

Am liebsten hätte sie gerufen: »Allerdings – und noch oft – noch oft!«

Er war wirklich ein äußerst interessanter junger Mensch. Aber interessant war auch Face, die in ihrem Bananenkleid vor dem Feuer kauerte, und Mug, der eine Zigarette rauchte, die Asche ins Feuer schnippte und fragte: »Was säumt der Bräutigam so lange?«

»Da kommt er schon!«

Die Haustür flog krachend auf und wieder zu. Harry rief laut: »Hallo, ihr Leute! Bin in fünf Minuten unten!« Und sie hörten ihn die Treppe hinaufbrausen. Bertha mußte lächeln; sie wußte, wie sehr er es liebte, alles unter Hoch-

16

druck zu tun. Was kam es schließlich auf die fünf Minuten an? Aber er wollte sich selbst vormachen, daß es ganz gewaltig darauf ankam. Und dann ließ er es sich sehr angelegen sein, betont kühl und beherrscht im Salon zu erscheinen.

Harry war von einem glühenden Lebenshunger besessen. Wie sehr sie das an ihm schätzte! Und seine Leidenschaft, sich durchzusetzen – in allem, was ihm in den Weg kam, eine neue Probe seiner Kraft und seines Mutes zu erkennen –, auch die konnte sie verstehen. Selbst wenn er dadurch andern Leuten, die ihn nicht gut kannten, dann und wann etwas lächerlich erscheinen mochte... Denn es kam vor, daß er sich in die Schlacht stürzte, wo überhaupt keine war... Sie plauderte und lachte, und erst, als er auftrat (und zwar genauso, wie sie es sich vorgestellt hatte), kam es ihr wieder in den Sinn, daß Pearl Fulton noch nicht eingetroffen war.

»Ob Miss Fulton es vergessen hat?«

»Das ist anzunehmen«, sagte Harry. »Hat sie Telefon?«

»Oh, da kommt gerade ein Taxi!« Und Bertha lächelte mit einem Anflug von Besitzerstolz, den sie sich stets beilegte, solange ihre weiblichen ›Entdeckungen‹ neu und geheimnisvoll waren. »Sie haust in Taxis!«

»Wenn sie das tut, wird sie zu dick«, erklärte Harry kühl und läutete, das Zeichen zum Auftragen gebend. »Sehr gefährlich für Blondinen!«

»Oh, Harry – laß!« warnte Bertha und blickte lachend zu ihm auf.

Ein kurzer Augenblick noch, während sie lachend und plaudernd warteten und ein ganz klein bißchen zu unbefangen, ein bißchen zu ahnungslos taten. Dann erschien

17

Miss Fulton, ganz in Silber, mit einem silbernen Stirnband, das ihr hellblondes Haar zusammenhielt, und lächelte, den Kopf ein wenig auf die Seite geneigt.

»Habe ich mich verspätet?«

»Nein, durchaus nicht!« sagte Bertha. »Kommen Sie!« Sie nahm ihren Arm, und zusammen gingen sie ins Eßzimmer. Was hatte der kühle Arm nur an sich, daß er das Glücksgefühl wieder anfachte, anfachte und auflodern ließ, mit dem Bertha nichts anzufangen wußte?

Miss Fulton sah Bertha nicht an; aber sie blickte den Leuten nur selten offen ins Gesicht. Ihre schweren Lider waren gesenkt, und das seltsame halbe Lächeln um ihre Lippen kam und ging, so als ob sie mehr lauschte als sah. Doch Bertha wußte auf einmal, und als hätten sie einen ganz langen, vertrauten Blick miteinander getauscht, ja als hätten sie einander zugerufen: ›Wie? Du auch?‹, daß Pearl Fulton, während sie die schöne rote Suppe in ihrem grauen Teller umrührte, genau dasselbe empfand wie sie.

Und die andern? Face und Mug, Eddie und Harry, die ihre Löffel hoben und senkten, sich die Lippen mit der Serviette abtupften, Brot zerkrümelten, mit Gabeln und Gläsern spielten und plauderten?

»Ich traf sie auf der Alpha-Ausstellung – eine ganz unmögliche kleine Person! Hatte sich nicht nur das Haar abgeschnitten, sondern schien auch an Beinen und Armen und Hals und der armseligen kleinen Nase herumgeschnippelt zu haben.«

»Ist sie nicht sehr mit Michael Oat liiert?«

»Mit dem, der *Love in False Teeth* geschrieben hat?«

»Der will ein Stück für mich schreiben. Einen Einakter. Nur eine Person. Der Held beschließt, Selbstmord zu begehen. Gibt alle Gründe für und wider an. Und gerade, als er sich entschlossen hat, es zu tun (oder zu lassen) – Vorhang. Kein schlechter Einfall!«

»Wie will er es nennen? ›Leibweh‹?«

»Ich *glaube*, ich bin dem *gleichen* Einfall schon einmal begegnet, in einer unbedeutenden französischen Zeitschrift, *völlig* unbekannt in England.«

Nein, sie alle empfanden nicht, was Bertha empfand. Es waren furchtbar nette Menschen, und sie genoß es, sie hier an ihrem Tisch zu haben und ihnen köstliches Essen und erlesenen Wein vorzusetzen. Sie sehnte sich geradezu danach, ihnen zu sagen, wie reizend sie seien und was für eine dekorative Gruppe sie bildeten und wie sie einer den andern zur Geltung brachten und sie an ein Stück von Tschechow erinnerten.

Harry genoß sein Essen. Es gehörte zu einem Teil seiner, nein, nicht gerade seiner Natur und erst recht nicht seiner Pose oder was es sonst sein mochte, über das Essen zu reden und in seiner ›schamlosen Leidenschaft‹ für weißes Hammelfleisch‹ und für ›grünes Pistazieneis‹ zu schwelgen, das ›so grün und kühl wie die Lider ägyptischer Tänzerinnen war‹.

Als er aufsah und zu ihr sagte: »Bertha, das ist ein bewundernswertes Soufflé!«, hätte sie fast weinen können vor kindlicher Freude.

Oh, warum empfand sie heute abend eine so große Zärtlichkeit für die ganze Welt? Alles war gut – war richtig. Alles, was geschah, schien den randvollen Kelch ihres Glücks nur noch mehr zu füllen.

Und immer blühte im Grunde ihres Denkens der Birnbaum! Er mußte jetzt, im Mondlicht des lieben guten Eddie, silbern strahlen – so silbern wie Miss Fulton, die dasaß und eine Tangerine in ihren schlanken Fingern her-

19

umdrehte, in Fingern, die so blaß waren, daß ein Licht von ihnen auszugehen schien.

Sie konnte einfach nicht begreifen – es war so übernatürlich –, wieso sie Miss Fultons Stimmung so genau und jählings erraten hatte. Denn sie zweifelte keinen Augenblick, daß sie recht hatte – und doch, was für Beweise hatte sie? Keine, überhaupt keine!

»Ich glaube, zwischen Frauen kann so etwas vorkommen, doch selten, sehr selten, und zwischen Männern nie«, dachte Bertha. »Aber wenn ich im Salon den Kaffee vorbereite, gibt sie vielleicht ›ein Zeichen‹.«

Was sie damit meinte, wußte sie nicht, und was danach geschehen würde, konnte sie sich nicht vorstellen. Während sie daran dachte, sah sie sich plaudern und lachen. Sie mußte plaudern, weil sie gar zu gern lachen wollte.

›Ich muß lachen, sonst halte ich es nicht aus!‹

Aber als sie Faces komische kleine Gewohnheit bemerkte, an ihrem Ausschnitt herumzufingern, als hätte sie dort einen heimlichen kleinen Nußvorrat versteckt, mußte Bertha ihre Nägel in die Hände graben, um nicht laut loszulachen.

Endlich war es vorbei. Bertha sagte: »Sehen Sie sich meine neue Kaffeemaschine an!«

»Wir haben bloß alle vierzehn Tage eine neue Kaffeemaschine«, sagte Harry. Face nahm diesmal seinen Arm. Miss Fulton folgte ihnen – mit gesenktem Kopf.

Im Salon war das Kaminfeuer zu einem roten, züngelnden ›Nest von Phönixjungen‹ heruntergebrannt, wie Face sagte. »Oh, macht noch nicht Licht! Es ist so schön!« Und sie kauerte sich wieder vor den Kamin. Sie fror immer...
›Begreiflich‹, dachte Bertha, ›ohne ihr rotes Wolljäckchen!‹

In diesem Augenblick gab Miss Fulton ›das Zeichen‹.

»Haben Sie einen Garten?« fragte die kühle, verschlafene Stimme.

Das war so wunderbar, daß Bertha nicht anders konnte als gehorchen. Sie ging durchs Zimmer, zog die Vorhänge auseinander und öffnete die hohen Fenster.

»Da!« hauchte sie.

Und die beiden Frauen standen nebeneinander und blickten auf den schlanken, blühenden Baum. Obwohl er so ruhig dastand, schien er sich wie die Flamme einer Kerze zu recken und aufwärts zu deuten und in der klaren Luft zu zittern, ja vor ihren Augen höher und höher zu werden und fast den Rand des vollen silbernen Mondes zu berühren.

Wie lange standen sie so? Beide gefangen in diesem Kreis überirdischen Lichts, einander völlig verstehend, Geschöpfe einer andern Welt, verwundert, was sie in der Welt hier unten mit der Glücksfülle anfangen sollten, die ihnen in der Brust brannte und in silbernen Blüten von Haar und Händen tropfte?

Schon immer – oder nur einen Augenblick? Hatte Miss Fulton wirklich geflüstert? »Ja, *das* ist es!« Oder hatte Bertha es geträumt?

Dann wurde das Licht angeknipst, und Face machte den Kaffee, und Harry sagte: »Meine liebe Mrs. Knight, fragen Sie mich nicht nach meinem Töchterchen! Ich sehe sie nie. Sie wird mich erst ernstlich zu interessieren beginnen, wenn sie einen Liebhaber hat«, und Mug holte sein Auge aus dem Glashaus, jedoch nur für einen kurzen Moment, dann steckte er es wieder unter Glas, und Eddie Warren trank seinen Kaffee und stellte die Tasse mit einem so besorgten Gesicht hin, als hätte er eine Spinne gesehen – und verschluckt.

»Vor allem liegt mir daran, den jungen Männern zu einer Bühne zu verhelfen. Ich glaube, daß London geradezu wimmelt von erstklassigen, ungeschriebenen Theaterstükken. Deshalb möchte ich ihnen sagen können: ›Da habt ihr euer Theater! Nun legt los!‹«

»Wissen Sie, meine Liebe, ich soll nämlich ein Zimmer für die Jacob Nathans einrichten. Ach, es reizt mich so, alles im Bratfischstil zu machen, die Stuhllehnen wie Bratpfannen geformt und die Vorhänge ganz und gar mit hübschen Kartoffelchips bestickt.«

»Der Kummer mit unsern jungen Schriftstellern ist, daß sie immer zu romantisch sind. Man kann nicht zur See gehen, ohne seekrank zu werden und ein Becken zu benutzen. Warum trauen sie sich also nicht an die Becken ran?«

»Ein *greuliches* Gedicht über ein *Mädchen*, das von einem Bettler *ohne* Nase in einem Gehölz vergewaltigt wurde...«

Miss Fulton sank in den niedrigsten, tiefsten Sessel, und Harry reichte Zigaretten herum. Aus der Art, wie er vor Miss Fulton stand, die silberne Dose schüttelte und schroff sagte: »Ägyptische? Türkische? Virginische? Sie sind alle durcheinandergeraten«, schloß Bertha, daß sie ihn nicht nur langweilte – er konnte sie wirklich nicht leiden. Und an der Art, wie Miss Fulton sagte: »Nein, danke, ich möchte nicht rauchen«, erkannte sie, daß auch Miss Fulton es empfand und gekränkt war.

›Oh, Harry, du solltest nichts gegen sie haben! Du täuschst dich sehr in ihr! Sie ist wundervoll, ganz wundervoll. Und überdies: wie kannst du so anders für jemanden empfinden, der mir so viel bedeutet? Wenn wir heute nacht im Bett sind, werde ich versuchen, dir zu schildern, was geschehen ist: was sie und ich gemeinsam erlebt haben.‹

Bei diesem Gedanken tauchte etwas Seltsames und fast Erschreckendes in Berthas Geist auf. Und dieses unkenntliche und lächelnde Etwas flüsterte ihr zu: ›Bald sind all diese Leute weggegangen. Dann ist das Haus still, ganz still. Die Lichter sind gelöscht. Und du und er – ihr werdet allein sein – im dunklen Zimmer – im warmen Bett...‹

Sie sprang von ihrem Sessel auf und lief zum Klavier hinüber.

»Wie schade, daß niemand spielt!« rief sie. »Wie schade, daß niemand hier ist, der spielt!«

Zum erstenmal in ihrem Leben begehrte Bertha Young ihren Mann.

Oh, sie hatte ihn geliebt – natürlich war sie in ihn verliebt gewesen –, auf jede Art, jedoch nicht so. Und natürlich hatte sie auch eingesehen, daß es bei ihm anders war. Sie hatten so oft darüber gesprochen. Zuerst hatte es sie sehr bekümmert, als sie merkte, daß sie frigide war, aber nach einiger Zeit schien es nicht mehr so wichtig zu sein. Sie waren so offen miteinander – zwei gute Kameraden. Das war das Beste am Modernsein.

Aber jetzt – war sie glühend, glühend! Das Wort schmerzte in ihrem glühenden Körper. Dahin also hatte das Glücksgefühl geführt? Aber dann... dann...

»Meine Liebe«, sagte Mrs. Norman Knight, »Sie kennen unser Pech! Wir sind die Opfer von Zeit und Fahrplan. Wir wohnen in Hampstead! Es war ein entzückender Abend!«

»Ich begleite Sie an die Tür«, sagte Bertha. »Ich habe es so genossen, Sie bei uns zu haben. Aber den letzten Zug dürfen Sie nicht verpassen. Das wäre ja gräßlich, wie?«

»Noch einen Whisky, ehe Sie gehen, Knight?« rief Harry.

»Nein, danke, mein Lieber!«

Dafür drückte ihm Bertha die Hand, als sie ihn verabschiedete.

»Gute Nacht, gute Nacht!« rief sie von der obersten Treppenstufe und wußte, daß ihr bisheriges Selbst für immer Abschied von ihnen nahm.

Als sie in den Salon zurückkehrte, waren auch die andern im Begriff aufzubrechen.

»...dann können Sie ein Stückchen Wegs in meinem Taxi mitkommen!«

»Oh, ich bin Ihnen so *dankbar*, daß ich nicht *noch* eine Fahrt *allein* machen muß – nach meinem *schrecklichen* Erlebnis!«

»Ein Taxi können Sie gleich am Ende der Straße am Standplatz bekommen. Sie brauchen nur ein paar Schritte zu laufen.«

»Wie angenehm! Ich will nur noch meinen Mantel anziehen.«

Miss Fulton wollte auf den Flur gehen, und Bertha war im Begriff, ihr zu folgen, da drängte sich Harry zwischen sie.

Bertha wußte, daß er seine Unhöflichkeit bereute, und ließ ihn gehen. Was für ein großer Junge er doch in mancher Hinsicht war – so impulsiv! Und so einfach!

Und sie und Eddie blieben beim Kaminfeuer zurück.

»Haben Sie wohl Bilks *neues* Gedicht *Table d'hôte* gelesen?« fragte Eddie leise. »Es ist *so* bezaubernd! In der neuesten Nummer der *Anthology*. Haben Sie eine? Ich würde es Ihnen so gerne *zeigen*! Es fängt mit einer *unvorstellbar* herrlichen Zeile an: ›Warum muß es denn immer Tomatensuppe sein?‹«

»Ja«, sagte Bertha. Und geräuschlos ging sie zu einem

24

Tischchen gegenüber von der Salontür, und Eddie glitt ihr geräuschlos nach. Sie hob das kleine Buch auf und gab es ihm; es war alles lautlos vor sich gegangen.

Während er das Gedicht suchte, fiel ihr Blick auf den Flur. Und dort sah sie ... Harry, mit Miss Fultons Mantel im Arm – und Miss Fulton, die ihm den Rücken zugekehrt hatte und den Kopf senkte. Er warf den Mantel beiseite, legte ihr die Hände auf die Schultern und drehte sie ungestüm zu sich herum. Seine Lippen sagten: »Ich bete dich an«, und Miss Fulton legte ihre Mondscheinfinger auf seine Wangen und lächelte ihr verschlafenes Lächeln. Harrys Nasenflügel zitterten; seine Lippen verzogen sich in einem häßlichen Grinsen, und er flüsterte: »Morgen!«, und Miss Fulton antwortete mit ihren Augenlidern: ›Ja!‹

»Hier ist es!« sagte Eddie. »›Warum muß es immer Tomatensuppe sein?‹ Es ist so *tief* empfunden, finden Sie nicht auch? Tomatensuppe ist so *schrecklich* ewig.«

»Wenn es Ihnen lieber ist«, drang Harrys Stimme sehr laut vom Flur her, »kann ich Ihnen ein Taxi telefonisch vor die Haustür bestellen!«

»O nein, das ist nicht nötig«, sagte Miss Fulton, kam auf Bertha zu und reichte ihr die schlanken Finger.

»Gute Nacht! Und vielen Dank!«

»Gute Nacht!« sagte Bertha.

Miss Fulton hielt Berthas Hand noch eine Sekunde fest. »Ihr herrlicher Birnbaum!« murmelte sie.

Und dann war sie fort, mit Eddie im Gefolge – wie die schwarze Katze, die der grauen folgte.

»Dann mache ich den Laden dicht«, sagte Harry übertrieben kühl und beherrscht.

›Ihr herrlicher Birnbaum – Birnbaum – Birnbaum!‹

25

Bertha rannte förmlich zu den hohen Fenstern.

»Oh, was soll jetzt nur werden?« rief sie.

Aber der Birnbaum war so herrlich wie zuvor, so voller Blüten, und so still.

Ein Geburtstag

Andreas Binzer wurde allmählich wach. Er drehte sich in dem schmalen Bett um und streckte sich und gähnte, wobei er den Mund aufriß, so weit er nur konnte, und danach die Zähne mit scharfem ›Klick‹ zusammenschlug. Es war ein Ton, der ihn faszinierte: er wiederholte ihn rasch ein paarmal hintereinander und schnappte die Kiefer zu. ›Was für Zähne!‹ dachte er. ›Jeder gesund wie eine Glocke, jeder einzelne Bursche. Hatte sich nie einen ziehen lassen, nie einen füllen lassen. Das kommt davon, wenn man sich vernünftig ernährt und abends und morgens regelmäßig und kräftig die Zähne putzt.‹ Er stützte sich auf den linken Ellbogen und schwenkte den rechten Arm übers Bett weg, um nach dem Stuhl zu tasten, auf dem er über Nacht seine Uhr und die Uhrkette liegen hatte. Kein Stuhl war da – natürlich, er hatte es vergessen, in dem elenden Gastzimmer war kein Stuhl. Er hatte das verflixte Ding unter sein Kissen legen müssen. ›Halb neun, Sonntag, Frühstück um neun, Zeit fürs Bad‹, tickte sein Gehirn im Gleichklang mit der Uhr. Er sprang aus dem Bett und ging ans Fenster hinüber. Die Lattenjalousie war zerbrochen und hing wie ein Fächer über dem oberen Schiebefenster... ›Die Jalousie muß ausgebessert werden. Ich werde dem Büroburschen sagen, daß er morgen auf dem Heimweg hereinkommt und sie ausbessert – er versteht sich auf Jalousien. Werde ihm Twopence geben, dann macht er's so gut wie ein Tischler... Anna könnte es selbst machen, wenn's ihr gutginge. Ich übrigens auch, aber ich wage mich nicht gern auf wacklige Trittlei-

27

tern.‹ Er sah zum Himmel auf: er erglänzte merkwürdig weiß und wolkenlos; dann blickte er auf eine Reihe von Kleingärten und Hinterhöfen. Der Zaun dieser Gärtchen zog sich am Rand einer Schlucht hin, über die sich eine eiserne Hängebrücke spannte, und die Leute hatten die üble Gewohnheit, ihre leeren Konservenbüchsen über den Zaun in die Schlucht hinunterzuwerfen. Klar, das sah ihnen ähnlich! Andreas begann die Büchsen zu zählen und beschloß tückisch, darüber einen Brief an die Zeitung zu schreiben und ihn zu unterzeichnen, mit seinem vollen Namen zu unterzeichnen.

Das Dienstmädchen trat aus der Küchentür auf den Hof hinaus, in der Hand seine Stiefel. Sie warf den einen auf den Boden, steckte ihre Hand in den andern und blickte ihn mißbilligend an. Plötzlich beugte sie sich vor, spuckte auf die Kappe und begann ihn mit der Bürste, die sie aus der Schürzentasche ausgrub, blank zu wichsen... ›Schlampe von einem Mädchen! Weiß der Himmel, was für eine ansteckende Krankheit sie jetzt auf den Stiefel übertragen hat! Anna muß das Mädchen entlassen – sobald sie wieder auf und zugange ist –, selbst wenn sie sich eine Weile ohne Mädchen behelfen muß. So eine Art, den einen Stiefel hinzuwerfen und dann auf den andern zu spucken! Es war ihr ganz einerlei, wessen Stiefel sie vor sich hatte. Gab sich keinen geheuchelten Ideen von Respekt hin, der dem Herrn des Hauses gebührte!‹ Er drehte dem Fenster den Rücken zu und zerrte angewidert sein Handtuch von der Stange am Waschtisch. ›Für einen Mann bin ich zu sensibel – das ist mein Fehler. Bin's von Anfang an gewesen und werde bis zum Schluß so bleiben.‹

Es wurde leise an die Tür geklopft, und seine Mutter kam herein. Sie zog hinter sich die Tür ins Schloß und lehnte sich

28

dagegen. Andreas sah, daß ihre Haube schief saß und daß ihr eine lange Haarsträhne über die Schulter fiel. Er trat auf sie zu und küßte sie.

»Guten Morgen, Mutter! Wie geht's Anna?«

Die alte Frau sprach rasch und verkrampfte dabei die Hände: »Andreas, bitte geh zu Doktor Erb, sobald du angezogen bist!«

»Warum?« fragte er. »Geht's ihr schlecht?«

Frau Binzer nickte, und während Andreas ihr Gesicht beobachtete, sah er, wie es sich plötzlich veränderte: ein feines Netz von Fältchen schien über die Haut gespannt.

»Setz dich einen Augenblick aufs Bett!« sagte er. »Bist wohl die ganze Nacht auf den Beinen gewesen?«

»Ja. Nein, hinsetzen möchte ich mich nicht, ich muß wieder zu ihr. Anna hat die ganze Nacht Schmerzen gehabt. Sie wollte dich nicht eher stören; sie sagte, du hättest gestern so abgespannt ausgesehen. Du hast ihr erzählt, du hättest dich erkältet, deshalb hat sie sich Sorgen gemacht.«

Sofort meinte Andreas, daß Vorwürfe gegen ihn erhoben würden.

»Oh, sie hat mich selber gezwungen, es ihr zu sagen – hat's mir mit ihrer Fragerei abgeluchst; du weißt ja, wie sie's macht.«

Frau Binzer nickte wieder.

»O ja, ich weiß. Sie fragt, ob deine Erkältung besser wäre, und in der linken Ecke der großen Kommode liege ein warmes Unterhemd für dich.«

Andreas räusperte sich unwillkürlich zweimal.

»Ja«, antwortete er. »Sag ihr, der Schleim ist schon etwas gelöst. Ich sollte sie wohl lieber nicht stören?«

»Nein, und vor allem: beeil dich, Andreas!«

»In fünf Minuten bin ich fertig.«

29

Sie gingen auf den Flur. Als Frau Binzer die Tür zum vorderen Schlafzimmer öffnete, drang ein langgezogener Jammerlaut aus dem Zimmer.

Andreas war erschrocken und entsetzt. Er stürzte ins Badezimmer, drehte beide Hähne auf, so weit es nur ging, putzte sich die Zähne und machte sich die Nägel rein, während das Wasser einlief.

»Schreckliche Geschichte! Schreckliche Geschichte!« hörte er sich flüstern. »Und ich kann's nicht verstehen! Ist ja nicht so, als wäre es ihr erstes – ist schon ihr drittes. Der alte Schäfer hat mir gestern erzählt, seine Frau hätte ihr viertes einfach ›verloren‹. Anna hätte eine geschulte Pflegerin haben müssen. Mutter ist so nachgiebig. Mutter verwöhnt sie. Ich möchte mal wissen, was sie damit meinte, daß ich Anna gestern Sorgen gemacht hätte! Reizende Bemerkung zu einem Ehemann – an einem Tag wie dem heutigen! Nervös vermutlich – und wieder meine Feinfühligkeit!«

Als er in die Küche ging, seine Stiefel zu holen, beugte sich das Mädchen über den Herd und bereitete das Frühstück zu. ›Haucht wahrscheinlich jetzt aufs Essen‹, dachte Andreas und war sehr kurz angebunden zum Mädchen. Sie bemerkte es nicht. Die Vorgänge im oberen Stock erfüllten sie mit Graus und Vergnügen und Wichtigkeit.

Ihr war, als lerne sie mit jedem Atemzug etwas mehr über die Geheimnisse des Lebens.

Während sie in aller Frühe den Tisch deckte, hatte sie ›Junge‹ gesagt und den ersten Teller hingestellt, und ›Mädchen‹, als sie den zweiten hinstellte, und beim Salzlöffel endete es mit ›Junge‹. ›Am liebsten würde ich's dem Herrn erzählen, um ihn ein bißchen zu beruhigen‹, dachte sie. Aber der Herr zeigte sich abgeneigt zu Gesprächen.

»Stell noch eine Tasse mehr auf den Tisch!« sagte er. »Der Doktor wird vielleicht Kaffee trinken wollen.«

»Der Doktor, Herr?« Das Mädchen riß den Löffel so rasch aus der Pfanne, daß zwei Tropfen Fett auf den Herd fielen. »Soll ich noch was mehr braten?« Aber der Herr ging schon und schmetterte die Tür hinter sich zu. Er eilte die Straße entlang – keine Menschenseele war zu sehen; an einem Sonntagmorgen war es hier wie ausgestorben. Während er die Hängebrücke überquerte, stieg ein kräftiger Geruch nach Fenchel und fauligem Abfall aus der Schlucht auf, und in Gedanken faßte Andreas wieder einen Brief ab. Er bog in die Hauptstraße ein. Die Rolläden vor den Schaufenstern waren noch unten. Fetzen Zeitungspapier, Heu und Obstschalen lagen hier und dort auf dem Bürgersteig, und die Rinnsteine waren bis zum Rand mit den Überbleibseln eines Samstags angefüllt. Zwei Hunde jachterten, sich balgend und beißend, über den Fahrdamm. Nur die Kneipe an der Ecke war offen. Ein junger Barmann schüttete Wasser über die Schwelle.

Zimperlich und mit verkniffenem Mund stelzte Andreas durch die Wasserfluten. ›Erstaunlich, was mir heute alles auffällt! Zum Teil liegt es am Sonntag. Ein Sonntag, an dem Anna angebunden ist und die Kinder weg sind, ist mir einfach widerlich. Sonntags hat ein Mann wohl das Recht, seine Familie um sich zu sehen. Hier ist alles schmutzig, und wenn die Straße nicht bald gekehrt wird, verseucht die ganze Gegend, dahin wird's noch kommen! Ich hätte Lust, der Regierung eins auszuwischen!‹ Er straffte die Schultern. ›Und jetzt zu diesem Doktor!‹

»Doktor Erb ist beim Frühstück«, erklärte ihm das Mädchen. Sie führte ihn ins Wartezimmer, einen dunklen und muffigen Raum mit Farnkraut unter einer Glasglocke am

31

Fenster. »Er sagt, es dauert nicht lange, und hier auf dem Tisch liegt eine Zeitung, Herr.«

›Ungesundes Loch‹, dachte Binzer, trat ans Fenster und trommelte mit den Fingern auf die Glasglocke mit dem Farn. ›Beim Frühstück? Na schön! Aber ich hab' einen Fehler gemacht und bin in aller Frühe mit leerem Magen losgegangen.‹ Ein Milchwagen ratterte die Straße entlang; der Kutscher stand hinten und knallte mit der Peitsche; in seinem Rockaufschlag steckte eine riesengroße Geranienblüte. Fast wie ein Felsen stand er da und lehnte sich im schwankenden Wagen ein wenig hintenüber. Andreas verrenkte sich den Hals, um ihn bis ans Ende der Straße mit dem Blick zu verfolgen, und sogar nachdem er verschwunden war, lauschte er noch auf das schrille Geräusch der klappernden Kannen. ›Ha, der hat's gut‹, dachte er. ›Wäre nicht abgeneigt, mal an seiner Stelle zu sein. Früh raus, gegen elf alle Arbeit erledigt und den ganzen Tag nichts tun als herumzutrödeln, bis es Zeit zum Melken ist.‹ Er wußte, daß er übertrieb, aber er wollte sich bemitleiden.

Das Mädchen öffnete die Tür und trat beiseite, um Doktor Erb Platz zu machen.

Andreas drehte sich geschwind um, und die beiden Männer reichten sich die Hand.

»Wie ist's denn, Binzer«, fragte der Doktor fröhlich und klopfte sich ein paar Brotkrumen von der perlfarbenen Weste. »Wird der Sohn und Erbe zudringlich?«

Binzers Laune besserte sich sprunghaft. Sohn und Erbe, beim Zeus! Er freute sich, daß er endlich wieder mit einem Mann zu tun hatte. Und obendrein mit einem vernünftigen Burschen, der jeden Tag der Woche mit derlei Dingen zu tun hatte.

»Ja, so steht's ungefähr, Doktor«, antwortete er lächelnd

32

und nahm seinen Hut auf. »Meine Mutter hat mich heute früh mit dem unumgänglichen Befehl aus dem Bett gerissen, Sie mitzubringen!«

»Das Wägelchen ist in einer Minute bereit. Sie fahren mit mir, nicht wahr? Ungewöhnlich schwüles Wetter; Sie sind schon so rot wie eine Runkelrübe!«

Andreas bemühte sich zu lachen.

Der Doktor hatte eine ärgerliche Gewohnheit; er bildete sich ein, er hätte das Recht, andre Leute zum besten zu halten, bloß, weil er ein Doktor war. ›Der Mann platzt vor Einbildung!‹ dachte Andreas.

»Was für eine Nacht hat Ihre Frau gehabt?« fragte der Doktor. »Aha, da ist das Gig! Berichten Sie's mir unterwegs! Setzen Sie sich so weit wie möglich in die Mitte, ja? Ihr Gewicht bringt den Wagen ein bißchen in Schräglage – das ist das Schlimme mit euch erfolgreichen Geschäftsleuten!«

›Der wiegt gut und gern zwölf Kilo mehr als ich‹, dachte Andreas. ›Er mag ja in seinem Beruf ganz ordentlich sein – aber im übrigen bewahr mich Gott vor ihm!‹

»Los mit dir, meine Hübsche!« Doktor Erb schmitzte der kleinen braunen Stute eins mit der Peitsche. »Hat Ihre Frau letzte Nacht überhaupt geschlafen?«

»Nein, ich glaube nicht«, antwortete Andreas schroff. »Ehrlich gesagt, bin ich gar nicht einverstanden, daß sie keine Pflegerin hat!«

»Oh, Ihre Mutter gilt soviel wie ein Dutzend Pflegerinnen!« rief der Doktor mit sichtlichem Vergnügen. »Ehrlich gesagt, ich bin nicht so versessen auf Pflegerinnen – sind mir zu ungar, ungar wie 'n Rumpsteak! Sie kämpfen um ein Baby, als kämpften sie mit dem Tod um den Leichnam des Patroklus... Haben Sie das Bild mal gesehen? Von einem

33

englischen Maler. Leighton heißt er. Großartig – voller Kraft!«

›Da ist er schon wieder zugange‹, dachte Andreas, ›protzt mit seinen Kenntnissen, um mich als dumm hinzustellen.‹

»Ihre Mutter dagegen: die ist firm – die ist tüchtig. Tut genau, was man ihr sagt, und mit genügend Mitgefühl. Sehen Sie mal die Geschäfte, an denen wir vorbeikommen – lauter eitrige Geschwüre! Wie die Regierung so was dulden kann . . .«

»Sie sind nicht so schlimm – solide sind sie, brauchen nur einen neuen Anstrich.«

Der Doktor pfiff sich ein Liedchen und schmitzte wieder mit der Peitsche nach der Stute.

»Also ich hoffe, daß der kleine Racker seiner Mutter nicht allzuviel Kummer macht«, sagte er. »Da wären wir!«

Ein magerer kleiner Junge, der im Rücksitz des Wägelchens auf- und abgehopst war, sprang herunter und hielt den Kopf der Stute. Andreas ging sofort ins Eßzimmer und überließ es dem Dienstmädchen, den Doktor in den oberen Stock zu führen. Er setzte sich, schenkte sich Kaffee ein und aß ein halbes Brötchen, ehe er vom Fisch nahm. Dann bemerkte er, daß der Fisch nicht auf einer heißen Platte lag – das ganze Haus war durcheinandergeraten! Er läutete, und das Dienstmädchen kam mit einem Napf heißer Suppe und einem heißen Teller.

»Ich hab' sie auf dem Herd warm gehalten«, lächelte sie stolz.

»Oh, danke, das war sehr nett von Ihnen!« Während er die Suppe hinunterschlang, dachte er etwas freundlicher über das törichte Mädchen.

»Wie gut, daß Doktor Erb gekommen ist!« sagte das

Mädchen unaufgefordert, das sich nach Mitgefühl verzehrte.

»Hm, hm«, machte Andreas.

Einen Moment wartete sie hoffnungsvoll und mit aufge-
rissenen Augen, dann ging sie voller Abscheu für die Welt
der Männer wieder in die Küche und schwor sich, nie Kinder zu kriegen.

Andreas verputzte die Suppe, und er verputzte den Fisch.
Während er aß, wurde es im Zimmer langsam dunkler. Ein
leichter Wind sprang auf und peitschte die Zweige gegen die
Fenster. Das Eßzimmer blickte auf den Wellenbrecher des
Hafens, und das Meer kam in mächtigen Wogen angerollt.
Der Wind schlich ums Haus und seufzte trübselig.

›Wir bekommen ein Gewitter! Das bedeutet, daß ich hier
den ganzen Tag eingesperrt bin. Immerhin hat's ein Gutes:
es reinigt die Luft!‹ Er hörte, wie das Mädchen geschäftig im
Haus herumrannte und Fenster zuschlug. Dann ertappte er
sich bei einem flüchtigen Blick auf sie, als sie im Garten
Küchentücher von der über den Rasen gespannten Leine
holte. Sie war ein Arbeitstier, das stand fest. Er nahm sich
ein Buch und schob seinen Sessel ans Fenster. Aber es war un-
nütz: zum Lesen war es zu dunkel. Er hielt nichts davon, daß
man die Augen überanstrengte, und um zehn Uhr morgens
die Gaslampe brennen erschien ihm widersinnig. Er rutschte also tiefer in seinen Sessel, legte die Ellbogen auf die ge-
polsterten Lehnen und überließ sich – dieses eine Mal –
müßigen Tagträumen. ›Ein Knabe? Ja, diesmal mußte es
ein Knabe sein . . .‹ – ›Wieviel Kinder haben Sie, Binzer?‹ –
›Oh, ich habe zwei Mädchen und einen Knaben!‹ Eine nette
runde Zahl. Natürlich wäre er der letzte, ein Kind den anderen vorzuziehen, aber ein Mann brauchte einen Sohn. ›Ich
will das Geschäft für meinen Sohn auf die Höhe bringen.

35

Binzer & Sohn! Es würde bedeuten, in den nächsten zehn Jahren sehr sparsam zu leben und die Ausgaben möglichst einzuschränken und dann ...‹

Eine fürchterliche Bö stieß gegen das Haus, packte es, schüttelte es und ließ es fallen, um es noch heftiger anzugreifen. Die Wogen längs des Wellenbrechers gingen immer höher, und Schaumbrocken peitschten darüber hin. Über den weißen Himmel flogen zerfetzte graue Wolkenbanner. Andreas war ganz erleichtert, als er den Doktor die Treppe herunterkommen hörte; er stand auf und zündete die Gaslampe an.

»Macht's Ihnen was aus, wenn ich hier rauche?« fragte Doktor Erb und zündete sich eine Zigarette an, ehe Andreas Zeit für eine Antwort fand. »Sie rauchen nicht, was? Keine Zeit, schädlichen kleinen Gewohnheiten zu frönen!«

»Wie geht's ihr jetzt?« fragte Andreas voller Widerwillen gegen den Doktor.

»Ach, so gut man's verlangen kann. Das arme kleine Ding hat mich gebeten, hinunterzugehen und mich um Sie zu kümmern. Sie meinte, daß Sie sich Sorgen machten!« Mit lachenden Augen betrachtete er den Frühstückstisch. »Sie haben's aber fertiggebracht, ein bißchen zu futtern, wie ich sehe, eh?«

Huuu-iiih! brüllte der Wind und rüttelte an den Schiebefenstern.

»Schade – so ein Wetter!« sagte Doktor Erb.

»Ja, es geht Anna auf die Nerven – und gute Nerven braucht sie gerade jetzt!«

»Was sagen Sie da?« rief der Doktor. »Nerven? Mein lieber Mann, sie hat doppelt soviel Nerven wie Sie und ich zusammengenommen. Nerven! Sie hat tolle Nerven! Eine

36

Frau, die so im Haus arbeitet wie sie, und obendrein in vier Jahren drei Kinder als gute Zugabe, sozusagen!«

Er schnellte seine halbgerauchte Zigarette in den Kamin und blickte stirnrunzelnd aufs Fenster.

›Jetzt macht der mir auch noch Vorwürfe‹, dachte Andreas. ›Schon zum zweitenmal heute morgen – erst Mutter und jetzt der Mann hier, und beide trampeln auf meinem Feingefühl herum.‹ Er getraute sich nicht zu sprechen, sondern läutete dem Mädchen.

»Räumen Sie die Frühstückssachen ab!« befahl er. »Ich kann's nicht leiden, wenn sie bis zum Essen hier so liederlich auf dem Tisch herumstehen!«

»Gehen Sie nicht so streng mit dem Mädchen um!« redete ihm Doktor Erb gut zu. »Sie hat heute doppelte Arbeit!«

Nun loderte Binzers Ärger auf.

»Darf ich Sie bitten, sich nicht zwischen mich und meine Dienstboten zu stellen?« Und im gleichen Moment kam er sich dumm vor, weil er nicht ›mein Dienstmädchen‹ gesagt hatte.

Doktor Erb ließ sich nicht aus der Ruhe bringen. Er schüttelte den Kopf, steckte die Hände in die Taschen und begann, abwechselnd auf Zehen und Fersen zu wippen.

»Das Wetter zerrt an Ihren Nerven«, sagte er spöttisch, »weiter ist es nichts. Sehr bedauerlich, dieses Gewitter. Auf das Gebären hat das Wetter nämlich einen ungeheuren Einfluß. Ein schöner Tag bringt die Frau in Stimmung, so daß sie mit Mut an ihre Aufgabe herangeht. Gutes Wetter ist für eine Niederkunft ebenso notwendig wie für einen Waschtag. Gar nicht so übel, dieser Ausspruch – von einem beruflichen Fossil wie mir, eh?«

Andreas gab keine Antwort.

»Also dann werde ich mich wieder zur Patientin begeben! Warum gehen Sie nicht spazieren, um sich den Kopf zu lüften? Genau das richtige für Sie!«

»Nein«, antwortete er. »Das möchte ich nicht. Es ist mir zu stürmisch.«

Er kehrte zu seinem Lehnstuhl am Fenster zurück. Während das Mädchen den Tisch abräumte, gab er vor zu lesen – und versank in Träume. Es schien Jahre her zu sein, seit er Zeit gehabt hatte, nur so vor sich hinzuträumen. Den ganzen Tag mit Arbeit überlastet, und am Abend konnte er es nicht wie andre Männer einfach abschütteln. Außerdem interessierte sich Anna für seine Arbeit – sie sprachen eigentlich von nichts anderem zusammen. Eine ausgezeichnete Mutter für einen Jungen würde sie abgeben – sie hatte eine rasche Auffassungsgabe.

Die Kirchenglocken begannen durch die stürmische Luft zu läuten: mal klang es wie aus weiter Ferne kommend, dann wieder, als wären alle Kirchen der ganzen Stadt plötzlich hier in diese Straße versetzt worden. Sie rührten etwas in ihm auf, die Glocken, etwas Unbestimmtes und Zartes. Um diese Tageszeit pflegte Anna ihm sonst vom Flur aus zuzurufen: ›Andreas, komm und laß dir den Mantel bürsten! Ich bin bereit!‹ Dann würden sie zusammen weggehen, sie bei ihm eingehakt und zu ihm aufblickend. Sie war wirklich ein kleines Ding. Er erinnerte sich, wie er einmal in seiner Verlobungszeit zu ihr gesagt hatte: »Genau bis ans Herz reichst du mir« – und sie war auf einen Schemel gesprungen und hatte seinen Kopf lachend zu sich heruntergezogen. Damals war sie ein Kind gewesen, im Wesen jünger als ihre Kinder, aufgeweckter, mehr Mumm und Schwung hatte sie. Wie sie die Straße hinabbrannte, um ihm nach Geschäftsschluß entgegenzulaufen! Und wie sie gelacht hatte, als sie nach einem Haus Ausschau hielten!

Beim Zeus, ihr Lachen! Im Gedanken daran griente er, dann wurde er plötzlich ernst. Die Ehe veränderte eine Frau bestimmt weit mehr als einen Mann. Vernünftig werden – was für ein Geschwätz! In zwei Monaten hatte sie all ihren Schwung verloren. Aber wenn sie diese Sache mit dem Söhnchen hinter sich hatte, würde sie kräftiger werden. Er begann, eine kleine Reise für sie beide zu planen. Er würde sie hier rausholen, und dann würden sie irgendwo herumbummeln. Sie waren schließlich noch jung, zum Kuckuck! Sie hatte sich im gewohnten Geleise festgefahren – er würde sie herausholen müssen, das war alles!

Er stand auf und ging ins Wohnzimmer, schloß sorgfältig die Tür und nahm Annas Photographie vom Klavierdeckel herunter. Sie trug ein weißes Kleid mit einer großen Schleife aus einem duftigen Stoff unter dem Kinn und stand etwas steif da, in der Hand ein Gebinde aus künstlichem Mohn und Ähren. Zart hatte sie schon damals gewirkt – ihr schweres Haar ließ sie so aussehen. Sie schien unter den schweren Flechten zusammenzusinken, und doch lächelte sie. Andreas sog heftig den Atem ein: sie war seine Frau, diese Kleine! Pah! Die Aufnahme war erst vor vier Jahren gemacht worden. Er hielt sie näher, beugte sich darüber und küßte sie. Dann rieb er mit dem Handrücken über das Glas. Im gleichen Augenblick, gedämpfter als vorhin im Flur, aber viel erschreckender, hörte er wieder den Jammerlaut. Der Wind griff ihn in spöttischem Echo auf, wehte ihn über die Dächer und die Straße hinab, weit weg von ihm. Er warf die Arme auf: »Ich bin so verdammt hilflos«, sagte er, und dann, zum Bild: »Vielleicht ist es nicht so schlimm, wie es klingt – vielleicht ist es bloß meine Überempfindlichkeit.« Im dämmerigen Licht des Wohnzimmers schien sich das Lächeln auf Annas Bildnis zu vertiefen und geheimnisvoll zu werden – sogar grausam. ›Nein‹, dachte er, ›das Lächeln hier ist nicht ihr treffendster Ausdruck – es war falsch, sie mit diesem Lächeln aufzunehmen. Sie sieht gar nicht wie meine Frau – wie die Mutter meines Sohnes aus!‹ Ja, das war es: sie sah nicht wie die Mutter des Sohnes aus, der Mitinhaber der Firma werden sollte. Das Bild ging Andreas auf die Nerven; er hielt es in eine andre Beleuchtung, sah es aus der Ferne und von der Seite an, ja er brachte, wie es ihm später vorkam, eine Ewigkeit damit zu, um es ins richtige Licht zu rücken. Je mehr er mit dem Bild spielte, desto mehr mißfiel es ihm. Dreimal trug er es zum Kamin und beschloß, es hinter dem japanischen Funkenschirm in den Kamin zu werfen; dann kam es ihm verrückt vor, einen so kostspieligen Rahmen zu vergeuden. Es nutzte nichts, sich etwas vorzumachen: Anna sah wie eine Fremde aus – anormal – ein Monstrum –, als wäre es eine Aufnahme, die man kurz vor oder nach ihrem Tode gemacht hatte.

Plötzlich wurde er gewahr, daß der Wind sich gelegt hatte und daß es im ganzen Haus still, furchtbar still war. Kalt und blaß, mit dem widerlichen Gefühl, daß Spinnen über sein Gesicht und seinen Rücken krochen, stand er mitten im Wohnzimmer und hörte Doktor Erbs Schritte die Treppe herunterkommen.

Er sah Doktor Erb ins Zimmer treten; das Zimmer schien sich in einen ungeheuren Glaspokal zu verwandeln, der herumkreiselte, und Doktor Erb schien in diesem Glaspokal auf ihn zuzuschwimmen – ein Goldfisch in einer perlfarbenen Weste.

»Meine geliebte Frau ist nicht mehr!« Er wollte es herausschreien, bevor der Doktor sprach.

»Also diesmal hat sie sich einen Jungen geangelt«, sagte Doktor Erb. Andreas torkelte ein paar Schritte vor.

40

»Achtung! Bleiben Sie auf den Beinen!« rief Doktor Erb, packte Binzer am Arm und murmelte, ihn befühlend: »Schwabbelig wie Butter!«

Andreas strahlte vor Begeisterung. Er triumphierte.

»Ha! *Mir* kann weiß Gott niemand vorwerfen, daß ich nicht wüßte, was Leiden ist!« sagte er.

Je ne parle pas français

Ich weiß nicht, warum ich solche Vorliebe für das kleine Café hier habe. Es ist schmutzig und trübselig, sehr trübselig. Nicht etwa, als hätte es etwas an sich, wodurch es sich von hundert andern unterschiede – keineswegs –, oder als kämen die gleichen seltsamen Typen jeden Tag hierher, so daß man sie von seinem Eckplatz aus beobachten und wiedererkennen und mehr oder weniger (mit starker Betonung auf dem ›weniger‹) in ihr Geheimnis eindringen könnte.

Doch möge man bitte nicht denken, daß die Klammer ein Eingeständnis meiner Demut vor dem Geheimnis der menschlichen Seele bedeutet. Durchaus nicht; ich glaube nicht an die menschliche Seele – habe nie an sie geglaubt. Ich glaube, daß die Menschen wie Reisesäcke sind – vollgepackt mit allerhand Sachen, aufgehoben, weggestoßen, hingebracht, verloren und wiedergefunden, plötzlich halb ausgeleert oder voller denn je gestopft, bis endlich der allerletzte Träger sie auf den allerletzten Zug schleudert und sie davonrattern...

Nicht etwa, daß diese Reisesäcke nicht sehr interessant sein könnten! Oh, sehr sogar! Ich sehe mich selbst vor ihnen stehen, wie ein Zollbeamter nämlich.

›Haben Sie etwas zu verzollen? Wein, Likör, Zigarren, Parfüm, Seide?‹

Und der Moment kurzen Zauderns, bevor ich meinen Kreideschnörkel anbringe – ob ich wohl beschwindelt werde? –, und gleich danach der andere zaudernde

Moment, ob ich wohl beschwindelt worden bin, die sind vielleicht die spannendsten Augenblicke im Leben.

Ja, das sind sie – für mich.

Was ich jedoch, ehe ich mich auf diese lange und weit hergeholte und nicht furchtbar originelle Abschweifung einließ, ganz einfach sagen wollte: es gibt hier keine Reisesäcke zu untersuchen, weil die Stammgäste des Cafés, Damen und Herren, sich nicht setzen. Nein, sie stehen am Buffet, eine Handvoll Arbeiter, die vom Fluß heraufgekommen sind, alle mit weißem Mehl, Kalk oder ähnlichem Zeug überpudert, und ein paar Soldaten, die magere, dunkelhaarige Mädchen mit silbernen Ringen im Ohr und Marktkörben am Arm mitbringen.

Auch die Madame ist mager und dunkelhaarig und hat bleiche Wangen und bleiche Hände. In einer bestimmten Beleuchtung sieht sie ganz durchsichtig aus und schimmert außerordentlich wirkungsvoll aus ihrem schwarzen Schal hervor. Wenn sie nicht bedient, sitzt sie auf einem Hocker und hat das Gesicht stets dem Fenster zugewandt. Ihre dunkel umrandeten Augen mustern die Vorübergehenden und folgen ihnen, doch nicht so, als suche sie jemanden. Das hat sie vielleicht vor fünfzehn Jahren getan – aber jetzt ist ihr diese Haltung zur Gewohnheit geworden. Ihrer müden und hoffnungsleeren Miene kann man ansehen, daß sie es aufgegeben hat – schon vor mindestens zehn Jahren.

Und dann der Kellner! Nicht rührend, und bestimmt nicht komisch. Nie macht er eine jener völlig bedeutungslosen Bemerkungen, die einen verblüffen, weil sie von einem Kellner kommen (als ob der arme Mensch eine Art Kreuzung zwischen einer Kaffeekanne und einer Weinflasche wäre, von der man nicht erwarten kann, daß sie auch nur einen Tropfen von irgend etwas anderem enthalten könne).

Er ist grauhaarig, plattfüßig und verschrumpelt, und er hat lange, brüchige Fingernägel, die einem auf die Nerven gehen, wenn er seine zwei Sous zusammenscharrt. Wenn er nicht den Tisch abschmiert oder ein, zwei tote Fliegen wegschnipst, steht er in seiner viel zu langen Schürze, die eine Hand auf der Rückenlehne eines Stuhls und über dem andern Arm den dreieckigen Zipfel einer schmutzigen Serviette, und wartet darauf, im Zusammenhang mit irgendeiner abscheulichen Mordtat photographiert zu werden. ›Inneres des Cafés, in dem die Leiche gefunden wurde.‹ Hundertmal hat man ihn gesehen.

Glauben Sie, daß jeder Ort seine bestimmte Tagesstunde hat, wo er wirklich ganz zum Leben erwacht? Genauso meine ich es nicht. Eher so: es scheint tatsächlich einen Augenblick zu geben, wo man erkennt, daß man rein zufällig die Bühne gerade in dem Zeitpunkt betreten hat, zu dem man erwartet wurde. Alles ist für einen bereit und wartet auf einen. Aha, man ist Herr der Situation! Wichtigtuerisch bläht man sich auf. Und gleichzeitig lächelt man verstohlen und listig, weil das Leben anscheinend dagegen ist, einem diese Auftritte zu gewähren, ja, es scheint darauf aus zu sein, sie einem wegzuschnappen und unmöglich zu machen und einen in der Kulisse festzuhalten, bis es wirklich zu spät ist . . . Doch dieses eine Mal hat man die alte Hexe besiegt!

Einen dieser Augenblicke genoß ich, als ich zum allerersten Mal hierherkam. Deshalb komme ich vermutlich immer wieder her – suche die Szene meines Triumphs auf, oder die Szene des Verbrechens, als ich die alte Vettel endlich einmal bei der Kehle hatte und mit ihr tat, was mir Spaß machte. Frage: Warum bin ich so erbittert gegen das Leben? Und warum sehe ich es als eine Lumpensammlerin amerikanischer Filme, die in einen schmutzigen Schal eingewic-

44

kelt ist und mit ihren alten, um einen Stock gekrümmten Klauen über die Szene schlurft?

Antwort: Es ist die unmittelbare Wirkung amerikanischer Filme auf einen schwachen Geist.

Jedenfalls ›neigte sich der kurze Winternachmittag seinem Ende zu‹, wie es so schön heißt, und ich ließ mich treiben, unschlüssig, ob ich heimgehen sollte oder nicht, als ich mich plötzlich in diesem Café befand und auf diesen Eckplatz zusteuerte.

Ich hängte meinen englischen Mantel und den grauen Filzhut auf denselben Haken hinter mir, und nachdem ich dem Kellner so viel Zeit gelassen hatte, daß mindestens zwanzig Photographen sich an ihm satt knipsen konnten, bestellte ich einen Kaffee.

Er schenkte mir ein Glas des bekannten bräunlichroten Getränks ein, über das ein grünlich waberndes Licht hinspielte, und schusselte weg, während ich dasaß und meine Hände um das Glas legte, denn draußen war es bitter kalt.

Plötzlich merkte ich, daß ich, ganz ohne es zu wollen, vor mich hinlächelte. Langsam hob ich den Kopf und sah mich im Spiegel gegenüber. Ja, dort saß ich, stützte mich auf den Tisch und lächelte mein unergründliches, verstohlenes Lächeln, vor mir das Glas Kaffee mit seiner zerflatternden Dampffahne und daneben die kreisrunde weiße Untertasse mit den zwei Zuckerstücken. Ich riß meine Augen sehr weit auf. Dort war ich gewissermaßen seit ewigen Zeiten gewesen, und jetzt erwachte ich endlich zum Leben ...

Es war sehr still im Café. Draußen hatte es zu schneien begonnen – man konnte es im Dämmerlicht gerade noch erkennen. Man konnte gerade noch die Umrisse der Pferde und Wagen und Menschen sehen, wie sie sanft und weiß durch die fusselige Luft zogen. Der Kellner verschwand und kam mit einem Armvoll Stroh zurück. Mit demütigen, beinah anbetenden Bewegungen streute er es von der Tür bis zum Buffet und rund um den Ofen auf den Fußboden hin. Man wäre nicht überrascht gewesen, wenn sich die Tür geöffnet hätte und die Jungfrau Maria, auf einem Esel reitend, hereingekommen wäre, ihre sanften Hände über dem dicken Bauch gefaltet . . .

Das ist eigentlich sehr hübsch, die Sache mit der Jungfrau Maria, finden Sie nicht? Sie fließt so gemächlich aus der Feder, sie hat so ein ›verhallendes Gefälle‹. Damals fand ich es eben und beschloß, sie zu notieren. Man weiß nie, wann so ein kleiner Schnörkel sich vielleicht als nützlich erweist, um einen Abschnitt ausklingen zu lassen. Ich langte also nach der Schreibmappe auf dem Nebentisch und gab acht, mich sowenig wie möglich zu bewegen, weil der ›Zauber‹ noch nicht gebrochen war. (Sie kennen das wohl?)

Natürlich weder Papier noch Umschläge! Nur ein Blatt rosa Löschpapier, unglaublich weich und schlaff und beinah feucht – wie die Zunge eines toten Kätzchens (die ich nie angefühlt habe).

Ich saß also da – aber im Unterbewußtsein immer in jenem Zustand der Erwartung und die Zunge des toten kleinen Kätzchens um meinen Finger und die sanfte Redewendung durch meinen Geist rollend –, während meine Augen die Mädchennamen und die gemeinen Witze und die Zeichnungen von Flaschen und nicht zu Untertassen gehörenden Tassen gewahrten, die über die Schreibunterlage verstreut waren.

Es sind übrigens immer die gleichen. Die Mädchen haben immer dieselben Namen, die Tassen sitzen nie in Untertassen, und alle Herzen sind durchbohrt und mit Bändern zusammengebunden.

Doch dann – ganz plötzlich, am unteren Rand und in grüner Tinte geschrieben – stieß ich auf eine dumme, abgedroschene kleine Redewendung: *Je ne parle pas français.*

Da! Er war gekommen – der Augenblick – *le geste*! Und obwohl ich so aufnahmebereit war, packte es mich und stieß mich um; ich war einfach überwältigt! Und das körperliche Gefühl war so merkwürdig, so eigenartig. Mir war, als ob alles von mir, ausgenommen Kopf und Arme, alles von mir, was unter dem Tisch war, sich einfach aufgelöst hatte, geschmolzen und zu Wasser geworden war. Nur mein Kopf war geblieben und die zwei Stöckchen von Armen, die sich auf den Tisch stützten. Aber ach, die Qual des Augenblicks! Wie soll ich es beschreiben? Ich dachte an nichts anderes. Ich schrie nicht einmal heimlich auf. Einen kurzen Augenblick war ich – nicht. Ich war Qual, Qual, Qual.

Dann ging es vorbei, und gleich in der nächsten Sekunde dachte ich: ›Großer Gott! Kann ich wirklich so stark empfinden? Aber ich war ja völlig bewußtlos! Kein einziges passendes Wort war mir eingefallen! Ich war überwältigt! Ich war hingerissen! Ich hatte nicht im entferntesten versucht, es aufzuschreiben!‹

Ich blähte mich immer mehr auf und schloß zu guter Letzt mit der Prahlerei: ›Ich muß im Grunde erstklassig sein. Kein zweitklassiger Geist hätte ein Gefühl so intensiv... und so rein empfinden können.‹

Der Kellner hat einen Fidibus an den roten Ofen gehalten und eine Gasblase unter einem breiten Schirm angezündet. Es nützt nichts, Madame, aus dem Fenster zu blicken, es ist jetzt stockdunkel. Ihre weißen Hände kauern über ihrem dunklen Schal. Sie gleichen zwei Tauben auf der Anflug-

47

stange, aber sie sind rastlos, so rastlos... Schließlich stek-
ken Sie sie in Ihre warmen Achselhöhlen...

Jetzt hat der Kellner eine lange Stange genommen und die
Vorhänge klirrend zusammengeschoben. ›Alles fott!‹ wie
kleine Kinder sagen.

Und außerdem kann ich Leute nicht ertragen, die etwas
nicht aufgeben können, sondern ihm nachlaufen und rufen
müssen. Wenn etwas weg ist, ist es weg. Aus und vorbei!
Laßt es also laufen! Beachtet es nicht mehr, sondern tröstet
euch, falls ihr Trost braucht, mit dem Gedanken, daß man
nie dasselbe zurückbekommt, das man verloren hat. Immer
ist es etwas Neues. Im Augenblick, wo es dich verläßt, ist es
verwandelt. Ja, das trifft sogar auf einen Hut zu, dem man
nachjagt; und ich meine es nicht nur so obenhin – ich spreche im Ernst... Ich habe es mir zur Lebensregel gemacht,
niemals etwas zu bereuen und niemals zurückzublicken.
Reue ist eine grauenhafte Energieverschwendung, und niemand, der ein Schriftsteller sein will, kann sich eine solche
Schwäche leisten. Man kann sie nicht gestalten; man kann
nicht drauf bauen; sie taugt einzig dazu, in ihr zu schwelgen. Zurückblicken ist natürlich für die Kunst ebenso ver-
hängnisvoll. Dabei bleibt man arm. Und die Kunst kann
und will Armut nicht ertragen.

Je ne parle pas français. Je ne parle pas français. Die ganze
Zeit, während ich diese letzte Seite schrieb, ist mein anderes
Selbst draußen im Dunkeln herumgejachtert. Es verließ
mich gerade dann, als ich meinen großen Augenblick zu
analysieren begann, und sauste verzweifelt wie ein verlau-
fener Hund davon, der glaubt, daß er endlich, endlich den
vertrauten Schritt wiederhört.

›Maus! Maus! Wo bist du? Bist du in der Nähe? Bist *du*
das, die sich dort oben aus dem Fenster lehnt und die Arme

48

nach den Fensterläden ausstreckt? Bist du das weiche Bündel, das sich durch das Schneegestöber auf mich zu bewegt? Bist du das kleine Mädchen, das sich durch die Drehtür des Restaurants zwängt? Ist das dein Schatten, der sich im Taxi vorbeugt? Wo bist du? Wo bist du? Wohin soll ich mich wenden? Wohin muß ich eilen? Und jeden Augenblick, den ich zaudernd stehenbleibe, bist du wieder weiter weg. Maus! Maus!‹ Jetzt ist der arme Hund ganz erschöpft und mit eingezogenem Schwanz ins Café zurückgekehrt.

»Es war... ein falscher... Alarm. Sie ist nirgends... zu ... sehen.«

»Leg dich dann! Leg dich! Leg dich!«

Ich heiße Raoul Duquette. Ich bin sechsundzwanzig Jahre alt und Pariser, ein echter Pariser. Was meine Familie betrifft – sie tut wirklich nichts zur Sache. Ich habe keine Familie; ich will keine haben. Ich denke nie an meine Kindheit. Ich habe sie vergessen.

Tatsächlich hebt sich nur eine einzige Erinnerung deutlich ab. Das ist ziemlich interessant, denn vom literarischen Standpunkt her scheint sie mir jetzt, was mich selbst angeht, sehr bedeutsam. Hier ist sie:

Als ich ungefähr zehn Jahre alt war, hatten wir als Waschfrau eine sehr dicke, sehr dunkle Afrikanerin mit einem karierten Kopftuch über ihrem krausen Haar. Wenn sie zu uns kam, schenkte sie mir immer ganz besondere Beachtung, und nachdem sie die Wäsche aus dem Korb genommen hatte, pflegte sie mich in den Korb zu setzen und mich zu schaukeln, während ich mich an den Griffen festhielt und vor Freude und Angst kreischte. Ich war klein für mein Alter und blaß, mit einem hübschen halboffenen Mündchen – das weiß ich genau.

49

Eines Tages, als ich bei der Tür stand und ihr nachsah, drehte sie sich um und winkte mir und nickte und lächelte auf eine seltsam geheimnisvolle Art. Ihr nicht zu folgen, kam mir nicht in den Sinn. Sie führte mich in einen kleinen Verschlag am Ende der Gasse, nahm mich auf den Arm und küßte mich. Ach, diese Küsse! Besonders die Ohrenküsse, die mich beinah taub machten!

Als sie mich wieder absetzte, nahm sie aus ihrer Tasche einen kleinen runden, mit Zucker glasierten Kuchen, und ich wankte die Gasse entlang und zu unsrer Haustür zurück.

Da dieses ›Stücklein‹ jede Woche wiederholt wurde, ist es nicht weiter erstaunlich, daß ich mich so lebhaft daran erinnere. Obendrein war meine Kindheit von jenem ersten Nachmittag an sozusagen ›weggeküßt‹, um es nett auszudrücken. Ich wurde sehr lässig, sehr zärtlich und ein übermäßiger gieriger Junge. Und mit meinen solchermaßen aufgepeitschten und geschärften Sinnen glaubte ich jedermann zu verstehen und mit jedem machen zu können, was ich wollte. Vermutlich befand ich mich in einem Zustand mehr oder weniger starker körperlicher Erregung, und das schien den Leuten zu gefallen. Denn alle Pariser sind mehr als halb – also gut, lassen wir das. Und lassen wir auch meine Kindheit ruhen. Begraben wir sie in einem Wäschekorb statt unter einem Rosenschauer, und *passons outre*.

Ich zähle mein Leben von dem Augenblick an, da ich der Mieter einer kleinen Junggesellenwohnung im fünften Stock eines hohen, nicht gar zu armseligen Hauses in einer Gasse wurde, die verschwiegen – oder auch nicht verschwiegen war. Sehr nützlich, so etwas ... Dort tauchte ich auf, kam ans Licht und streckte meine Fühlhörner aus – auf dem Rücken ein Arbeitszimmer und ein Schlafzimmer und eine Küche. Und mit richtigen Möbeln in den Zimmern. Im Schlafzimmer war ein Kleiderschrank mit einem hohen Spiegel, ein großes Bett mit einer aufgeplusterten gelben Daunendecke, einem Nachttisch mit Marmorplatte und einer mit Äpfelchen gesprenkelten Waschgarnitur. In meinem Arbeitszimmer: ein englischer Schreibtisch mit Schubfächern, ein Schreibtischsessel mit Lederpolster, Bücher, Lehnstuhl, Lesetischchen mit Papiermesser und Stehlampe darauf und an den Wänden ein paar Aktstudien. Die Küche benutzte ich nur, um alte Zeitungen hineinzuwerfen.

Oh, ich sehe mich noch an jenem ersten Abend, nachdem die Möbelmänner gegangen waren, und ich es fertiggebracht hatte, meine greuliche alte Concierge loszuwerden – wie ich auf Zehenspitzen umherging und einordnete, mit den Händen in der Tasche vor den Spiegel trat und zu meinem strahlenden Spiegelbild sagte: »Ich bin ein junger Mann, der seine eigene Wohnung hat. Ich schreibe für zwei Zeitungen. Ich beschäftige mich mit ernster Literatur. Ich stehe am Anfang einer Laufbahn. Das Buch, das ich veröffentliche, wird die Kritiker verblüffen. Ich werde über Dinge schreiben, die noch nie jemand ergründet hat. Ich will mir einen Namen als Schriftsteller einer verborgenen Welt machen. Aber nicht so, wie es andere vor mir getan haben. O nein! Sehr naiv, mit einer Art zartem Humor und von innen heraus, als wäre alles ganz einfach, ganz natürlich. Mein Weg liegt völlig klar vor mir. Niemand hat es je so getan, wie ich es tun werde, weil keiner von den andern meine Erlebnisse gehabt hat. Ich bin reich – ich bin reich!«

Trotzdem hatte ich damals nicht mehr Geld als heute. Es ist ganz erstaunlich, wie man ohne Geld leben kann ... Ich besitze eine Menge guter Anzüge, seidene Unterwäsche, zwei Abendanzüge, vier Paar Lackschuhe mit hellen Einsätzen, alle möglichen Kleinigkeiten, wie Handschuhe, Puderdosen und ein Maniküreetui, Parfüms, sehr gute Seife – und nichts davon wurde bezahlt. Wenn ich Bargeld brauche – oh, da findet sich immer eine afrikanische Waschfrau und ein Verschlag, und ich bin sehr aufrichtig und *bon enfant,* wenn es hinterher um eine dicke Zuckerglasur auf dem kleinen Kuchen geht.

Und hier möchte ich eine Tatsache festhalten. Nicht aus aufgeblasener Einbildung, sondern eher mit einer leichten Verwunderung. Noch nie habe ich einer Frau gegenüber die ersten Annäherungsversuche gemacht. Und es ist nicht etwa so, als hätte ich nur eine einzige Klasse von Frauen gekannt; sondern von kleinen Huren und ausgehaltenen Frauen bis zu ältlichen Witwen und Ladenmädchen und den Gattinnen achtbarer Männer und sogar emanzipierten, modernen, literarisch interessierten Damen bei den vornehmsten Diners und Soireen (die ich mitgebracht habe) bin ich unterschiedslos nicht nur der gleichen Bereitwilligkeit, sondern derselben eindeutigen Aufforderung begegnet. Zuerst hat es mich überrascht. Ich pflegte über die Tafel zu blicken und mich zu fragen: ›Sollte jene äußerst vornehme junge Dame, die sich mit dem Herrn im braunen Vollbart über Kipling unterhält, mir wirklich einen kleinen Fußtritt geben?‹ Und ich war nie ganz sicher, bis ich ihre scheue Geste erwidert hatte.

Merkwürdig, nicht wahr? Ich sehe überhaupt nicht wie der Traum einer Jungfrau aus . . .

Ich bin klein und schmächtig und habe olivbraune Haut, schwarze Augen mit langen Wimpern, schwarzes, kurzgeschnittenes, seidiges Haar und kleine, gerade Zähne, die entblößt werden, wenn ich lächle. Meine Hände sind biegsam und klein. Eine Frau in einem Bäckerladen sagte mir einmal: »Sie haben die richtigen Hände, um Konditorware zu machen.« Ohne Kleider, das muß ich gestehen, sehe ich wirklich reizend aus. Rundlich, fast wie ein Mädchen, mit glatten Schultern. Über meinem linken Ellbogen trage ich ein feines goldenes Armband.

Aber halt! Ist es nicht seltsam, daß ich soviel über meinen Körper und so weiter geschrieben habe?

Es ist das Ergebnis meines schlechten Lebenswandels, meines verborgenen Lebens. Ich bin wie ein Mädchen in einem Café, das sich mit einer Handvoll Photographien einführen muß. ›Ich im Hemdchen, wie ich aus der Eierschale krieche... Ich auf einer Schaukel, mit dem Kopf nach unten und einem Rüschenpopo wie ein Blumenkohl!...‹ Sie kennen dergleichen.

Wenn Sie meinen, was ich da geschrieben habe, sei bloß oberflächlicher und unverschämter und billiger Schund, dann täuschen Sie sich. Ich will zugeben, daß es so klingt, aber es ist ja noch nicht alles. Wenn es das wäre, wie hätte ich da empfinden können, was ich empfand, als ich die abgedroschene kleine Redewendung las, die mit grüner Tinte auf der Schreibunterlage stand? Das beweist, daß mehr in mir steckt und daß ich wirklich ernst zu nehmen bin, nicht wahr? Etwas um einen Bruchteil Geringeres als jenen Augenblick hätte ich vielleicht vortäuschen können. Doch nicht das! Das war echt.

»Kellner, einen Whisky!«

Ich verabscheue Whisky. Jedesmal, wenn ich ihn im Mund spüre, empört sich schon mein Magen dagegen, und das Zeug, das hier ausgeschenkt wird, ist sicher besonders schlecht. Ich habe es nur bestellt, weil ich über einen Engländer schreiben will. Wir Franzosen sind in mancher Hinsicht unglaublich altmodisch und nicht *up to date*. Ich wundere mich, daß ich nicht gleichzeitig eine Tweedknickerbockerhose, eine Pfeife, etliche lange Schneidezähne und rote Bartkoteletten bestellt habe.

»Danke, *mon vieux*. Sie haben wohl nicht zufällig rote Bartkoteletten?«

»Nein, Monsieur«, antwortete er trübselig. »Amerikanische Drinks führen wir nicht.«

Und nachdem er über eine Tischecke gewischt hat, geht er wieder auf seinen Platz zurück, um noch ein paar weitere Dutzend bei künstlichem Licht aufnehmen zu lassen.

Puh! Der Geruch! Und der Brechreiz, wenn sich einem die Kehle zusammenzieht!

»Schlechtes Zeug, um sich damit zu betrinken!« sagt Dick Harmon, dreht das kleine Glas zwischen den Fingern und lächelt sein langsames, verträumtes Lächeln. Er betrinkt sich also langsam und verträumt, und zu einem gewissen Zeitpunkt beginnt er leise, ganz leise von einem Mann zu singen, der auf und ab wandert und ein Haus sucht, wo er etwas zu essen bekommen kann. Ach, wie ich das Lied liebte, und wie ich die Art liebte, in der er es vortrug – langsam, ganz langsam, mit einer tiefen, weichen Stimme:

> *»Ein Mann ging müde*
> *auf und ab,*
> *sucht' sich ein Dinner*
> *in der Stadt...«*

Es schien in seiner Schwermut und seinem gedämpften Rhythmus all die hohen grauen Gebäude zu umfassen, den

Nebel, die endlosen Straßen, die deutlichen Umrisse der Polizisten – alles, was England heißt.

Und dann das Thema! Der hagere, ausgehungerte Mensch, der auf und ab wandert und dem jedes Haus verschlossen ist, weil er kein *home* hat! Wie erstaunlich englisch das ist! Wie ich mich erinnere, endete es damit, daß er endlich ein Restaurant fand und ein kleines Fischbällchen bestellte, doch als er Brot verlangte, schrie ihn der Kellner verächtlich und mit lauter Stimme an: »Zu einem einzigen Fischbällchen servieren wir kein Brot!«

Was will man mehr? Solche Lieder sind tiefsinnig: sie verraten das ganze Seelenleben eines Volkes. Und wie unfranzösisch! Wie un-französisch!

»Noch einmal, Diiick, noch einmal!« bat ich ihn dann wohl, bettelte mit den Händen und machte mein hübsches Mündchen. Er war völlig einverstanden, es immer wieder zu singen.

Da haben wir's wieder! Sogar bei Dick war es so! Er war's gewesen, der die ersten Annäherungsversuche gemacht hatte! Ich traf ihn bei einer Abendgesellschaft, die der Verleger einer neuen Zeitschrift gab. Es war eine sehr erlesene, sehr elegante Angelegenheit. Ein oder zwei ganz Große waren erschienen, und die Damen waren äußerst *comme il faut*. Sie saßen in großer Abendtoilette auf kubistischen Sofas und erlaubten uns, ihnen Fingerhüte voll Cherry Brandy zu reichen und mit ihnen über ihre Gedichte zu sprechen. Denn soweit ich mich erinnern kann, waren es lauter Dichterinnen. Es war unmöglich, Dick zu übersehen.

Er war der einzige anwesende Engländer, und statt anmutig im Zimmer umherzuwandeln wie die andern,

55

blieb er an einer Stelle stehen und lehnte sich, die Hände in den Hosentaschen, das verträumte halbe Lächeln auf den Lippen, an die Wand und antwortete jedem, der ihn ansprach, mit seiner tiefen, weichen Stimme in einem ausgezeichneten Französisch.

»Wer ist das?«

»Ein Engländer. Aus London. Ein Schriftsteller. Er befaßt sich vor allem mit moderner französischer Literatur.«

Das genügte mir. Mein kleines Werkchen *False Coins* war gerade erschienen. Ich war ein junger, ernst zu nehmender Schriftsteller, der sich vor allem mit moderner englischer Literatur befaßte.

Doch ich hatte wirklich kaum Zeit, meine Angel auszuwerfen, als er sich schon einen leichten Ruck gab und, sozusagen auf den Köder anbeißend, aus dem Wasser kam: »Wollen Sie mich nicht im Hotel aufsuchen? Kommen Sie gegen fünf, dann können wir plaudern, ehe wir zum Dinner ausgehen!«

»Sehr gerne!«

Ich fühlte mich so wahnsinnig geschmeichelt, daß ich ihn auf der Stelle verlassen mußte, um mich vor den kubistischen Sofas aufzuplustern. Was für ein Fang! Ein Engländer, ernst und reserviert, der sich vor allem mit französischer Literatur befaßte ...

Am gleichen Abend wurde ein Exemplar *False Coins* mit einer wohlgesetzten, freundschaftlichen Widmung abgesandt, und ein oder zwei Tage später dinierten wir dann tatsächlich zusammen und verbrachten den Abend mit Gesprächen.

Mit Gesprächen – aber nicht nur über Literatur. Ich entdeckte zu meiner Erleichterung, daß es nicht notwendig war, sich an die Tendenz des modernen Romans und das Bedürfnis nach einer neuen Form zu halten oder nach dem Grund zu fragen, weshalb unsre jungen Männer es anscheinend nicht ganz schafften. Hin und wieder warf ich wie zufällig eine Karte ins Spiel, die anscheinend nichts damit zu tun hatte – nur um zu sehen, wie er darauf einsteigen würde. Doch jedesmal griff er sie nur mit seinem verträumten Blick und einem unveränderten Lächeln auf. Vielleicht murmelte er: »Das ist sehr merkwürdig« – aber nicht so, als wäre es irgendwie merkwürdig.

Seine unerschütterliche Ruhe warf mich schließlich aus dem Geleise.

Sie faszinierte mich. Sie lockte mich weiter und weiter, bis ich alle Karten aufdeckte, die ich besaß, und mich zurücklehnte und zusah, wie er sie in seiner Hand ordnete. »Sehr merkwürdig und interessant . . .«

Mittlerweile waren wir beide ziemlich betrunken, und er begann sehr sanft und sehr leise sein Lied von dem Mann zu summen, der auf und ab läuft und sich sein Dinner sucht.

Beim Gedanken an das, was ich getan hatte, blieb mir geradezu der Atem weg. Ich hatte jemandem beide Seiten meines Lebens gezeigt. Hatte ihm alles so aufrichtig und wahrhaftig erzählt, wie ich nur konnte. Hatte mir riesige Mühe gegeben, Dinge aus meinem verborgenen Leben zu erklären, die im Grunde widerlich waren und schlechterdings niemals das Licht der literarischen Welt erblicken durften. Im großen ganzen hatte ich mich viel schlimmer gemacht, als ich war, viel prahlerischer, zynischer, berechnender . . .

Und da saß nun der Mann, dem ich mich anvertraut hatte, sang sich eins und lächelte . . .

Es rührte mich so, daß mir richtige Tränen in die Augen

traten. Ich sah sie auf meinen langen seidigen Wimpern glitzern – ganz bezaubernd!

Von da an nahm ich Dick überallhin mit, und er kam auch in meine Wohnung und saß sehr lässig in meinem Sessel und spielte mit dem Papiermesser. Ich weiß nicht, wieso, aber seine Lässigkeit und Verträumtheit erweckten immer den Eindruck in mir, er sei zur See gewesen. Und seine ganze, gemächlich langsame Art schien den Bewegungen eines Schiffes angepaßt zu sein. Dieser Eindruck war so stark, daß ich oft, wenn wir zusammen gewesen waren und er aufstand und ein kleines Dämchen in ebendem Augenblick sitzen ließ, wenn sie nicht erwartet hatte, daß er aufstehen und gehen würde, sondern gerade das Gegenteil – daß ich ihr dann erklären mußte: »Er kann's nicht ändern, Baby. Er muß wieder auf sein Schiff.«

Und ich glaubte es weit mehr als sie.

Während der ganzen Zeit, die wir zusammen waren, hatte Dick nie ein Verhältnis mit einer Frau. Ich fragte mich manchmal, ob er vielleicht völlig unschuldig sei. Warum fragte ich ihn nicht? Weil ich ihm niemals eine Frage über ihn selbst stellte. Doch als er eines Abends zu später Stunde seine Brieftasche hervorzog, fiel eine Photographie heraus. Ich hob sie auf und warf einen Blick darauf, ehe ich sie ihm gab. Es war eine Frau. Nicht mehr jung. Dunkel, schön, leidenschaftlich, aber jeder Gesichtszug so voll von einer Art herben Stolzes, daß ich nicht länger hätte hinschauen mögen, auch wenn Dick nicht so rasch die Hand ausgestreckt hätte.

›Mir aus den Augen, du kleiner parfümierter Foxterrier von einem Franzosen!‹ sagte sie. (In meinen schlechtesten Momenten erinnert mich meine Nase an die eines Foxterriers.) »Es ist meine Mutter«, sagte Dick und steckte die Brieftasche wieder ein.

Doch wenn es nicht Dick gewesen wäre, hätte ich mich – bloß so zum Spaß – versucht gefühlt, mich zu bekreuzigen.

Und so gingen wir auseinander: wir standen eines Nachts vor seinem Hotel und warteten, daß der Portier den Riegel der Außentür zurückschob. Dick blickte zum Himmel auf und sagte: »Hoffentlich ist morgen schönes Wetter. Morgen früh fahre ich nach England.«

»Das kann nicht Ihr Ernst sein?«

»Doch. Ich muß zurück. Ich muß etwas erledigen, das ich von hier aus nicht in Ordnung bringen kann.«

»Aber – aber haben Sie denn alle Vorbereitungen getroffen?«

»Vorbereitungen?« Er grinste beinah. »Gibt's nicht!«

»Aber – *enfin*, Dick, England liegt doch nicht auf der anderen Seite vom Boulevard!«

»Es ist nicht viel weiter weg«, sagte er. »Nur ein paar Stunden.«

Die Tür sprang auf.

»Oh, ich wünschte, ich hätte es zu Beginn unsres Abends gewußt!«

Ich war gekränkt. Mir war wie einer Frau zumute, wenn ein Mann seine Uhr hervorzieht und sich an eine Verabredung erinnert, die sie unmöglich berühren kann, die aber den Vorrang hat.

»Warum haben Sie mir nichts gesagt?«

Er streckte die Hand aus und stand leise wippend auf der Treppe, als wäre das Hotel sein Schiff und der Anker gelichtet.

»Ich hab's vergessen. Tatsächlich. Aber Sie schreiben

59

mir, nicht wahr? Gute Nacht, alter Junge! Ich komme bald mal wieder herüber!«

Und dann stand ich allein am Ufer und glich mehr denn je einem kleinen Foxterrier...

›Schließlich warst ja du es, der mir gepfiffen hat, und du, der mich bat, zu ihm zu kommen! Was für ein Bild ich geboten habe, als ich schwanzwedelnd um dich herumsprang – nur um stehengelassen zu werden, während das Schiff auf seine langsame verträumte Art davonsegelt... Hol der Kuckuck diese Engländer! Das ist ja wirklich zu unverschämt. Was bildest du dir ein, wer ich bin? Ein bezahlter kleiner Führer durch die nächtlichen Pariser Lustbarkeiten?... Nein, nein, Monsieur. Ich bin ein junger Schriftsteller, sehr ernst zu nehmen, und befasse mich gründlich mit der modernen englischen Literatur. Ich bin beleidigt worden, regelrecht beleidigt.‹

Zwei Tage drauf traf ein langer, reizender Brief von ihm ein, in einem Französisch geschrieben, das einen Hauch zu französisch war, jedoch erklärte, wie sehr er mich vermisse und daß er auf unsre Freundschaft zähle und mit mir in Verbindung bleiben wolle.

Ich las es, während ich vor dem (unbezahlten) Schrankspiegel stand. Es war früh am Morgen. Ich trug einen blauen, mit weißen Vögeln bestickten Kimono, und meine Haare waren noch naß: feucht und glänzend hingen sie mir in die Stirn.

»Porträt der Madame Butterfly«, sagte ich, »als sie von der Ankunft des *cher Pinkerton* hört.«

Den Romanen entsprechend hätte ich mich riesig erleichtert und entzückt fühlen sollen. ›... Er trat ans Fenster, zog die Vorhänge auf und blickte auf die Pariser

60

Bäume, die gerade zu knospen und zu grünen begannen . . .
Dick! Dick! Mein englischer Freund!‹

Ich empfand nichts dergleichen. Mir war nur etwas
luftkrank zumute. Nachdem ich zum erstenmal im Flug-
zeug oben gewesen war, wollte ich jetzt nicht wieder hinauf.

Auch das verging, und Monate danach, im Winter, schrieb
mir Dick, daß er wieder nach Paris käme und unbestimmt
lange bliebe. Ob ich Zimmer für ihn besorgen wolle? Er
bringe eine Freundin mit.

Natürlich wollte ich.

Der kleine Foxterrier sauste los. Es traf sich überdies sehr
glücklich, denn in dem Hotel, wo ich meine Mahlzeiten ein-
nahm, stand ich tief in der Kreide, und da waren zwei Engländer, die auf unbestimmte Zeit Zimmer wünschten, eine
großartige Abschlagszahlung.

Während ich mit Madame im größeren der beiden Zimmer stand und ›Ausgezeichnet!‹ sagte, war ich vielleicht
etwas neugierig – wenn auch nur wenig –, wie die Freundin
aussehen mochte. Entweder würde sie sehr steif sein, und
vorne und hinten platt, oder sie wäre groß, blond, in Rese-
dagrün gekleidet, hieße – Daisy und würde nach etwas zu
süßlichem Lavendelwasser riechen.

Mittlerweile hatte ich nämlich Dick – getreu meiner
Regel, nicht zurückzublicken – beinah vergessen. Und als
ich die Melodie seines Liedchens vom unglücklichen Mann
zu summen versuchte, sang ich sogar ein bißchen falsch . . .

Schließlich wäre ich dann beinah doch nicht auf dem Bahnhof aufgekreuzt. Ich wollte sie abholen und hatte mich tatsächlich, dem Anlaß entsprechend, besonders sorgfältig

angezogen. Ich hatte nämlich die Absicht, Dick gegenüber diesmal eine andere Tonart anzuschlagen. Keine Geständnisse mehr, keine Tränen auf den Augenwimpern!

»Seit Sie Paris verlassen haben«, sagte ich und band mir vor dem (ebenfalls unbezahlten) Kaminspiegel meine schwarze Krawatte mit den Silbertupfen, »war ich ziemlich erfolgreich. Ich arbeitete an zwei weiteren Büchern, und außerdem habe ich einen Fortsetzungsroman *Wrong Doors* geschrieben, der dicht vor der Veröffentlichung steht und mir viel Geld einbringen wird. Und mein kleiner Gedichtband«, rief ich, ergriff die Kleiderbürste und fuhr damit über den Samtkragen meines neuen, nachtblauen Mantels, »das Büchlein *Left Umbrellas*, wurde wahrhaftig«, und ich lachte und schwenkte die Bürste, »zu einer Riesensensation!«

Es war unmöglich, so etwas dem Manne nicht zuzutrauen, der sich zu guter Letzt von Kopf bis Fuß musterte und seine weichen grauen Handschuhe anzog. Er sah wie seine Rolle aus; er war die Rolle.

Das brachte mich auf einen Gedanken. Ich zog mein Notizbuch hervor und kritzelte – noch immer meinem Anblick ausgesetzt – ein paar Einfälle hin ... Kann man wie seine Rolle aussehen und doch nicht die Rolle sein? Oder die Rolle sein und nicht wie sie aussehen? Ist Aussehen – gleich Sein? Oder Sein – gleich Aussehen? Und überhaupt – wer darf erklären, daß es nicht so ist? ...

Das erschien mir damals außerordentlich tiefsinnig und ganz neu. Doch ich muß gestehen, daß mir, als ich lächelnd das Notizbuch einsteckte, eine Stimme zuflüsterte: »Du – ein Schriftsteller? Du siehst aus, als hättest du gerade auf dem Rennplatz eine Wette gebucht!«

Aber ich hörte nicht hin.

Ich ging hinaus und zog die Wohnungstür leise und flink ins Schloß, damit die Concierge mein Weggehen nicht bemerkte. Dann rannte ich aus dem gleichen Grund so schnell wie ein Kaninchen die Treppe hinunter.

Aber o weh! Die alte Spinne war zu rasch für mich! Sie ließ mich die letzte kleine Leiter ihres Gespinsts hinablaufen, und dann sprang sie vor. »Einen Moment! Ein Momentchen, Monsieur!« flüsterte sie ekelhaft zutraulich. »Treten Sie näher! Treten Sie näher!« winkte sie mir mit einer tropfenden Suppenkelle. Ich trat an die Tür, aber das genügte ihr nicht. Richtig eingetreten und die Türe zu, bevor sie den Mund aufmachen würde.

Wenn man kein Geld hat, gibt es zwei Möglichkeiten, um mit seiner Concierge fertig zu werden. Die eine besteht darin, hochnäsig zu sein und sie sich zum Feind zu machen, Drohungen auszustoßen und jede Diskussion abzulehnen; die andere: auf sie einzugehen, ihr bis zu den zwei Knoten des schwarzen Fetzens, der ihre Kiefer zusammenhält, Honig ums Maul zu schmieren und so zu tun, als vertraue man ihr und verlasse sich auf sie, den Gasmann zu beschwatzen und den Hausbesitzer hinzuhalten.

Ich habe die zweite Methode ausprobiert. Doch beide sind gleichermaßen widerlich und erfolglos. Denn einerlei, mit welcher man es probiert – stets ist sie die schlechtere, die unmögliche.

Diesmal war es der Hausbesitzer... Nachahmung des Hausbesitzers durch die Concierge, wie er mich hinauszuwerfen droht... Nachahmung der Concierge durch die Concierge, wie sie den wilden Bullen besänftigt... Nachahmung des Hausbesitzers, der wieder tobt und der Concierge ins Gesicht schnaubt. In dem Fall war ich die Con-

63

cierge, und es war widerlich! Unterdessen brodelte der schwarze Topf auf dem Gasring munter weiter und schmorte die Herzen und Lebern jedes Mieters im Haus.

»Oh!« rief ich und starrte auf die Uhr auf dem Kaminsims, begriff dann, daß sie nicht ging, und schlug mir trotzdem an die Stirn, als hätte mein Einfall nichts damit zu tun: »Madame, um halb zehn habe ich eine sehr wichtige Besprechung mit dem Chef meiner Zeitung! Vielleicht ist es mir morgen möglich, Ihnen . . .«

Fort, nur fort! Und runter in die Métro und in ein volles Abteil hineingequetscht! Je voller, um so besser. Jeder war eine Schutzwand zwischen mir und der Concierge! Ich strahlte. »Oh, *pardon Monsieur*«, sagte das große, reizende Geschöpf in Schwarz mit dem üppigen Busen, an dem ein Veilchenstrauß baumelte. Als der Zug eine Biegung nahm, warf er mir das Sträußchen mitten ins Gesicht.

»Oh, *pardon Monsieur*!«

Doch ich blickte spitzbübisch lächelnd zu ihr auf.

»Nichts ist mir lieber, Madame, als Blumen auf einem Balkon!«

Noch während ich es sagte, bemerkte ich den riesigen Herrn im Pelzmantel, gegen den sich meine Fee lehnte. Er steckte den Kopf über ihre Schulter und erblaßte bis an den Nasenzipfel; die Nase selbst prangte tatsächlich in einer Art Käsegrün.

»Was haben Sie da zu meiner Frau gesagt?«

Der Bahnhof Saint-Lazare rettete mich. Aber man muß zugeben, daß es selbst für den Autor der *False Coins*, *Wrong Doors* und *Left Umbrellas* und der ›zwei weiteren in Arbeit‹ nicht allzu leicht war, siegreich seiner Wege zu gehen.

Endlich – nachdem unzählige Züge durch meinen Geist gedampft und unzählige Dick Harmons auf mich zugerollt waren – kam der Zug selbst. Unsre kleine Gruppe von Wartenden an der Sperre drängte vor, reckte die Hälse und stieß wilde Schreie aus, als wären wir eine Art vielköpfiges Ungetüm und Paris in unserm Rücken nichts als eine große Falle, die wir aufgestellt hatten, um die verschlafenen Ahnungslosen zu fangen. Sie spazierten in die Falle und wurden gepackt und abgeschleppt, um verschlungen zu werden. Aber wo blieb meine Beute?

»Großer Gott!« Mein Lächeln und meine erhobene Hand sackten in sich zusammen. Während eines schrecklichen Augenblicks glaubte ich die Frau auf der Photographie vor mir zu haben, Dicks Mutter, die in Dicks Mantel und Hut auf mich zukam. Im Bemühen – und man sah, daß es ein Bemühen war –, mir zuzulächeln, verzogen sich seine Lippen auf die gleiche Art, und herb, leidenschaftlich und stolz wie sie kam er mir entgegen. Was war geschehen? Was hatte ihn derartig verändern können? Sollte ich es erwähnen? Ich wartete auf ihn und war mir sogar bewußt, daß ich ein leichtes Schwanzwedeln des Foxterriers riskierte, um zu sehen, ob er überhaupt darauf eingehen könne, denn ich rief: »Guten Abend, Dick! Wie geht's, alter Junge? Alles in Ordnung?«

»Danke! Danke!« Er keuchte beinah. »Haben Sie die Zimmer bekommen?«

Zwanzigmal: großer Gott! Ich begriff alles. Licht fiel auf die dunklen Wasser, und mein Seefahrer war nicht ertrunken. Vor Vergnügen hätte ich fast einen Purzelbaum geschlagen. Es war natürlich Nervosität. Es war Verlegenheit. Und es war der berühmte englische Ernst. Was für ein Spaß stand mir bevor! Ich hätte ihn umarmen können!

65

»Ja, die Zimmer habe ich«, schrie ich beinah. »Aber wo ist Madame?«

»Sie bekümmert sich um das Gepäck«, schnaufte er. »Da kommt sie schon. Hier ist sie!«

Doch wohl nicht dieses Baby, das neben dem alten Träger einherlief, als wäre er ihre Kinderfrau und hätte sie gerade aus dem häßlichen Kinderwagen gehoben, auf dem er das Gepäck einherschob?

»Und sie ist nicht Madame«, näselte Dick plötzlich.

Im gleichen Augenblick hatte sie ihn gesehen und winkte ihm mit ihrem winzigen Muff. Sie entlief ihrer Kinderfrau, kam angerannt und sagte sehr schnell etwas auf Englisch; doch er antwortete auf Französisch: »Ja, gut. Ich werd's schon machen.«

Doch ehe sie sich dem Träger zuwandte, deutete er mit einer unsicheren Geste auf mich und murmelte etwas. Damit hatte er uns miteinander bekannt gemacht. Auf die merkwürdig knabenhafte Art, die die Engländerinnen an sich haben, reichte sie mir die Hand und stellte sich sehr gerade und mit erhobenem Kinn vor mich hin, und dann machte auch sie die größte Anstrengung ihres Lebens, um ihre lächerliche Aufregung zu unterdrücken, und sagte, mir die Hand schüttelnd (bestimmt wußte sie nicht, daß es meine war): »*Je ne parle pas français.*«

»Oh, bestimmt sprechen Sie es sehr gut«, sagte ich so sanft, so beruhigend – ich hätte ihr Zahnarzt sein können, der ihr den ersten Milchzahn zog!

»Natürlich kann sie's!« drehte sich Dick zu uns um. »Hören Sie, können wir nicht einen Wagen oder ein Taxi oder so etwas bekommen? Wir wollen doch nicht die ganze Nacht auf dem verflixten Bahnhof zubringen, wie?«

Es war so unhöflich, daß es einen Augenblick dauerte, bis

66

ich mich erholt hatte; und er mußte es bemerkt haben, denn er legte mir wie einst den Arm um die Schulter und sagte: »Ach, verzeihen Sie, alter Junge! Aber wir hatten eine so widerliche, scheußliche Überfahrt – Jahre hat's gedauert, nicht wahr?«

Das war für sie bestimmt. Aber sie gab keine Antwort. Sie senkte den Kopf und begann, ihren grauen Muff zu streicheln; sie ging neben uns einher und streichelte die ganze Zeit ihren grauen Muff.

›Habe ich mich getäuscht?‹ dachte ich. ›Ist es nur eine Frage von unbezähmbarer Ungeduld? Haben sie einfach das Bett nötig, wie wir es bezeichnen? Haben sie auf der Reise Qualen ausgestanden? Vielleicht sehr nah beieinander und warm unter der gleichen Reisedecke gesteckt?‹ und so weiter und so fort, während der Fahrer die Koffer festschnallte. Sowie er das getan hatte –

»Hören Sie, Dick! Ich fahre mit der Métro nach Hause. Hier ist die Adresse Ihres Hotels. Alles ist veranlaßt. Besuchen Sie mich, so bald Sie können!«

Ich dachte weiß Gott, er würde in Ohnmacht fallen. Er wurde weiß bis an die Lippen.

»Aber Sie kommen doch mit uns?« rief er. »Ich dachte, das sei abgemacht? Natürlich kommen Sie mit! Sie können uns doch nicht im Stich lassen?«

Ich gab es also auf.

Es war zu kompliziert für mich – zu englisch.

»Sicher, sicher. Furchtbar gern. Ich dachte nur, vielleicht...«

»Sie müssen mitkommen!« sagte Dick zu dem kleinen Foxterrier. Und wieder machte er die weit ausholende, verlegene Geste zu ihr.

»Steig ein, Maus!«

67

Und Maus I stieg in das schwarze Loch, saß da und streichelte Maus II und sagte nicht pieps.

Rumpelnd und ratternd fuhren wir dahin – wie drei kleine Würfel, mit denen sich das Leben einen Wurf erlauben will. Ich hatte darauf bestanden, den Klappsitz ihnen gegenüber zu nehmen, denn um nichts in der Welt hätte ich den wiederholten, blitzartigen Anblick missen mögen, der sich mir jedesmal bot, wenn wir durch den Lichtkreis einer Laterne fuhren.

Er zeigte mir Dick, der weit nach hinten gelehnt in seiner Ecke saß, den Kragen hochgestellt, die Hände in den Taschen vergraben und von seinem breitkrempigen dunklen Hut beschattet, als wäre er ein Körperteil von ihm – eine Art Flügel, unter dem er sich versteckte. Und er zeigte mir Maus, die sehr gerade dasaß, mit einem reizenden Gesichtchen, das eher einer Zeichnung als einem wirklichen Gesicht glich: jede Linie war so bedeutungsvoll und hob sich scharf vom unsicheren Dunkel ab.

Denn Maus war eine Schönheit. Sie war auserlesen schön, aber so zerbrechlich und fein, daß es jedesmal, wenn ich sie ansah, das erstemal zu sein schien. Sie überraschte einen mit dem gleichen, schockartigen Gefühl, das einen überfällt, wenn man aus einer dünnwandigen, harmlosen Tasse Tee getrunken hat und plötzlich auf dem Grunde ein winziges Geschöpf entdeckt, das sich, halb Schmetterling und halb Frau, vor einem verbeugt und die Hände in den Ärmeln versteckt hat.

Soweit ich es erkennen konnte, hatte sie dunkles Haar und blaue oder schwarze Augen. Ihre langen Wimpern und die darübergepinselten kleinen Schwingen fielen am meisten auf. Sie trug einen langen, dunklen Umhang, wie man ihn auf altmodischen Bildern von reisenden Engländerinnen sieht. Wo ihre Arme daraus hervorschauten, war grauer Pelzbesatz – Pelz schmiegte sich auch um den Hals, und die enganliegende Mütze war aus Pelz.

›Sie führt die Maus-Idee durch!‹ stellte ich fest.

Aber ach, wie spannend es war, wie spannend! Ihre Erregung drang immer mehr auf mich ein, während ich ihr entgegenlief, mich darin badete, mich aus meiner Untiefe weit hervorwagte, bis ich schließlich ebensoviel Mühe wie sie hatte, mich zu beherrschen.

Was ich jedoch eigentlich tun wollte, war vielmehr, mich völlig verrückt zu benehmen – wie ein Clown. Ich wollte singen, wollte mit übertrieben albernen Gesten aus dem Fenster zeigen und sagen: ›Jetzt, meine Damen und Herren, kommen wir zu einem der vielen Punkte, für die *notre Paris* mit Recht berühmt ist‹, wollte aus dem Taxi springen, während es fuhr, und über das Dach klettern und zum andern Fenster wieder hereinsteigen, und wollte mich weit aus dem Fenster lehnen und durch das verkehrte Ende eines zerbrochenen Fernrohrs, das gleichzeitig eine eigentümlich ohrenzerreißende Trompete war, nach dem Hotel Ausschau halten.

Ich sah mir selber zu, wie ich all das tat, und brachte es sogar fertig, heimlich Beifall zu klatschen, indem ich meine behandschuhten Hände leise zusammenschlug – und unterdessen fragte ich Maus: »Sind Sie das erstemal in Paris?«

»Ja, ich bin noch nie hier gewesen.«

»Oh, dann haben Sie viel zu besichtigen!«

Und ich war gerade im Begriff, die Sehenswürdigkeiten und Museen zu erwähnen, als wir mit einem heftigen Ruck hielten.

Es ist natürlich ganz widersinnig, verstehen Sie, aber als ich die Tür für sie aufhielt und ihnen die Treppe hinauf zum Empfang im Zwischenstock folgte, fand ich irgendwie, daß das Hotel mir gehörte.

Auf dem Fensterbrett stand eine Blumenvase, und ich ging sogar soweit, ein paar Knospen umzustellen und zurückzutreten und den Eindruck zu prüfen, während die Empfangsdame sie begrüßte. Und als sie sich an mich wandte und mir die Schlüssel aushändigte (der Garçon schleppte das Gepäck herauf) und dabei sagte: »Monsieur Duquette wird Ihnen Ihre Zimmer zeigen!«, hatte ich die größte Lust, Dick mit einem Schlüssel auf den Arm zu klopfen und ganz vertraulich zu erklären: ›Verstehen Sie mich recht, alter Junge! Ich bin gern bereit, Ihnen als einem alten Freund einen kleinen Nachlaß zu gewähren . . .‹

Wir stiegen höher und höher hinauf. Rundherum. Hin und wieder an einem Paar Stiefel vorbei (wie kommt es, daß man nie ein hübsches Paar vor einer Tür stehen sieht?). Höher und höher hinauf.

»Die Zimmer sind leider ziemlich hoch oben«, murmelte ich törichterweise. »Aber ich habe sie gewählt, weil . . .«

Weshalb ich sie gewählt hatte, war ihnen so offensichtlich egal, daß ich nicht weitersprach. Sie nahmen alles hin. Sie erwarteten nicht, daß etwas anders war. Es gehörte einfach zu dem, was sie durchzumachen hatten – so deutete ich es mir jedenfalls.

»Endlich angelangt!« Ich sprang von einer Seite des Vorflurs zur andern, schaltete die Lampen an, erklärte . . .

»Das hier hatte ich für Sie gedacht, Dick. Das andere ist größer und hat in der Nische ein kleines Ankleidekabinett.«

Meine ›Inhaberblicke‹ bemerkten die sauberen Handtücher und Bettdecken und die rotbestickte Bettwäsche. Ich

70

fand, daß es eigentlich sehr hübsche Zimmer waren, mit schräger Decke, voller Winkel – genau die Art Zimmer, die man vorzufinden erwartete, wenn man noch nie in Paris gewesen war.

Dick schleuderte seinen Hut auf das Bett.

»Sollte ich nicht dem Burschen mit den Koffern helfen?« fragte er – an niemand gewandt.

»Ja, tu's«, erwiderte Maus. »Sie sind entsetzlich schwer.«

Und mit der ersten Andeutung eines Lächelns wandte sie sich an mich: »Es sind nämlich Bücher!« Oh, was für einen seltsamen Blick er ihr zuwarf, ehe er davoneilte. Und er half dem *garçon* nicht nur – er mußte ihm den Koffer geradezu vom Rücken gerissen haben, denn er kam torkelnd mit dem einen an, knallte ihn hin und holte dann den andern.

»Das ist deiner, Dick«, sagte sie.

»Es macht dir wohl nichts, wenn er vorläufig hier steht?« fragte er außer Atem, ja keuchend. (Der Koffer mußte entsetzlich schwer gewesen sein.) Er zog eine Handvoll Kleingeld aus der Tasche.

»Ich sollte dem Burschen wohl etwas geben?«

Der *garçon*, der noch dastand, schien dasselbe zu denken.

»Wünschen Sie sonst noch etwas, Monsieur?«

»Nein – nein!« erwiderte Dick ungeduldig.

Aber nun machte Maus einen Schritt nach vorn. Zu entschieden, und ohne Dick anzusehen, sagte sie in ihrem wunderlichen, abgehackten englischen Akzent: »Doch, ich möchte Tee, Tee für drei Personen!« Und plötzlich hob sie den Muff, als hätte sie innen drin ihre Hände umklammert, und mit dieser Geste gab sie dem blassen, verschwitzten Garçon zu verstehen, daß sie am Ende ihrer Kräfte war und daß sie ihn anflehte, sie mit ›Tee!‹ zu retten. – »Sofort!«

71

Das schien mir so verblüffend ins Bild zu passen, schien mir (obwohl ich's mir nicht hätte ausdenken können) so genau die Geste und der Aufschrei zu sein, die man von einer Engländerin angesichts einer großen Krise erwarten konnte, daß ich mich fast versucht fühlte, die Hand zu heben und zu protestieren.

›Nein! Nein! Genug! Genug! Hier wollen wir abbrechen; bei dem Wort Tee. Denn ihr habt selbst euren gierigsten Abonnenten so gesättigt, daß er platzen würde, müßte er noch ein einziges Wort schlucken!‹

Es bremste sogar Dick. Wie jemand, der lange ohne Besinnung gewesen war, wandte er sich schwerfällig zu Maus um und sah sie schwerfällig mit seinen müden, übernächtigten Augen an und murmelte mit dem Echo seiner verträumten Stimme: »Ja. Das ist ein guter Gedanke!« Und dann: »Du mußt müde sein, Maus! Setz dich!«

Sie setzte sich in einen Sessel mit Spitzendeckchen auf den Armlehnen; er lehnte am Bett, und ich ließ mich auf einem gradlehnigen Stuhl nieder, schlug die Beine übereinander und schnippte ein paar nicht vorhandene Stäubchen von meinen Hosenknien. (Der nicht zu erschütternde Pariser.)

Eine kurze Pause entstand. Dann sagte er: »Willst du nicht deinen Mantel ausziehen, Maus?«

»Nein, danke! Jetzt nicht.«

Würden sie mich auffordern? Oder sollte ich die Hand hochhalten und mit Kinderstimme plärren: ›Jetzt bin ich an der Reihe, aufgefordert zu werden.‹

Nein, besser nicht. Sie forderten mich nicht auf.

Aus der Pause wurde eine Stille. Eine große Stille.

›...komm schon, mein Pariser Foxterrier! Erheitere

die beiden traurigen Engländer! Kein Wunder, daß es eine Nation von Hundenarren ist!‹

Aber schließlich – warum sollte ich? Es war nicht mein *job*, wie sie es nennen würden. Trotzdem riskierte ich vor Maus einen munteren kleinen Hopser.

»Was für ein Jammer, daß Sie nicht bei Tageslicht angekommen sind! Von den beiden Fenstern hier hat man eine entzückende Aussicht. Das Hotel liegt nämlich an einer Ecke, und jedes Fenster blickt auf eine ungeheuer lange, schnurgerade Straße.«

»Ach so«, sagte sie.

»Das klingt zwar nicht besonders verlockend«, lachte ich. »Aber es ist soviel Leben da – soviel komische kleine Jungen auf Fahrrädern und Leute, die sich aus dem Fenster hinauslehnen und – ach, Sie werden sich ja morgen früh selbst davon überzeugen ... Sehr lustig. Sehr belebt.«

»Aha«, sagte sie.

Wenn in diesem Augenblick der blasse, verschwitzte *garçon* nicht erschienen wäre, das Tablett hoch auf einer Hand balancierend, als wären die Tassen Kanonenkugeln und er ein Schwergewichtsstemmer aus einem Film ...

Es glückte ihm, das Tablett auf ein rundes Tischchen herunterzusenken.

»Bringen Sie den Tisch hierher!« sagte Maus. Der Kellner schien der einzige Mensch zu sein, mit dem sie sprechen wollte. Sie nahm die Hände aus dem Muff, streifte die Handschuhe ab und warf ihren altmodischen Umhang zurück.

»Nehmen Sie Milch und Zucker?«

»Keine Milch, danke, und keinen Zucker!«

Wie ein kleiner Gentleman holte ich mir meine Tasse. Sie schenkte noch eine Tasse ein.

»Die ist für Dick.«

73

Und der brave Foxterrier trug sie zu ihm hinüber und legte sie ihm gewissermaßen vor die Füße.

»Ach, danke«, sagte Dick.

Und dann ging ich wieder zu meinem Stuhl, und sie sank in den ihren zurück.

Aber Dick war schon wieder – nicht vorhanden. Er starrte einen Augenblick wütend auf die Teetasse, sah sich um, stellte sie auf den Nachttisch, riß seinen Hut an sich und stammelte in vollem Galopp: »Oh, würde es Ihnen etwas ausmachen, einen Brief für mich einzuwerfen? Ich möchte, daß er mit der Nachtpost weggeht. Ich muß ... es ist sehr dringend ...« Da er meine Augen auf sich ruhen fühlte, warf er hin: »An meine Mutter.« Zu mir gewandt: »Ich mache nicht lange. Alles, was ich brauche, habe ich bei mir. Aber er muß heute abend weg. Sie entschuldigen mich? Es ... es dauert bestimmt nicht lange.«

»Natürlich werfe ich ihn ein. Sehr gern.«

»Willst du nicht zuerst deinen Tee trinken?« schlug Maus zaghaft vor.

... Tee? Tee? Ach, natürlich Tee ... Eine Tasse Tee auf dem Nachttisch ... Aus seinem rasenden Traum heraus bedachte er seine kleine Gastgeberin mit dem strahlendsten, reizendsten Lächeln.

»Nein, danke! Nicht jetzt!«

Und indem er nochmals seiner Hoffnung Ausdruck gab, daß es mir keine Mühe bereiten würde, verließ er das Zimmer und schloß die Tür, und wir hörten, wie er über den Vorflur ging.

Ich verbrühte mir die Zunge – vor lauter Eile, meine Tasse zum Tischchen zurückzubringen und, während ich dort stand, zu ihr zu sagen: »Sie müssen mir verzeihen, wenn ich aufdringlich bin, wenn ich zu offen spreche. Aber Dick hat sich nicht bemüht, es zu verheimlichen, nicht wahr? Irgend etwas stimmt nicht ganz. Kann ich helfen?«

(Leise Musik. Maus steht auf, geht ein paarmal auf der Bühne hin und her, ehe sie zu ihrem Sessel zurückkehrt und ihm eine überschwappende und, oh, so kochend heiße Tasse Tee eingießt, daß dem Freund die Tränen in die Augen treten, als er daran nippt – und bis zur bitteren Neige austrinkt...) Zu alledem hatte ich Zeit, ehe sie antwortete. Zuerst spähte sie in die Teekanne, goß heißes Wasser nach und rührte mit einem Löffel um.

»Ja, etwas stimmt nicht. Helfen können Sie leider nicht, danke!« Wieder erhaschte ich den Hauch eines Lächelns. »Es tut mir furchtbar leid. Es muß schrecklich für Sie sein.«

Schrecklich – nein, so etwas! Oh, warum konnte ich ihr nicht sagen, daß ich mich seit vielen Monaten nicht so gut unterhalten hatte?

»Aber Sie leiden«, faßte ich behutsam nach, als wäre es das, was ich nicht mitansehen konnte.

Sie stritt es nicht ab. Sie nickte und biß sich auf die Unterlippe, und mir schien, daß ihr Kinn zitterte.

»Und ich kann wirklich nichts für Sie tun?« Noch behutsamer.

Sie schüttelte den Kopf, schob das Tischchen zurück und sprang auf.

»Ach, es wird sich bald zurechtrücken«, hauchte sie, ging zum Frisiertisch und drehte mir den Rücken zu. »Es wird sich zurechtrücken. So kann es nicht weitergehen.«

»Natürlich nicht«, gab ich ihr recht und fragte mich, ob es herzlos erscheinen würde, wenn ich mir eine Zigarette anzündete; es drängte mich plötzlich zu rauchen.

Sie mußte irgendwie bemerkt haben, daß meine Hand

75

zur Westentasche griff und mein Zigarettenetui halb hervorzog und wieder einsteckte, denn gleich darauf sagte sie: »Zündhölzchen ... beim Leuchter. Sah sie ... dort liegen.«

Und ihrer Stimme hörte ich es an, daß sie weinte.

»Oh, danke! Ja, stimmt! Hab' sie gefunden.« Ich zündete mir eine Zigarette an, ging auf und ab und rauchte.

So still war es – es hätte zwei Uhr morgens sein können. So still, daß man die Dielen knarren und knacken hörte, wie man es in einem Haus auf dem Lande erleben kann. Ich rauchte die Zigarette zu Ende und drückte den Stummel in meiner Untertasse aus, ehe Maus sich umdrehte und wieder an das Tischchen trat.

»Macht Dick nicht ziemlich lange?«

»Sie sind sicher müde. Wahrscheinlich wollen Sie zu Bett gehen«, sagte ich freundlich. (Und bitte, ohne Rücksicht auf mich! sagte mein Geist.)

»Aber macht er nicht auffallend lange?« fuhr sie hartnäckig fort.

Ich zuckte die Achseln. »Doch, ziemlich lange.«

Dann bemerkte ich, daß sie mich seltsam anblickte. Sie lauschte.

»Er ist schon eine Ewigkeit weg«, sagte sie und ging mit raschen, kleinen Schritten zur Tür, öffnete sie und ging über den Vorflur in sein Zimmer.

Ich wartete. Jetzt lauschte ich ebenfalls. Ich hätte es nicht ertragen können, wenn mir auch nur ein Wort entgangen wäre. Sie hatte die Tür offengelassen. Ich schlich durchs Zimmer und sah ihr nach. Dicks Tür stand ebenfalls offen. Doch kein Wort war zu hören.

Ich hatte die verrückte Idee, daß sie sich in dem stillen Zimmer küßten – sich einen langen, tröstenden Kuß gaben.

So einen Kuß, der unsern Kummer nicht nur schlafen legt, sondern ihn streichelt und wärmt und gut zudeckt und fest einhüllt, bis die tiefen Atemzüge kommen. Oh, wie wohl das tut!

Endlich war es vorbei. Ich hörte, wie sich jemand bewegte, und stahl mich auf Zehenspitzen zurück.

Es war Maus. Sie kam und tastete sich ins Zimmer, und in der Hand hielt sie den Brief für mich. Aber er steckte nicht in einem Umschlag; es war bloß ein Blatt Papier, und sie hielt es an einer Ecke, als sei es noch feucht.

Den Kopf hatte sie so tief gesenkt, so tief in ihren Pelzkragen vergraben, daß ich ahnungslos blieb – bis sie das Papier fallen ließ und beinah selber auf den Fußboden vor dem Bett fiel, ihre Wange dagegenlehnte und die Hände ausstreckte, als wäre ihr die letzte ihrer rührenden kleinen Waffen entglitten und als ob sie sich jetzt fortschwemmen ließe, hinaustragen in die Tiefe.

Dick hat sich erschossen! zuckte es mir durch den Kopf, und dann zuckten die Einfälle in rascher Folge auf, während ich hinüberstürzte, den Leichnam sah, das Gesicht nicht verwundet, nur ein kleines blaues Loch auf der Schläfe, das Hotel weckte, das Begräbnis in die Wege leitete, dem Begräbnis beiwohnte, den Wagen schloß, neuer Cutaway...

Ich bückte mich und hob das Blatt Papier auf, und – ob Sie es glauben oder nicht – so fest verwurzelt ist mein Gefühl für das Pariser *comme il faut*, daß ich »pardon« murmelte, ehe ich zu lesen begann.

›Maus, meine kleine Maus,

es geht nicht. Es ist unmöglich. Ich bringe es nicht fertig. Oh, wie ich dich liebe! Ich liebe dich so sehr, Maus, aber *sie*

77

kann ich nicht verletzen. Die Menschen haben sie ihr Leben lang verletzt. Ich wage es einfach nicht, ihr diesen letzten Hieb zu versetzen. Obwohl sie nämlich stärker ist als wir beide, ist sie so zart und so stolz. Es würde sie umbringen, Maus, buchstäblich umbringen. Und, großer Gott, ich kann meine Mutter nicht umbringen! Nicht einmal dir zuliebe. Nicht einmal uns zuliebe. Das siehst du ein, nicht wahr?

Als wir es besprachen und Pläne machten, schien alles so leicht, doch im Augenblick, als der Zug anfuhr, war alles aus. Ich spürte, wie sie mich zurückzog – mich rief. Ich kann sie auch jetzt hören, wo ich dir schreibe. Und sie ist allein und weiß noch nichts. Man müßte schon ein Teufel sein, um es ihr zu erzählen, und ich bin kein Teufel, Maus. Sie darf es nicht erfahren. Oh, Maus, regt sich nicht etwas in dir, das mir recht gibt? Es ist alles so unsagbar schwer, daß ich nicht weiß, ob ich gehen will oder nicht. Will ich es? Oder ist es Mutter, die mich zurückholt? Ich weiß es nicht. Mein Kopf ist zu müde. Maus, Maus, was wirst du tun? Doch auch daran kann ich nicht denken. Ich wage es nicht. Ich würde zusammenbrechen. Und ich darf nicht zusammenbrechen. Ich muß nur eins tun: es dir sagen und gehen. Ich hätte nicht gehen können, ohne es dir zu sagen. Du hättest Angst bekommen. Und du darfst keine Angst haben. Du wirst es auch nicht – nicht wahr? Ich kann es nicht ertragen, wenn – aber genug davon! Und schreibe mir nicht! Ich hätte nicht den Mut, deine Briefe zu beantworten, und der Anblick deiner feinen Schriftzüge –

Vergib mir! Liebe mich nicht mehr! Doch – liebe mich! Liebe mich!

Dick.‹

Was sagen Sie dazu? War das nicht ein kostbarer Fund? In meine Erleichterung, daß er sich nicht erschossen hatte, mischte sich ein wundervoll erhebendes Gefühl. Ich war quitt – mehr als quitt mit meinem alles bloß ›merkwürdig und interessant‹ findenden Engländer...

Sie weinte so eigenartig.

Mit geschlossenen Augen und einem Gesicht, das still war – bis auf die zitternden Lider. Die Tränen perlten ihre Wangen hinab, und sie ließ sie rinnen.

Doch als sie meinen Blick auf sich ruhen fühlte, schlug sie die Augen auf und sah, daß ich den Brief in der Hand hielt. »Haben Sie ihn gelesen?«

Ihre Stimme war ganz ruhig, aber es war nicht mehr ihre Stimme. Man hätte sich vorstellen können, daß es eine Stimme war, die aus einer kalten kleinen Muschel kam, welche von der salzigen Flut schließlich hoch hinauf aufs Trockne gespült worden war.

Ich nickte, völlig überwältigt (Sie wissen schon), und legte den Brief hin.

»Es ist unglaublich! Unglaublich!« flüsterte ich.

Daraufhin stand sie auf, ging zum Waschtisch hinüber und tauchte ihr Taschentuch in den Krug, wischte sich über die Augen und sagte: »O nein! Es ist gar nicht unglaublich!« Und während sie das feuchte Läppchen noch immer gegen die Augen drückte, kam sie zu mir zurück, zu dem Lehnsessel mit den Spitzendeckchen, und sank hinein.

»Ich ahnte es natürlich die ganze Zeit«, sagte die kalte, salzige kleine Stimme. »Vom ersten Augenblick an, als wir abfuhren. Es ging mir durch und durch, doch ich gab die Hoffnung nicht auf« – und hier nahm sie das Taschentuch weg und bedachte mich mit einer letzten Andeutung ihres Lächelns –, »wie man es ja dummerweise tut, nicht wahr?«

»Allerdings.«

Schweigen.

»Aber was werden Sie tun? Sie fahren doch zurück? Sie werden ihn wiedersehen?« Daraufhin richtete sie sich kerzengerade auf und starrte zu mir herüber.

»Was für eine erstaunliche Idee!« sagte sie und sprach noch kälter als zuvor. »Natürlich denke ich nicht im Traume daran, ihn wiederzusehen. Und was das Zurückkehren betrifft – das kommt überhaupt nicht in Frage. Ich kann nicht zurück.«

»Aber...«

»Es ist unmöglich. Allein schon deshalb nicht, weil all meine Freunde glauben, ich sei verheiratet.«

Ich streckte ihr meine Hand entgegen. »Ach, meine arme kleine Freundin!«

Aber sie wich zurück. (Ein falscher Zug meinerseits.)

Natürlich war da ein Problem, das mir die ganze Zeit durch den Kopf gegangen war. Es war mir widerlich.

»Haben Sie Geld zur Verfügung?«

»Ja, ich habe zwanzig Pfund – hier«, und sie legte ihre Hand auf die Brust. Ich verbeugte mich. Es war sehr viel mehr, als ich erwartet hatte.

»Und was haben Sie für Pläne?«

Ja, ich weiß. Es war die ungeschickteste, die dümmste Frage, die ich hätte stellen können. Sie war so zahm gewesen, so vertrauensvoll, sie hatte es (jedenfalls bildlich gesprochen) geduldet, daß ich ihren kleinen, zitternden Körper in der Hand hielt und ihren Mauskopf streichelte – und nun hatte ich sie zurückgestoßen. Oh, ich hätte mich ohrfeigen können! Sie erhob sich.

»Ich habe keine Pläne. Aber – es ist sehr spät. Bitte, gehen Sie jetzt!«

80

Wie konnte ich sie zurückerobern? Ich wollte sie wieder-haben! Ich schwöre es, daß ich damals nicht Theater spielte.

»Glauben Sie mir, daß ich Ihr Freund bin!« rief ich. »Darf ich morgen früh wiederkommen? Werden Sie mir erlauben, daß ich mich etwas um Sie kümmere – etwas für Sie sorge? Werden Sie über mich verfügen, wie Sie es für richtig halten?«

Ich hatte Erfolg. Sie kam aus ihrem Mausloch hervor... scheu... aber sie kam hervor.

»Ja, danke. Sie sind sehr liebenswürdig. Ja, kommen Sie bitte morgen, ich freue mich darauf. Alles wird etwas schwierig sein, denn...«, und wieder drückte ich ihre kna-benhafte Hand... »je ne parle pas français.«

Erst als ich den Boulevard schon halb hinuntergegangen war, überfiel es mich – mit voller Wucht.

Ja, sie litten, diese beiden... sie litten buchstäblich! Ich hatte zwei Menschen so sehr leiden gesehen, wie ich es wahrscheinlich nie wieder erleben würde...

Natürlich wissen Sie, was zu erwarten ist. Sie sehen ganz deutlich voraus, was ich schreiben werde. Sonst wäre nicht ich es, wenn es anders wäre.

Ich ging nie wieder in die Nähe des Hotels.

Ja, ich schulde denen noch immer eine stattliche Summe für Mittagessen und Diners – doch das gehört nicht hierher. Es wäre ordinär, wenn ich es im gleichen Atemzug mit der Tatsache erwähnte, daß ich Maus nie wiedersah.

Natürlich hatte ich die Absicht. Brach auf – ging bis zur Tür – schrieb und zerriß Briefe – all das. Doch ich konnte mir einfach nicht den letzten Ruck geben.

Selbst jetzt verstehe ich nicht ganz, warum ich es nicht tat. Natürlich wußte ich, daß ich es nicht würde durchhalten können. Das spielte zu einem großen Teil mit. Aber man hätte meinen können, daß zum mindesten meine neugierige Foxterriernase sich nicht hätte abhalten lassen . . .

Je ne parle pas français. Das war ihr Schwanengesang für mich.

Aber wie es ihr doch gelingt, meiner Lebensregel untreu zu werden! Sie haben es ja selbst erlebt, aber ich könnte Ihnen noch unzählige Beispiele geben.

. . . Abende, an denen ich in irgendeinem trübseligen Café sitze, und ein automatisches Klavier beginnt eine ›Maus-Melodie‹ zu spielen (es gibt Dutzende von Melodien, die ihr Bild heraufbeschwören), und ich fange an zu träumen, etwa: Ein kleines Haus am Meer, irgendwo, weit, weit weg. Davor eine junge Frau in einem Gewand, wie es ungefähr die Indianerinnen tragen: sie winkt einem blonden, barfüßigen Burschen zu, der vom Strand heraufgerannt kommt.

»Was hast du da?«

»Einen Fisch!«

Ich lächle und reiche ihn ihr.

. . . Die gleiche junge Frau, der gleiche Bursche, nur anders angezogen – sie sitzen am offenen Fenster, essen Obst und lehnen sich hinaus und lachen.

»Die Walderdbeeren sind alle für dich, Maus! Ich rühre sie nicht an!«

. . . Ein regnerischer Abend. Sie gehen gemeinsam unter einem Schirm nach Hause. An der Tür bleiben sie stehen, um ihre feuchten Wangen aneinanderzuschmiegen.

Und so immer weiter und weiter, bis ein schmieriger, alter Galan an meinen Tisch kommt und mir gegenüber Platz nimmt und anfängt, Fratzen zu schneiden und zu japsen. Bis ich mich sagen höre: »Aber ich weiß ein kleines Mädchen für Sie, *mon vieux*! So klein... so zart!« Ich küsse meine Fingerspitzen und lege sie auf mein Herz. »Ich gebe Ihnen mein Ehrenwort als Gentleman und als ernsthafter junger Schriftsteller, der sich mit moderner englischer Literatur befaßt...«

Ich muß gehen. Ich muß gehen. Ich nehme Mantel und Hut vom Haken. Madame kennt mich. »Sie haben noch nicht diniert?« lächelt sie.

»Nein, noch nicht, Madame.«

Der Wind weht

Plötzlich wacht sie erschrocken auf. Was ist geschehen? Etwas Schreckliches ist geschehen. Nein – nichts ist geschehen. Es ist nur der Wind, der das Haus erschüttert, an den Fenstern rattert, gegen ein Stück Eisen auf dem Dach hämmert und ihr Bett erzittern läßt. Blätter stieben am Fenster vorbei, hinauf und davon; unten in der Allee klatscht eine ganze Zeitung wie ein ausgerissener Drachen durch die Luft und fällt nieder, auf eine Tanne aufgespießt. Es ist kalt. Der Sommer ist vorbei – es ist Herbst – alles ist häßlich. Die Karren rasseln vorbei und schwanken von einer Seite auf die andere; zwei Chinesen traben eilig unter ihren Traghölzern mit den schweren Gemüsekörben dahin, und ihre Zöpfe und die blauen Kittel plustern sich im Wind. Ein weißer Hund läuft kläffend auf drei Beinen am Gartentor vorbei. Es ist alles vorbei! Was ist vorbei? Ach, alles! Und sie beginnt mit zitternden Fingern ihr Haar zu flechten und wagt es nicht, in den Spiegel zu blicken. Ihre Mutter spricht in der Halle mit der Großmutter.

»Eine zu blöde Ziege! Stell dir vor, daß sie bei solchem Wetter die Wäsche auf der Leine hängen läßt ... Meine beste Teedecke aus Teneriffa ist restlos zerfetzt! Was ist denn das für ein merkwürdiger Geruch? Der Porridge brennt an! Meine Güte – dieser Wind!« Um zehn Uhr hat sie Klavierstunde. Beim Gedanken daran beginnt ihr der Mollsatz von Beethoven durch den Kopf zu gehen, die langen Triller, drohend wie kleine Trommelwirbel ... Marie Swainson vom Haus nebenan läuft in den Garten, um die

84

Chrysanthemen zu pflücken, ehe sie völlig zerzaust sind. Der Rock fliegt ihr bis zur Taille hinauf; sie versucht, ihn hinunterzuschlagen und zwischen die Beine zu klemmen, während sie sich bückt, aber es nützt nichts, er fliegt wieder hoch. Alle Büsche und Bäume tosen um sie her. Sie pflückt, so schnell sie nur kann, aber sie ist wie von Sinnen. Sie achtet nicht auf das, was sie tut – sie reißt die Pflanzen mit den Wurzeln aus und biegt und knickt sie, stampft mit dem Fuß auf und flucht.

»Um Himmels willen, laß doch die Vordertür zu! Geh ums Haus herum!« ruft jemand. Und dann hört sie Bogey: »Mutter, du wirst am Telefon verlangt! Telefon, Mutter! Es ist der Metzger!«

Wie häßlich das Leben ist – widerwärtig, einfach widerwärtig!... Und jetzt reißt auch noch das Gummiband an ihrem Hut! Mußte es ja! Sie setzt sich die alte Schottenmütze auf und will zur Hoftür hinausschlüpfen. Aber ihre Mutter hat es gesehen.

»Matilda! Matilda! So-fort kommst du zurück! Was hast du denn bloß auf dem Kopf? Sieht ja aus wie ein Teewärmer! Und warum hängt dir eine Strähne in die Stirn?«

»Ich kann nicht umkehren, Mutter, sonst komme ich zu spät in die Stunde!«

»Sofort kommst du!«

Aber sie kehrt nicht um, nein! Sie haßt ihre Mutter. »Geh zum Teufel!« schreit sie und läuft schon die Straße entlang. Beißender Staub kommt in Wellen, in Wolken, in großen runden Kreiseln auf sie zu und führt Strohfetzen und Häcksel und Mist mit. Aus den Bäumen in den Gärten heult es laut, und als sie am Ende der Straße vor Mr. Bullens Tor steht, kann sie das Meer ächzen hören: »Ah!... Ah!... Ahh!« Aber Mr. Bullens Zimmer ist so still wie eine Höhle. Die

85

Fenster sind geschlossen, die Markisen halb heruntergezogen, und sie hat sich nicht verspätet. Das-Mädchen-vor-ihr hat gerade erst angefangen, MacDowells ›An einen Eisberg‹ zu spielen. Mr. Bullen sieht zu ihr hinüber und lächelt ein wenig.

»Setzen Sie sich!« sagt er. »Setzen Sie sich in die Sofaecke drüben, kleines Fräulein!«

Wie ulkig er ist! Er lacht einen nicht direkt aus... doch etwas ist da... Oh, wie friedlich es hier ist! Sie liebt dieses Zimmer. Es riecht nach Baumwollgardinen und kaltem Rauch und Chrysanthemen... Sie stehen in einer großen Vase auf dem Kaminsims hinter der verblaßten Photographie von Rubinstein... *à mon ami Robert Bullen*... Über dem schwarzen, glitzernden Klavier hängt die *Solitude* – eine dunkelhaarige, tragische Frau, in weiße Falten gehüllt, sitzt auf einem Felsen, die Beine übereinandergeschlagen, das Kinn in die Hand gestützt.

»Nein, nein!« sagt Mr. Bullen und beugt sich über das andere Mädchen, legt ihr die Arme über die Schultern und spielt ihr die Stelle vor. Die Dumme! Jetzt wird sie rot! Wie lächerlich!

Nun ist Das-Mädchen-vor-ihr gegangen; die Haustür fällt ins Schloß. Mr. Bullen kehrt zurück und geht sehr leise auf und ab, denn er wartet auf sie... Wie ungewöhnlich! Ihre Finger zittern so, daß sie den Knoten ihrer Notenmappe nicht aufkriegt. Es muß am Wind liegen... Und ihr Herz hämmert so heftig, daß sie glaubt, es müsse ihre Bluse bewegen. Mr. Bullen sagt kein Wort. Die schäbige rote Klavierbank ist lang genug für zwei. Mr. Bullen setzt sich neben sie.

»Soll ich mit den Tonleitern anfangen?« fragt sie und drückt die Hände gegeneinander. »Arpeggien hatte ich auch zu üben.«

Aber er antwortet nicht. Sie glaubt sogar, daß er sie nicht hört... doch plötzlich reicht seine kräftige Hand mit dem Ring über sie hinweg und schlägt Beethoven auf.

»Lassen Sie uns ein bißchen vom Altmeister hören!« sagt er. Aber warum spricht er so freundlich mit ihr, so furchtbar freundlich, als hätten sie sich schon seit Ewigkeiten gekannt und wüßten alles voneinander?

Langsam wendet er die Seite um. Sie blickt auf seine Hand – es ist eine sehr schöne Hand, und immer sieht sie so aus, als wäre sie gerade erst gewaschen worden.

»Hier!« sagt Mr. Bullen.

Oh, die freundliche Stimme – oh, der Satz in Moll! Und nun die kleinen Trommeln...

»Soll ich die Wiederholung spielen?«

»Ja, liebes Kind.«

Seine Stimme ist viel, viel zu freundlich. Die Viertel- und Achtelnoten tanzen auf den Notenlinien auf und ab – wie kleine schwarze Jungen auf einem Zaun. Warum ist er so... Sie will nicht weinen – sie hat keinen Grund zu weinen...

»Was ist denn, mein Kind?«

Mr. Bullen nimmt ihre Hände in seine Hand. Seine Schulter ist dicht neben ihrem Kopf. Sie lehnt sich ein ganz klein wenig an, die Wange auf dem nachgebenden Tweed.

»Das Leben ist so schrecklich«, murmelt sie, doch sie findet es überhaupt nicht schrecklich. Er murmelt etwas von ›warten‹ und ›Zeit abwarten‹ und ›so kostbar, Frau zu sein‹, aber sie hört nicht. Es ist so tröstend... ewig so...

Plötzlich geht die Tür auf, und Marie Swainson platzt herein – viel zu früh für ihre Stunde.

»Spielen Sie das Allegretto ein bißchen schneller«, sagt Mr. Bullen und steht auf und beginnt wieder auf und ab zu wandern.

87

»Setzen Sie sich in die Sofaecke, kleines Fräulein«, sagt er zu Marie.

Der Wind, der Wind! Es ist unheimlich, hier ganz allein in ihrem Zimmer zu sein. Das Bett, der Spiegel, der weiße Krug und das Waschbecken schimmern wie der Himmel draußen. Das Bett ist's, das so unheimlich aussieht: da liegt es, ist fest eingeschlafen ... Glaubt ihre Mutter wirklich auch nur einen Augenblick, daß sie all die Strümpfe stopfen wird, die da zusammengeknotet wie ein Knäuel Schlangen auf der Bettdecke liegen? Sie wird sie nicht stopfen. Nein, Mutter! Ich sehe nicht ein, warum ich ... Der Wind, der Wind! Ein komischer Rußgeruch kommt den Kamin heruntergeweht. Hat nicht jemand Gedichte an den Wind geschrieben? ...

›Den Blättern bring ich frische Blüten und Regenschauer‹ ... Was für ein Unsinn!

»Bist du das, Bogey?«

»Komm mit, Matilda, zu einem Bummel rund um die Esplanade! Ich kann's nicht länger aushalten!«

»Fein! Ich zieh nur meinen Ulster an! Ist es nicht greuliches Wetter?« Bogeys Ulster ist genau der gleiche wie der ihre. Während sie den Kragen zuhakt, betrachtet sie sich im Spiegel. Ihr Gesicht ist bleich, sie haben beide die gleichen wilden Augen und heißen Lippen. Ja, sie kennen die beiden im Spiegel. Lebt wohl, ihr Lieben! Wir sind bald wieder da!

»Draußen ist's besser, was?«

»Komm, hak dich ein!« sagt Bogey.

Sie können nicht schnell genug laufen. Mit gesenktem Kopf, Bein an Bein streifend, schreiten sie wie ein einziges Wesen eilig durch die Stadt, den asphaltierten Zickzackweg hinunter, wo der wilde Fenchel wächst, und zur Esplanade.

Es ist dämmerig, fängt gerade an, dunkel zu werden. Der Wind ist so stark, daß sie wie zwei alte Trunkenbolde dagegen ankämpfen müssen. All die armen kleinen Mangobäumchen auf der Esplanade sind zu Boden gebeugt.

»Komm! Komm! Laß uns nah herangehen!«

Beim Wellenbrecher drüben geht die See sehr hoch; sie ziehen ihre Mützen ab, und das Haar weht ihr über den Mund und schmeckt salzig. Die See geht so hoch, daß die Wellen sich überhaupt nicht überschlagen; sie hämmern gegen den Damm aus groben Steinen und saugen an den moosigen, tropfenden Stufen. Ein feiner Sprühnebel treibt vom Wasser bis zur Esplanade hin. Sie sind ganz mit Tropfen übersät; ihr Mund schmeckt naß und kalt.

Bogey steht im Stimmbruch. Wenn er spricht, läuft er die Tonleiter hinauf und hinunter. Es klingt komisch – es ist zum Lachen – und doch paßt es zum Wetter. Der Wind trägt ihre Stimmen fort – die Sätze fliegen wie schmale kleine Bänder davon.

»Schneller! Schneller!«

Es wird sehr dunkel. Die abgetakelten Kohlenfrachter im Hafen haben zwei Lichter – eins hoch am Mast und eins am Heck.

»Schau mal, Bogey! Schau, da drüben!«

Ein großer schwarzer Dampfer mit einer langen, wirbelnden Rauchfahne und hellen Bullaugen, mit Lichtern überall, sticht in See. Der Wind kann ihn nicht aufhalten; er durchfurcht die Wellen und steuert auf das offene Tor zu, zwischen spitzen Klippen hindurch, auf Fahrt nach ... Was ihn so ungeheuer großartig und geheimnisvoll macht, sind all die Lichter ... Zweie sind an Bord und lehnen sich Arm in Arm über die Reling.

»... Wer sind sie?«

». . . Bruder und Schwester.«

»Schau mal, Bogey, dort liegt die Stadt! Sieht sie nicht klein aus? Das ist die Uhr auf dem Postamt, die zum letztenmal schlägt. Und dort ist die Esplanade, wo wir an dem Tag, als es so windig war, spazierengingen. Erinnerst du dich? An jenem Tag hatte ich in der Klavierstunde geweint – vor so vielen Jahren! Leb wohl, kleine Insel, leb wohl! . . .«

Jetzt streckt die Finsternis eine Schwinge über das stürmische Wasser. Sie können die zwei nicht mehr sehen. Lebt wohl, lebt wohl! Vergeßt nicht! . . . Aber das Schiff ist fort. Der Wind – der Wind!

Der Mann ohne Temperament

Er stand an der Tür der Halle und drehte an seinem Ring, an dem schweren Siegelring auf seinem kleinen Finger, und dabei schweifte sein Blick kühl und bedächtig über die runden Tische und die Korbstühle, die in der verglasten Veranda herumstanden. Er spitzte die Lippen – es sah aus, als wollte er pfeifen –, aber er pfiff nicht, drehte nur an dem Ring, an dem Ring an seiner rosigen, frisch gewaschenen Hand.

Drüben in der Ecke saßen die Zwei Duttis und tranken ein Gebräu, das sie um diese Zeit immer tranken – etwas Grauweißliches in Gläsern, auf denen ganz oben kleine Körnchen schwammen; in einer Blechdose voller Papierschnipsel suchten sie nach getüpfelten Keksbrocken, die sie zerbrachen und in die Gläser fallen ließen, um sie dann mit dem Löffel herauszufischen. Ihre Strickarbeiten lagen neben dem Tablett – wie zwei Schlangen schlummernd.

Die Amerikanerin saß vor der Glaswand, wo sie immer saß, im Schatten einer großen Schlingpflanze, die sich mit weit offenen violetten Augen am Glas plattdrückte und sie hungrig beobachtete. Und sie wußte, daß sie da war und sie beobachtete. Und sie ging darauf ein und machte ein Getue. Manchmal zeigte sie sogar darauf und rief: »Ist das nicht das scheußlichste Ding, das man sich vorstellen kann! Ist es nicht wie ein Dämon?« Aber schließlich wuchs es ja auf der Außenseite der Veranda und kam nicht an sie heran, nicht wahr, Kleemangsso? Sie war eine Amerikanerin, nicht wahr, Kleemangsso, und sie würde sonst gleich zu ihrem

Konsul gehen. Kleemangsso, der zusammengerollt unter ihrem zerrissenen antiken Brokatbeutel, einem schmuddeligen Taschentuch und einem Stoß Post von daheim auf ihrem Schoß lag, antwortete ihr mit einem Nieser.

Die andern Tische waren nicht besetzt. Zwischen der Amerikanerin und den Zwei Duttis wurde ein Blick gewechselt. Auf ihr ausländisches Achselzucken antworteten sie, verständnisinnig mit einem Keks winkend. Doch er sah nichts davon. Bald stand er still, bald lauschte er, wie es seine Augen verrieten. ›Huuusippsuuu!‹ machte der Lift. Die eiserne Tür klirrte auf. Leichte schleppende Schritte waren in der Halle zu hören und kamen auf ihn zu. Eine Hand fiel leicht wie ein Blatt auf seine Schulter. Eine weiche Stimme sagte: »Wollen uns dort drüben hinsetzen – von wo man die Allee sehen kann. Die Bäume sind so schön!« Er setzte sich in Bewegung, ihre Hand noch auf seiner Schulter, und die leichten, schleppenden Schritte neben den seinen. Er zog einen Sessel heran, und sie sank langsam hinein, lehnte den Kopf an die Rückenlehne und ließ die Arme niederfallen.

»Möchtest du den andern nicht näher heranziehen? Er ist so meilenweit weg.« Aber er rührte sich nicht.

»Wo ist dein Schal?« fragte er.

»Oh!« Sie ächzte bestürzt. »Wie dumm von mir, ich habe ihn oben auf dem Bett liegenlassen. Es macht nichts! Bitte hol ihn nicht! Ich brauche ihn nicht, ich brauche ihn nicht!«

»Es ist besser, wenn du ihn bei dir hast!« Und er drehte sich um und ging rasch durch die Veranda und in die dämmerige Halle mit ihren vergoldeten, scharlachroten Plüschmöbeln – Zauberkünstlermöbeln – und der Bekanntmachung der Gottesdienste in der Englischen Kirche und dem Anschlagbrett mit seiner grünen Friesbespannung und den

92

nicht abgeholten Briefen, die hinter dem schwarzen Gitterwerk hochkletterten, und der riesigen ›Eindruck schindenden‹ Uhr, die stets zur halben Stunde die volle Stunde schlug, vorbei an dem holzgeschnitzten Braunbären, der ganze Bündel von Stöcken und Regen- und Sonnenschirmen umarmt hielt, vorbei an den zwei verkümmerten Palmen – greisen Bettlern am Treppenfuß –, drei Stufen auf einmal die Marmortreppe hinauf, vorbei an der lebensgroßen Gruppe der zwei stämmigen Bauernkinder auf dem Treppenabsatz, deren Marmorschürzchen mit marmornen Weintrauben gefüllt waren, und über den Korridor mit dem aufgetürmten Strandgut alter Blechkisten und Lederkoffer und Segeltuchreisesäcke – ging er in ihr Zimmer.

Das Zimmermädchen war gerade im Zimmer und sang laut, während sie Seifenwasser in einen Eimer goß. Die Fenster standen weit offen, die Läden waren zurückgeklappt, und das Licht fiel grell herein. Sie hatte die Bettvorleger und die großen weißen Federkissen übers Balkongeländer gelegt; die Moskitonetze waren ringsherum hochgeschlagen; auf dem Schreibtisch stand eine Schippe mit Staubflocken und Streichholzenden. Als sie ihn sah, funkelten ihre unverschämten kleinen Augen, und ihr Gesang ging in ein Summen über. Aber er beachtete sie nicht. Seine Blicke flogen suchend durch das grelle Zimmer: wo zum Teufel war der Schal?

»*Vous désirez, Monsieur*?« fragte das Zimmermädchen spöttisch.

Er gab keine Antwort. Er hatte ihn gesehen. Mit großen Schritten durchquerte er das Zimmer, packte das graue Spinnweb und ging, die Tür zuschlagend, hinaus. Die Stimme des Zimmermädchens verfolgte ihn lauter und schriller denn je den ganzen Korridor hinab.

93

»Oh, da bist du ja! Was gab's denn? Warum hast du so lange gemacht? Der Tee ist nämlich schon hier. Gerade eben habe ich Antonio weggeschickt, daß er mir heißes Wasser bringt. Ist es nicht erstaunlich? Ich muß es ihm mindestens sechzigmal gesagt haben, und doch bringt er es nie. Danke! Es ist sehr angenehm. Wenn man sich vorbeugt, spürt man die Luft doch ein bißchen.«

»Danke!« Er nahm seinen Tee und setzte sich in den andern Sessel. »Nein, nichts zu essen.«

»O bitte! Nur einen! Du hast sowenig zum Mittagessen gehabt, und bis zum Dinner ist es noch eine Ewigkeit hin.«

Ihr Schal rutschte herunter, als sie sich vorbeugte, um ihm die Biskuits zu reichen. Er nahm eins und legte es auf seine Untertasse.

»Ach, die Bäume in der Allee!« rief sie. »Ich könnte sie dauernd ansehen! Sie sind wie kostbare, riesige Farnkräuter. Siehst du den da mit der grausilbernen Borke und den Büscheln sahnegelber Blüten? Gestern habe ich mir einen Buschen heruntergezogen, um daran zu riechen, und der Duft« – sie schloß im Gedanken daran die Augen, und ihre Stimme verlor sich und wurde leise und dünn –, »der Duft war wie frisch gemahlene Muskatnuß!«

Eine kurze Pause trat ein, dann wandte sie sich lächelnd ihm zu: »Du weißt doch, wie Muskatnüsse riechen, nicht wahr, Robert?«

Er erwiderte ihr Lächeln: »Wie könnte ich dir beweisen, daß ich's weiß?«

Nun erschien Antonio – nicht nur mit dem heißen Wasser, sondern mit Briefen auf einem Tablett und mit drei Zeitungsrollen.

»Oh, die Post! Oh, wie wunderbar! Oh, Robert, die

können nicht alle für dich sein! Sind sie gerade gekommen, Antonio?«

»In diesem Moment, Signora«, griente Antonio. »Hab' sie selber dem Briefträger weggenommen! Er mußt' sie mir geben!«

»Edler Antonio!« lachte sie. »Halt – die da sind für mich, Robert, die andern sind für dich!«

Antonio wandte sich schroff ab; sein Gesicht wurde steif, und das Lächeln verschwand. Dank seiner gestreiften Leinenjacke und der glänzenden, gerade abgeschnittenen Stirnhaare sah er wie eine Holzpuppe aus.

Mr. Salesby steckte die Briefe in die Tasche; die Zeitungen lagen auf dem Tisch. Er drehte an seinem Ring, drehte den Siegelring auf seinem kleinen Finger und stierte blinzelnd und mit leerem Blick vor sich hin.

Sie aber – mit der Teetasse in der einen und den dünnen Briefblättern in der andern Hand, den Kopf aufgeworfen, die Lippen offen, einen Tupf Rot auf den Backenknochen – nippte, nippte, trank und trank...

»Von Lottie«, murmelte sie leise. »Die Arme... so ein Ärger... der linke Fuß. Sie hielt's... für Nervenentzündung... Doktor Blyth... Plattfuß... empfiehlt Massage. So viele Rotkehlchen in diesem Jahr... sehr zufrieden mit dem Mädchen... bei Oberst in Indien... jedes Reiskorn einzeln... sehr starker Schneefall.« Und mit großen, leuchtenden Augen sah sie von ihrem Brief auf: »Schnee, Robert! Stell dir das vor!« Und sie berührte die kleinen dunklen Veilchen, die sie sich an ihre eingesunkene Brust gesteckt hatte, und wandte sich wieder dem Brief zu.

...Schnee. London im Schnee! Millie mit der ersten Tasse Tee am Bett. »Heut nacht hat es furchtbar geschneit,

95

Sir!« – »Tatsächlich, Millie?« Die Vorhänge klirren auf und lassen das bleiche, zaudernde Tageslicht ein. Er richtet sich im Bett auf; er erhascht einen Blick auf die gegenüberliegenden, weiß umrandeten, standfesten Häuser und auf ihre Fensterkästen mit dem zierlichen weißen Korallengezweig... Dann im Badezimmer... es geht auf den Hintergarten hinaus. Schnee – dicker Schnee auf allem. Der Rasen ist mit einem unentschlossenen Muster von Katzenpfoten bedeckt; eine dicke, dicke Glasur auf dem Gartentisch; die verdorrten Hülsen des Goldregens sind zu weißen Quasten geworden; nur im Efeu wagt sich hier und da ein dunkles Blatt hervor... Er wärmt sich am Eßzimmerkamin den Rücken; die Zeitung trocknet über einer Stuhllehne. Millie mit dem Speck. »O bitte, Sir, es sind zwei kleine Jungen da, die für einen Shilling den Schnee von der Treppe und vom Weg fegen wollen – soll ich sie lassen?« ...Und dann schwebt es leicht die Treppe herunter – Jinnie! »Oh, Robert, ist es nicht herrlich? Ach, wie schade, daß er nicht liegenbleibt! Wo ist das Pussykätzchen?« – »Ich hol's dir von Millie! – Millie, könnten Sie mir das Kätzchen heraufreichen, falls es unten bei Ihnen ist?« – »Gern, Sir.« Er fühlt das pochende kleine Herz in seiner Hand. »Komm, mein Kleines, dein Frauchen will dich haben!« – »O Robert, bitte zeig ihm zuerst den Schnee – es ist sein erster Schnee. Soll ich das Fenster aufmachen und ihm ein Krümchen auf die Pfote legen?« ...

»Also im großen ganzen lauter gute Nachrichten. Die arme Lottie! Und die liebe Anne! Wie sehr wünschte ich, daß ich ihnen etwas von dem hier hinschicken könnte«, rief sie und schwenkte die Briefe über den strahlenden,

96

funkelnden Garten. »Noch etwas Tee, Robert? Robert – möchtest du noch etwas Tee?«

»Nein, danke, nein! Er war sehr gut«, sagte er schleppend.

»Findest du? Meiner nicht. Meiner schmeckte wie zerhacktes Heu. Oh, da kommen die Hochzeitsreisenden!«

Mit langen Schritten und beinah rennend kamen sie Zufahrt und die flache Treppe herauf, zwischen sich Korb und Angelgerät tragend.

»Oh – waren Sie fischen?« rief die Amerikanerin.

Sie waren außer Atem und stießen keuchend hervor: »Ja, wir waren den ganzen Tag in einem kleinen Boot auf dem Wasser. Wir haben sieben Stück gefangen! Vier kann man essen. Aber drei wollen wir verschenken. Den Kindern geben.«

Mrs. Salesby drehte sich auf ihrem Stuhl um und sah hin: die Zwei Duttis legten ihr Schlangengestrick aus der Hand. Das junge Paar war sehr dunkel – schwarze Haare, olivbraune Haut, blitzende Augen und Zähne. Er war *English fashion* gekleidet: Flanelljacke, weiße Hose und weiße Schuhe. Um den Hals trug er einen seidenen Schal; den Kopf mit dem nach hinten gebürsteten Haar hatte er nicht bedeckt. Mit einem bunten Taschentuch wischte er sich unablässig die Stirn und die Hände. Sie hatten eine nasse Stelle auf dem Rock; Nacken und Kehle glühten. Wenn sie die Arme hob, sah man in den Achselhöhlen große, durchgeschwitzte Halbmonde; das Haar hing ihr in feuchten Locken ums Gesicht. Sie sah aus, als hätte ihr Mann sie ins Meer gestippt und wieder herausgefischt, um sie an der Sonne zu trocknen, und dann – wieder hinein mit ihr, den ganzen Tag über.

»Möchte Kleemongsso einen Fisch?« riefen sie. Ihre

97

lachenden, aufgeregten Stimmen prallten wie Vögel gegen die verglaste Veranda, und aus dem Korb stieg ein sonderbarer, salziger Geruch auf.

»Heute nacht werden Sie gut schlafen«, meinte Dutti I und bohrte sich mit der Stricknadel im Ohr, während Dutti II lächelte und nickte.

Die Hochzeitsreisenden blickten einander an. Eine große Welle schien über sie hinwegzuspülen. Sie schnauften, schluckten, torkelten ein bißchen und kamen dann lachend, lachend an die Oberfläche.

»Wir können nicht aufs Zimmer gehen, wir sind zu müde. Wir müssen Tee trinken, so wie wir sind! Hallo – Kaffee! Nein, Tee! Nein, Kaffee! Tee und Kaffee, Antonio!« Mrs. Salesby wandte sich ab.

»Robert? Robert?« Wo war er? Er war weg. Ach, dort stand er – am andern Ende der Veranda –, mit dem Rücken zu ihr, und rauchte eine Zigarette. »Robert, wollen wir jetzt unsern kleinen Lauf machen?«

»Gern.« Er drückte die Zigarette im Aschenbecher aus und kam, die Blicke auf den Boden geheftet, langsam herüber...

»Hast du's auch warm genug?«

»O ja.«

»Bestimmt?«

»Ach, vielleicht« – sie legte ihm die Hand auf den Arm und drückte ihn ganz leicht –, »vielleicht könntest du mir meinen Umhang holen; er ist nicht oben – hängt schon in der Halle.«

Er kam mit dem Umhang zurück, und sie neigte den kleinen Kopf, während er ihr den Umhang um die Schultern legte. Dann bot er ihr sehr steif den Arm. Sie grüßte die Leute in der Veranda sehr niedlich, während er bloß ein

Gähnen versteckte, und zusammen gingen sie die Treppe hinunter.

»Haben Sie das gesehen?« rief die Amerikanerin.

»Er ist kein *Mann*«, erklärten die Zwei Duttis. »Er ist ein Ochs. Das sage ich morgens zu meiner Schwester, und wenn wir abends im Bett liegen, sage ich's auch: er ist kein *Mann*, sondern ein Ochs!«

Das Gelächter der Hochzeitsreisenden prallte kreiselnd, sich überschlagend und raketenhaft gegen die Glaswand der Veranda.

Die Sonne stand noch hoch am Himmel. Jede Blume, jedes Blatt im Garten lag reglos hingebreitet, wie erschöpft, und ein süßlicher, schwerer, verdorbener Geruch füllte die zitternde Luft. Aus den dicken, fleischigen Blättern einer kakteenartigen Pflanze ragte ein Aloestengel, mit bleichen Blüten überladen, die aussahen, als wären sie aus Butter gemodelt. Licht zuckte aus den aufwärts gerichteten Speeren der Palmen; über einem Beet mit scharlachroten, wachsartigen Blüten surrten und burrten große schwarze Käfer; ein prächtiges, leuchtendes Schlinggewächs – goldrot mit schwarzen Spritzern – wucherte vor einer Mauer.

»Eigentlich brauche ich meinen Umhang doch nicht«, sagte sie. »Es ist wirklich zu warm.« Er nahm ihn ihr also ab und trug ihn über dem Arm. »Laß uns diesen Weg hinuntergehen! Ich fühle mich heute so wohl – unglaublich viel besser! Meine Güte – sieh bloß die Kinder an! Wenn man bedenkt, daß wir November haben!«

In einer Ecke des Gartens standen zwei randvolle Wasserbottiche. Drei kleine Mädchen, die vorsorglich ihre Schlüpfer ausgezogen und auf einen Busch gehängt hatten, hielten die Röckchen bis zum Gürtel hoch, standen in den Bottichen und hüpften auf und ab. Sie kreischten. Das Haar fiel ihnen ins Gesicht, und sie bespritzten einander. Doch plötzlich blickte die Kleinste, die einen Bottich für sich allein hatte, hoch und sah, wer ihnen zuschaute. Einen Augenblick schien sie ganz überwältigt von Entsetzen, dann mühte sie sich zappelnd und ungeschickt aus dem Bottich, hielt noch immer ihr Röckchen bis zum Gürtel hoch, kreischte: »Der Engländer! Der Engländer!« und riß aus, um sich zu verstecken. Quietschend und schreiend folgten ihr die zwei andern. Im Nu waren sie verschwunden, und nichts blieb zurück als die beiden randvollen Bottiche und die kleinen Schlüpfer auf dem Busch.

»Das ist ja – ganz – erstaunlich!« sagte sie. »Was hat sie denn so erschreckt? Sie sind doch noch viel zu klein, um...« Sie blickte zu ihm auf. Sie fand, daß er blaß aussähe... aber außerordentlich hübsch vor dem hohen tropischen Baum mit den langen, spitzigen Dornen.

Er antwortete nicht gleich. Dann begegnete er ihrem Blick und sagte mit seinem bedächtigen Lächeln: »Sehr juxig!« Sehr juxig! Oh, ihr wurde ganz schwach! Oh, warum liebte sie ihn so, bloß, weil er so ein Wort benutzt hatte. Sehr juxig! Das war typisch Robert! Niemand anders als Robert wäre auf so ein Wort verfallen. Er, der so wundervoll, so geistreich, so gelehrt war, und dann mit so einer komischen Knabenstimme zu sagen... Sie hätte weinen können!

»Manchmal bist du wirklich ganz ausgefallen«, sagte sie.

»Das bin ich wohl«, antwortete er. Und sie gingen weiter. Aber sie war müde. Es wurde ihr zuviel. Sie hatte keine Lust, noch weiterzugehen.

»Laß mich hierbleiben, und geh du weiter, ein bißchen Appetit holen, ja? Ich nehme mir einen von den Liegestühlen. Wie gut, daß du mir meinen Umhang gebracht hast, da brauchst du nicht hinaufzugehen, um mir eine Reisedecke zu holen. Danke, Robert! Ich werde den köstlichen Heliotrop anschauen . . . Du bleibst wohl nicht sehr lange?«

»N-nein! Es macht dir nichts, daß ich dich allein lasse?«

»Dummes! Ich will, daß du gehst! Ich kann nicht erwarten, daß du jede Minute hinter deiner kränklichen Frau einherschleichst . . . Wie lange willst du gehen?«

Er zog seine Uhr hervor. »Es ist kurz nach halb fünf. Dann bin ich Viertel nach fünf zurück.«

»Viertel nach fünf zurück«, wiederholte sie, streckte sich ruhig auf dem Liegestuhl aus und faltete die Hände.

Er wandte sich zum Gehen. Plötzlich war er wieder da. »Hör mal, hättest du gern meine Uhr?« Und er ließ sie vor ihren Augen hin und her baumeln.

»Oh!« Der Atem stockte ihr. »Ja, sehr, sehr gern!« Und sie umklammerte die Uhr, die warme Uhr, die geliebte Uhr mit ihren Fingern. »Jetzt geh aber rasch!«

Die Torflügel der Pension Villa Exzelsior waren weit gegen einige sich vordrängende Geranien geöffnet. Ein wenig vornübergebeugt und starr geradeausblickend ging er mit schnellen Schritten durchs Tor und begann die Anhöhe zu erklimmen, die sich hinter der Stadt wie ein großes Seil um die Villen wand und sie zusammenhielt. Der Weg war sehr staubig. Ein Wagen kam angerollt und hielt auf die Villa Exzelsior zu. Der General und die Gräfin saßen darin; er hatte seine tägliche Ausfahrt hinter sich. Mr. Salesby trat auf die Seite, aber der Staub wurde aufgewirbelt – dicht und weiß, und erstickend wie Wolle. Der Gräfin blieb gerade noch Zeit, den General anzustoßen.

»Da geht er!« sagte sie gehässig. Doch der General krächzte laut und weigerte sich hinzublicken.

»Das war der Engländer«, sagte der Kutscher, drehte sich

um und lächelte. Und die Gräfin warf die Hände auf und nickte so liebenswürdig, daß er befriedigt ausspuckte und dem stolpernden Gaul eins überzog.

Weiter – und weiter. Vorbei an den schönsten Villen der Stadt, prachtvollen Palästen, die anzuschauen es sich lohnte, von wer weiß wie weit herzukommen; vorbei am Stadtpark mit den künstlichen Grotten und gemeißelten Statuen und an aus Brunnen trinkenden Steintieren, hin zu einem ärmeren Viertel. Hier verlief die Straße schmal und dumpfig zwischen hohen, schiefen Häusern, deren Erdge-schosse zu Ställen und Schreinerwerkstätten ausgeweidet und ausgehöhlt worden waren. An einem Brunnen weiter vorn bearbeiteten zwei alte Weiber ihre Wäsche. Als er vor-beiging, hockten sie sich auf die Fersen zurück und starrten ihn an, und dann folgte ihm ihr Gegacker und das Aufklat-schen der Waschhölzer auf der nassen Wäsche.

Er erreichte den Kamm der Anhöhe und bog um eine Ecke. Jetzt war von der Stadt nichts mehr zu sehen. Er blickte in ein tiefes Tal mit einem ausgetrockneten Flußbett hinunter. Dieser und der gegenüberliegende Abhang waren mit kleinen, baufälligen Häusern bedeckt, auf deren mor-scher Steinveranda Früchte zum Trocknen lagen; in den Gärtchen waren Reihen von Tomatenstauden, und von der Gartenpforte zur Haustür führte eine Pergola. Das Abend-licht lag satt und golden in der Talmulde; in der Luft hing ein Geruch von Holzfeuern. In den Weingärten schnitten Männer Weintrauben ab. Er schaute einem Mann zu, der im grünen Dämmerdunkel stand, nach oben griff, mit der einen Hand eine schwärzliche Traube packte, das Messer aus seinem Gürtel zog, sie abschnitt und in einen flachen, kahnförmigen Korb legte. Der Mann arbeitete gemächlich und schweigsam und ließ sich viel Zeit für sein Vorhaben. In

102

den Hecken auf der andern Straßenseite hingen verkümmerte grüne Trauben, die hier zwischen den Steinen wild wuchsen. Er lehnte sich gegen die Mauer, stopfte seine Pfeife, hielt ein Streichholz dran...

...lehnte über ein Gatter im Feld, stellte den Kragen seines Regenmantels hoch. Es würde regnen. Ihm war's einerlei, er war darauf gefaßt. Im November konnte man nichts anderes erwarten. Er blickte über das kahle Feld. Aus der Ecke beim Gatter stieg der Geruch von Runkelrüben auf, eine ganze Dieme war's, feucht und faulig verfärbt. Zwei Männer gingen vorbei, dem weitläufigen Dorf entgegen. »Abend!« – »Abend!« – Donnerwetter, er mußte sich beeilen, wenn er den Zug nach Hause erreichen wollte. Übers Gatter, quer über ein Feld, durch den Zaunübertritt auf den Karrenweg, weit ausholend durch Regenschauer und Dämmerung... Rechtzeitig zu Hause, um zu baden und sich fürs Essen umzuziehen... Im Wohnzimmer ist Jinnie fast ins Kaminfeuer gekrochen. »O Robert, ich hab' dich nicht kommen hören. War's fein? Wie gut du riechst! Ist das für mich?« – »Ein paar Brombeerranken, die ich für dich gepflückt habe. Schöne Färbung!« – »Oh, reizend, Robert! Dennis und Beaty kommen zum Essen.« Dann bei Tisch: kaltes Fleisch, Pellkartoffeln, Rotwein, dunkles Landbrot. Sie sind fröhlich, jeder lacht. »Ach, wir kennen doch Robert!« sagt Dennis, haucht auf seine Brillengläser und putzt sie. »Übrigens, Dennis, ich habe etwas aufgestöbert: eine sehr schmucke kleine Ausgabe von...«

Eine Turmuhr schlug. Er fuhr hastig herum. Wieviel Uhr mochte es sein? Fünf? Viertel nach fünf? Schnell zurück auf dem Weg, den er gekommen war! Als er durchs Tor eilte, sah er, daß sie nach ihm Ausschau hielt. Sie stand auf, winkte und kam ihm langsam entgegen, den schweren Umhang mitschleppend. In der Hand hielt sie ein Zweiglein Heliotrop.

»Du hast dich verspätet!« rief sie fröhlich. »Um ganze drei Minuten! Da ist deine Uhr; sie hat sich in deiner Abwesenheit sehr brav benommen. Hattest du es nett? War's schön? Erzähl's mir! Wohin bist du gegangen?«

»Also hör mal – den *brauchst* du jetzt!« sagte er und nahm den Umhang.

»Ja, ich nehme ihn um. Ja, es wird kühl! Wollen wir in unser Zimmer hinaufgehen?«

Als sie vor dem Lift standen, mußte sie husten. Er zog die Brauen in die Höhe.

»Es ist weiter nichts. Ich bin zu lange draußen gewesen. Sei nicht böse!« Sie ließ sich in einen der roten Plüschsessel fallen, während er läutete, immer wieder läutete und schließlich, weil niemand erschien, den Finger nicht mehr vom Knopf nahm.

»Oh, Robert, hältst du das für richtig?«

»Was denn?«

Die Salontür ging auf. »Was ist denn das? Wer macht da solchen Lärm?« rief jemand im Salon. Kleemangsso begann zu bellen. Der General krächzte anhaltend. Dutti I stürzte herbei, eine Hand über dem Ohr, und riß die Tür zum Durchgang auf: »Mr. Queet! Mr. Queet!« blökte sie. Das brachte den Direktor auf.

»Haben Sie hier geläutet, Mr. Salesby? Wünschen Sie den Lift? Sehr gut, Sir. Ich werde Sie selbst bedienen. Antonio wollte auch gerade kommen. Er mußte nur noch seine Schürze abbinden...« Und nachdem er sie in den Lift gedient hatte, ging der Direktor zur Tür des Salons:

»Bedaure sehr, daß Sie gestört wurden, meine Damen und Herren!« Salesby stand im Liftkäfig, sog seine Wangen ein, starrte zur Decke auf und drehte am Ring, drehte am Siegelring auf seinem kleinen Finger...

Sowie sie in ihrem Zimmer waren, ging er schnell zum Waschtisch, schüttelte das Fläschchen, goß ihr etwas ein und brachte es ihr.

»Setz dich! Trink! Und sprich nicht!« Er blieb vor ihr stehen, und sie fügte sich. Dann nahm er ihr das Glas ab, spülte es aus und stellte es wieder in den Behälter. »Hättest du gern ein Kissen?«

»Nein, ich brauche nichts weiter. Komm her! Setz dich nur eine Minute neben mich, Robert, ja? So ist's recht!« Sie wandte sich ihm zu und steckte ihm das Zweiglein Heliotrop in den Jackenaufschlag. »Das steht dir sehr gut!« sagte sie. Und dann lehnte sie den Kopf an seine Schulter, und er legte den Arm um sie.

»Robert —« Ihre Stimme war wie ein Seufzer – hingehaucht.

»Ja?...« So saßen sie lange Zeit. Der Himmel flammte auf und verblaßte. Die zwei weißen Betten waren wie zwei Schiffe... Endlich hörte er, wie das Zimmermädchen mit den Heißwasserkannen den Korridor entlanglief, ließ sie sanft los und schaltete das Licht an.

»Wieviel Uhr ist es denn? Was für ein himmlischer Abend! Oh, Robert, während du heute nachmittag weg warst, habe ich nachgedacht...«

Sie waren das letzte Paar, das den Speisesaal betrat. Die Gräfin mit ihrer Lorgnette und ihrem Fächer war da, der General saß in seinem Krankenstuhl mit dem Luftkissen und der leichten Kniedecke. Die Amerikanerin zeigte Kleemongsso eine Nummer der *Saturday Evening Post*... »Wir

105

haben ein Festmahl der Vernunft und einen Seelenflug.«
Die beiden Duttis waren da, betasteten die Birnen und die
Pfirsiche in der Obstschale und sonderten alle aus, die sie
für unreif oder überreif hielten, um sie dem Direktor zu zeigen; und die Hochzeitsreisenden steckten die Köpfe
zusammen, tuschelten und bemühten sich, nicht laut her-
auszuplatzen.

Mr. Queet im Werktagsanzug und weißen Leinenschu-
hen füllte die Suppenteller, und Antonio – in Frack und
Binder – reichte sie herum.

»Nein«, sagte die Amerikanerin, »nehmen Sie's wieder
weg, Antonio! Wir sind gegen Kinderpapps, nicht wahr,
Kleemangsso?«

»Nehmen Sie die beiden Teller wieder weg und füllen Sie
sie bis zum Rand!« sagten die Duttis; sie drehten sich um
und gaben acht, wie er ihren Wunsch ausrichtete.

»Was ist das? Reis? Ist er weich gekocht?« Die Gräfin
beäugte die Suppe durch ihre Lorgnette. »Mr. Queet, der
General kann etwas von der Suppe nehmen, wenn der Reis
wirklich weich ist!«

»Sehr wohl, Frau Gräfin.«

Die Hochzeitsreisenden aßen statt dessen ihre Fische.

»Gib mir den! Das ist der, den ich gefangen habe! Nein,
doch nicht! Doch, ja! Nein, stimmt nicht! Aber er starrt ja
mit seinem Auge auf mich, also muß er's sein! Ti-hi-hi!
Ti-hi-hi!« Sie hatten die Füße unter dem Tisch ineinander
verhakt.

»Robert, du ißt wieder nicht! Fehlt dir was?«

»Nein. Bloß keinen Appetit – weiter nichts.«

»O wie dumm! Nachher gibt es Spinat mit Ei. Und Spinat
magst du nicht, wie? Ich muß ihnen sagen, daß sie dir näch-
stesmal . . .«

Und Ei und Kartoffelbrei für den General!

»Mr. Queet! Mr. Queet!«

»Ja, Frau Gräfin?«

»Der General hat wieder ein zu hartes Ei bekommen!«

Der General krächzt.

»Bedaure sehr! Soll ich Ihnen ein andres kochen lassen?«

Sie sind die ersten, die den Speisesaal verlassen. Sie erhebt sich und rafft ihren Schal zusammen, und er steht auf und wartet, überläßt ihr den Vortritt und dreht am Siegelring auf seinem kleinen Finger. In der Halle lauert Mr. Queet.

»Ich nehme an, daß Sie nicht auf den Lift warten wollen. Antonio verteilt gerade die Fingerschalen. Die Klingel funktioniert leider nicht mehr. Ich kann mir nicht vorstellen, woran es liegt.«

»Oh, hoffentlich . . .«, fängt sie an.

»Geh hinein!« sagt er.

Mr. Queet ist dicht hinter ihnen und schlägt die Tür zu.

»Robert, macht's dir etwas aus, wenn ich mich heute sehr früh hinlege? Willst du nicht in den Salon oder in den Garten hinuntergehen? Oder vielleicht auf dem Balkon eine Zigarre rauchen? Es ist so schön draußen. Und ich liebe Zigarrenrauch. Hab's von jeher getan. Aber wenn du lieber . . .«

»Nein, ich setze mich hierher!«

Er nimmt einen Sessel und setzt sich auf den Balkon. Er hört, wie sie im Zimmer umhergeht, sehr leichtfüßig umhergeht und raschelt. Dann geht sie zu ihm hinüber.

»Gute Nacht, Robert!«

»Gute Nacht!« Er nimmt ihre Hand, um die Handmuschel zu küssen. »Verkühl dich nicht!«

Der Himmel ist jadegrün. Es sind schon sehr viele Sterne da; ein riesengroßer weißer Mond hängt über dem Garten.

In weiter Ferne flattert Wetterleuchten, flattert wie ein Flügel, wie ein verwundeter Vogel, der zu fliegen versucht und umsinkt und es von neuem versucht.

Das Licht vom Salon fällt auf den Gartenweg, und Klavierspiel klingt auf. Und einmal ruft die Amerikanerin, als sie die Glastür öffnet, um Kleemangsso in den Garten zu lassen: »Haben Sie den Mond gesehen?« Aber niemand antwortet. Er sitzt auf dem Balkon, blickt auf das Geländer und findet es allmählich sehr kalt. Schließlich geht er hinein. Der Mond hat das Zimmer mit seinem Licht weiß getüncht. Das Licht zittert in den Spiegeln: die beiden Betten scheinen zu schweben. Sie schläft. Durch das Moskitonetz sieht er sie, halb sitzend, von Kissen gestützt, die weißen Hände auf der Bettdecke gekreuzt. Ihre weißen Hände und das blonde, ins Kissen geschmiegte Haar sind silbrig. Er zieht sich rasch und behutsam aus und legt sich ins Bett. Liegt da, die Hände hinter dem Kopf verschränkt ...

In seinem Arbeitszimmer. Spätsommer. Der wilde Wein fängt gerade an, sich zu verfärben ...

»Ja, mein Lieber, das ist die ganze Geschichte. Der langen Rede kurzer Sinn. Wenn sie nicht die nächsten zwei Jahre von hier wegkommt und sich einem guten Klima anvertraut, hat sie nicht die geringsten ... hm ... Aussichten. Besser, man ist in solchem Falle offen ...« – »Oh, natürlich!« – »Und zum Kuckuck, mein Lieber, was kann Sie abhalten, *mit* ihr zu gehen? Sie haben doch keinen festen Beruf wie wir armen Lohnsklaven ... Was *Sie* tun, können Sie überall tun, egal, wo Sie sich aufhalten.« – »Zwei Jahre?« – »Ja, zwei Jahre würde ich ansetzen. Kein Problem, das Haus hier zu vermieten. Ich könnte Ihnen sogar ...«

Er ist bei ihr. »Robert – was so greulich an der Sache ist –

108

aber vermutlich kommt's von der Krankheit: ich bin einfach überzeugt, daß ich nicht allein weggehen kann! Sieh mal, du bist mein Alles. Du bist Brot und Wein für mich, Robert, Brot und Wein! Oh, mein Liebster, was rede ich da? Natürlich könnte, natürlich möchte ich dich nicht herausreißen...«

Er hört, wie sie sich bewegt. Ob sie etwas braucht?

»Boogles?«

Großer Gott, sie spricht im Schlaf! Seit Jahren hat sie *den* Namen nicht mehr benutzt.

»Boogles – bist du wach?«

»Ja. Brauchst du etwas?«

»Oh, ich muß dich plagen. Es tut mir so leid. Stört es dich sehr? Aber in meinem Netz ist ein elender Moskito ... ich höre ihn sirren. Könntest du ihn fangen? Ich sollte mich nicht bewegen – du weißt ja – das Herz!«

»Rühr dich nicht! Bleib ganz still liegen!« Er schaltet das Licht an und hebt das Netz auf. »Wo ist der Bösewicht? Hast du ihn entdeckt?«

»Ja, in der Ecke muß er sein! Oh, wie rücksichtslos von mir, dich aus dem Bett zu holen! Bist du mir böse?«

»Nein – Unsinn!« In seinem blauweißen Pyjama steht er einen Augenblick auf der Lauer. Dann ruft er: »Hab' ihn!«

»Oh, wie fein! War es ein fetter?«

»Ja, widerlich fett!« Er geht zur Waschkommode und benetzt die Finger. »Ist jetzt alles gut? Soll ich das Licht ausschalten?«

»Ja, bitte! Nein, warte, Robert! Komm einen Augenblick her! Setz dich zu mir! Gib mir deine Hand!« Sie dreht an seinem Siegelring. »Warum hast du nicht geschlafen? Hör bitte, Boogles! Komm näher! Manchmal frage ich mich: ist es sehr schlimm für dich, hier unten bei mir zu leben?«

Er beugt sich vor. Er steckt die Decken fest und streicht das Kissen glatt.

»Dummes Zeug!« flüstert er.

Feuille d'Album

Er war wirklich ein unmöglicher Mensch! Viel zu scheu! Hatte einfach nichts vorzuweisen. Und was für eine Zumutung! War er einmal bei einem im Atelier, dann wußte er nie, wann er wegzugehen hatte, sondern blieb und blieb, bis man fast hätte schreien können und ihm, wenn er sich endlich errötend verdrückte, am liebsten etwas Tolles nachgeworfen hätte – etwa den Kachelofen. Das Seltsame war, daß er auf den ersten Blick äußerst interessant aussah. Das gaben alle zu. Bummelte man zum Beispiel abends ins Café, dann sah man ihn mit einem Glas Kaffee vor sich in einer Ecke sitzen: einen mageren, dunkelhaarigen Jungen, der einen blauen Pulli trug und sich eine leichte graue Flanelljacke darübergeknöpft hatte. Und der blaue Pulli und die graue Jacke mit den zu kurzen Ärmeln verliehen ihm irgendwie das Aussehen eines Jungen, der sich entschlossen hat, auszureißen und zur See zu gehen, ja, der tatsächlich schon ausgerissen ist und im nächsten Augenblick aufstehen wird, um ein zusammengeknotetes Taschentuch, das sein Nachthemd und ein Bild seiner Mutter enthält, ans Ende eines Spazierstocks zu knüpfen und in die Nacht hinauszulaufen und zu ertrinken . . . schon auf dem Weg zum Schiff über den Rand der Mole stolpernd . . . Er hatte kurzgeschorenes schwarzes Haar, graue Augen mit langen Wimpern, blasse Wangen und etwas aufgeworfene Lippen, als wäre er entschlossen, nicht zu weinen . . . Wie hätte man ihm widerstehen können? Ach, sein Anblick zerriß einem das Herz. Und als wäre das nicht genug, hatte er obendrein die Eigenheit, rot zu werden ... Sooft der Kellner in seine Nähe kam, wurde er rot – als käme er gerade aus dem Gefängnis und der Kellner wisse Bescheid ...

»Wer ist das, Liebes? Kennst du ihn?«

»Ja. Er heißt Jan French. Ein Maler. Furchtbar begabt, wie es heißt. Jemand wollte ihm mal die zärtliche Fürsorge einer Mutter angedeihen lassen. Fragte ihn, wie oft er von zu Hause höre, ob er genug Wolldecken auf seinem Bett habe und wieviel Milch er täglich trinke. Doch als die betreffende Person dann zu seinem Atelier ging, um sich um seine Socken zu kümmern, läutete und läutete sie, und obwohl sie hätte schwören können, daß sie drin jemand atmen hörte, wurde die Tür nicht geöffnet ... Hoffnungslos!

Eine andere fand, daß er sich verlieben müsse. Sie rief ihn neben sich, nannte ihn ›Boy‹ und lehnte sich weit vor, damit er den bezaubernden Duft ihrer Haare riechen solle; sie nahm ihn beim Arm und sagte ihm, wie wundervoll das Leben sein könne, wenn man nur den Mut dazu hätte, und eines Abends ging sie zu seinem Atelier und läutete und läutete ... Hoffnungslos!

›Was der arme Junge wirklich braucht: er muß mal gründlich aufgerüttelt werden!‹ sagte eine dritte. Sie gingen also in Cafés und Kabaretts, zu kleinen Tanzveranstaltungen und in Lokale, wo es etwas zu trinken gab, das wie Aprikosensaft aus der Büchse schmeckte, aber siebenundzwanzig Shilling die Flasche kostete und Champagner genannt wurde, und in andere Lokale, unbeschreiblich aufregende, wo man im gruseligsten Dämmerdunkel saß und wo stets am Abend vorher jemand erschossen worden war. Aber er verzog keine Miene. Nur einmal war er sehr betrunken, doch anstatt aus sich herauszugehen, saß er versteinert da, mit zwei roten Flecken auf der Wange wie... ja meine Liebe, wie das Urbild von dem Ragtime-Schlager, den sie gerade spielten: wie eine ›zerbrochene Puppe‹. Doch als sie ihn in sein Atelier zurückbrachte, hatte er sich gänzlich erholt und sagte ihr unten auf der Straße gute Nacht, als wären sie zusammen von der Kirche nach Hause gegangen... Hoffnungslos!

Nach wer weiß wieviel weiteren Versuchen – denn bei Frauen stirbt die Nächstenliebe sehr langsam – gaben sie ihn auf. Natürlich waren sie immer noch ganz reizend zu ihm und luden ihn zu ihren Ausstellungen ein und sprachen im Café mit ihm, doch das war alles. Wenn man Künstlerin ist, hat man einfach keine Zeit für Leute, die nicht entgegenkommend sind – oder?

Und außerdem glaube ich wirklich, daß irgendwo etwas Verdächtiges dahinterstecken muß, meinst du nicht? Es kann nicht alles so unschuldig sein, wie es aussieht. Warum kommt er nach Paris, wenn er das bescheidene Veilchen spielen will? Ich bin ja nicht mißtrauisch, aber...«

Er wohnte ganz oben in einem hohen, trübseligen Gebäude, das auf den Fluß blickte – eins jener Häuser, die in Regennächten und an mondhellen Abenden so romantisch aussehen, wenn die Läden und die schwere Haustür geschlossen sind und das Schild ›Kleines Zimmer sofort zu vermieten!‹ unsagbar traurig hervorschimmert –, eins jener Häuser, die das ganze Jahr hindurch so unromantisch riechen und wo die Concierge im Erdgeschoß in einem Glaskäfig wohnt und, in einen schmutzigen Schal gehüllt, etwas Undefinierbares in einem Kochtopf umrührt und den fetten alten Hund, der sich auf einem Perlstickereikissen räkelt, löffelweise mit Leckerbissen füttert... Das Atelier hoch oben in Lüften hatte eine wunderbare Aussicht. Die beiden großen Fenster blickten aufs Wasser; er konnte die Boote und die Kähne sehen, die auf und ab schaukelten, und den Rand einer mit Blumen bepflanzten Insel, die einem runden Bukett glich. Das Seitenfenster blickte zu einem andern Haus hinüber, das noch armseliger und engbrüstiger war, und tief unten war ein Blumenmarkt. Man konnte die Dächer der riesigen Schirme sehen, unter denen die leuchtenden Blumen wie Rüschen hervorschimmerten, und Marktbuden unter gestreiftem Zeltstoff, wo Pflanzen in Kästen und Klumpen feucht glänzender Palmen in Terrakottagefäßen verkauft wurden. Alte Frauen huschten wie Krabben zwischen den Blumen hin und her. Er hatte es wirklich nicht nötig auszugehen. Wenn er so lange am Fenster gesessen hätte, bis ihm ein weißer Bart aus dem Fenster gewachsen wäre, hätte er immer noch etwas zum Zeichnen gefunden.

Wie die liebevollen Damen gestaunt hätten, wenn es ihnen gelungen wäre, die Tür aufzubrechen! Er hielt nämlich sein Atelier so ordentlich wie ein Schmuckkästchen. Alles war so angeordnet, daß es ein Muster bildete, ein kleines ›Stilleben‹ sozusagen: die Kochtöpfe mit den Deckeln an der Wand über dem Gasherd, auf dem Regal die Schüssel mit den Eiern, der Milchkrug und die Teekanne, und auf dem Tisch die Bücher und die Lampe mit dem gefältelten Papierschirm. Ein indischer Schal mit einer Kante ringsherum laufender roter Leoparden bedeckte tagsüber sein Bett, und auf der Wand neben dem Bett befand sich, wenn man lag, in Augenhöhe, ein kleiner, sauber mit Druckbuchstaben beschriebener Zettel: STEH SOFORT AUF!

Alle Tage glichen sich ziemlich genau. Solange das Licht günstig war, schuftete er an seiner Malerei, dann kochte er seine Mahlzeiten und räumte das Zimmer auf. Und abends ging er ins Café, oder er blieb zu Hause und las, oder er stellte die kniffligste Ausgabenliste zusammen mit der Überschrift: ›Womit ich auskommen sollte‹, und unten drunter die eidesstattliche Erklärung: ›Ich gelobe, diesen Betrag während des nächsten Monats nicht zu überschreiten. Gezeichnet, Jan French.‹

Nichts war daran verdächtig, doch die scharfsichtigen Damen hatten ganz recht: es war nicht alles.

Eines Abends saß er am Seitenfenster, aß Pflaumen und warf die Steine auf die Dächer der riesigen Sonnenschirme am leeren Blumenmarkt. Es hatte geregnet – der erste richtige Frühlingsregen des Jahres war niedergegangen, ein helles Glitzern lag auf allem, und die Luft roch nach Knospen und feuchter Erde. Viele schläfrig und zufrieden klingende Stimmen schallten durch die dämmerige Luft, und die Leute, die eigentlich die Fenster schließen und die Läden dichtmachen wollten, lehnten sich statt dessen hinaus. Tief unten auf dem Markt waren die Bäume mit frischem Grün besprenkelt. Was für Bäume mochten es sein? fragte er sich. Und nun kam der Laternenanzünder! – Er blickte auf das Haus gegenüber, auf das engbrüstige, armselige Haus, und plötzlich öffnete sich wie eine Antwort auf seinen Blick eine Balkontür. Ein Mädchen trat auf den winzigen Balkon und trug einen Topf mit Narzissen. Es war ein merkwürdig mageres Mädchen in einer dunklen Schürze, und um das Haar hatte sie sich ein rotes Tuch gebunden. Die Ärmel waren fast bis zu den Schultern hochgekrempelt, und ihre schlanken Arme hoben sich vom dunklen Stoff ab.

»Ja, es ist wirklich warm genug. Es wird ihnen guttun«, sagte sie, stellte den Topf hin und drehte sich zu jemand im Zimmer um. Als sie sich umdrehte, hob sie die Hände zum Kopftuch und steckte ein paar Haarsträhnen weg. Sie blickte auf den verlassenen Marktplatz hinunter und dann zum Himmel auf, doch dort, wo er saß, hätte ebensogut ein Loch in der Luft sein können. Sie sah das gegenüberliegende Haus einfach nicht. Und dann verschwand sie.

Das Herz fiel ihm aus dem Seitenfenster seines Ateliers und hinunter auf den Balkon des gegenüberliegenden Hauses: es begrub sich im Narzissentopf zwischen den halbgeöffneten Knospen und den grünen Blattspießen ... Das Zimmer mit dem Balkon war das Wohnzimmer, und nebenan war die Küche. Er hörte das Geschirrklappern, wenn sie nach dem Abendbrot abwusch, und dann trat sie ans Fenster, klopfte einen kleinen Abwaschpinsel am Fenstersims aus und hängte ihn zum Trocknen an einen Nagel. Nie sang sie, nie öffnete sie die Zöpfe oder reckte sie die Arme zum Mond auf, wie es junge Mädchen angeblich tun. Und sie trug immer die gleiche dunkle Schürze und das gleiche rote Tuch über dem Haar ... Mit wem wohnte sie zusammen? Niemand sonst trat an die beiden Fenster, und doch sprach sie immer mit jemandem im Zimmer. Vielleicht war ihre Mutter gebrechlich, meinte er – sie übernahmen Näharbeiten – der Vater lebte nicht mehr. Er war Journalist gewesen – sehr blaß – mit langen Schnurrbartenden und einer Strähne schwarzer Haare, die ihm in die Stirn fiel. Indem sie den ganzen Tag arbeiteten, verdienten sie gerade genug Geld, um davon zu leben, doch gingen sie nie aus, und Freunde hatten sie keine. Wenn er sich jetzt an seinen Tisch setzte, mußte er eine ganz neue Liste eidesstattlicher Erklärungen zusammenstellen: nicht vor einer bestimmten Stunde ans Seitenfenster gehen ... Gezeichnet, Jan French. Nicht an sie denken, ehe das Malgerät weggeräumt ist. Gezeichnet, Jan French.

Es war ganz einfach: sie war der einzige Mensch, den er

wirklich kennenlernen wollte, denn wie er meinte, war sie der einzige andere lebende Mensch, der genauso alt war wie er. Kichernde Mädchen konnte er nicht ausstehen, und mit erwachsenen Frauen konnte er nichts anfangen. Sie war so alt wie er, sie war... hm, ja, genauso wie er. Er saß in seinem dämmerigen Atelier, müde, den einen Arm über die Rückenlehne seines Stuhls baumelnd, und starrte auf ihr Fenster, bis er sich drüben bei ihr sah. Sie war von heftiger Gemütsart: manchmal zankten sie sich schrecklich, er und sie. Sie hatte eine Art, mit dem Fuß aufzustampfen und die Hände wütend in der Schürze zu verkrempeln. Und lachen tat sie sehr selten. Nur wenn sie ihm von einem komischen kleinen Kätzchen erzählte, das sie einmal gehabt hatte und das immer losschrie, wenn es Fleisch zu essen bekam, und sich anstellte, als wäre es eine Löwin. Über solche Dinge mußte sie lachen... Doch meistens saßen sie sehr ruhig beieinander; er saß da, wie er jetzt eben dasaß, und sie hatte die Hände im Schoß gefaltet und die Füße untergezogen: mit leiser Stimme unterhielten sie sich, oder sie waren nach des Tages Arbeit müde und schwiegen. Natürlich erkundigte sie sich nie nach seinen Bildern, und natürlich machte er die herrlichsten Skizzen von ihr, die sie aber verabscheute, weil er sie so mager und so dunkel zeichnete... Aber wie sollte er es anstellen, um sie kennenzulernen? So konnte es ja noch jahrelang weitergehen...

Dann entdeckte er, daß sie einmal wöchentlich abends ausging, um einzukaufen. An zwei aufeinanderfolgenden Donnerstagen kam sie ans Fenster, trug einen altmodischen Umhang über der Schürze und hatte einen Korb am Arm. Von dort aus, wo er saß, konnte er die Tür ihres Hauses nicht sehen, aber am nächsten Donnerstagabend um dieselbe Zeit haschte er nach seiner Mütze und rannte die

Treppe hinunter. Ein schönes rotes Licht lag über allem. Er sah es auf dem Fluß glühen, und die ihm entgegenkommenden Leute hatten rötliche Gesichter und rötliche Hände.

Er lehnte sich an die Außenwand seines Hauses, wartete auf sie und hatte keine Ahnung, was er tun oder sagen sollte. ›Da kommt sie!‹ sagte eine Stimme in seinem Kopf. Sie ging sehr rasch, mit kleinen, leichten Schritten. In der einen Hand trug sie den Korb, mit der andern hielt sie den Umhang zusammen. Was konnte er tun? Er konnte ihr nur nachgehen. Zuerst ging sie zum Kaufladen und blieb lange Zeit drin, und dann ging sie zum Metzger, wo sie warten mußte, bis sie an die Reihe kam. Dann war sie eine Ewigkeit in einem Stoffgeschäft und suchte etwas in einer passenden Farbe, und dann ging sie in den Obstladen und kaufte eine Zitrone. Während er sie beobachtete, war er mehr denn je überzeugt, daß er sie kennenlernen müsse, jetzt gleich. Ihre Gefaßtheit, ihr Ernst und ihre Einsamkeit, sogar die Art, wie sie ging, als wäre sie drauf aus, diese Erwachsenenwelt hinter sich zu lassen – das alles fand er so natürlich und so unvermeidbar. ›Ja, so ist sie immer‹, dachte er stolz. ›Mit diesen Leuten haben wir nichts zu schaffen!‹

Doch jetzt war sie auf dem Heimweg, und er war ihr so fern wie nur je ... Plötzlich bog sie in den Milchladen ein, und durchs Schaufenster sah er, wie sie ein Ei kaufte. Sie suchte es mit einer solchen Sorgfalt im Korb aus – ein braunes, ein schön geformtes, das Ei, das auch er gewählt hätte. Und als sie aus dem Milchladen trat, ging er nach ihr hinein. Im Nu war er wieder draußen und folgte ihr ... an seinem Haus vorbei und über den Blumenmarkt wand er sich zwischen den riesigen Sonnenschirmen hindurch und trat auf die abgefallenen Blumen und die Abdrücke, wo die Töpfe gestanden hatten ... Durch ihre Haustür stahl er sich, und

nach ihr die Treppe hinauf, achtsam, im Takt mit ihr aufzu-
treten, so, daß sie es nicht merken sollte. Endlich blieb sie in
ihrem Stockwerk stehen und holte den Schlüssel aus ihrer
Handtasche. Als sie ihn in die Tür steckte, sprang er hinauf
und stand vor ihr.

Er errötete mehr denn je, sah sie aber streng an und sagte
beinah zornig: »Entschuldigen Sie, Mademoiselle, Sie
haben das hier fallen lassen!«

Und reichte ihr ein Ei.

Die Rettung

Es war seine Schuld, einzig und allein seine Schuld, daß sie den Zug verpaßt hatten! Was hatte es zu sagen, daß die idiotischen Hotelangestellten die Rechnung nicht bereit hatten? Das kam doch einfach daher, weil er dem Kellner beim Mittagessen nicht eingeschärft hatte, sie müsse um zwei Uhr bereit sein! Jeder andre Mann wäre sitzen geblieben und hätte sich nicht vom Fleck gerührt, bis sie ihm vorgelegt wurde. Aber nein! Er mit seinem wundervollen Glauben an die menschliche Natur war nach oben gegangen und hatte von diesen Idioten erwartet, sie ihnen ins Zimmer zu bringen ...

Und dann, als *la voiture* vorgefahren war, während sie (Herr des Himmels!) noch immer auf das Wechselgeld warteten, warum hatte er sich da nicht um das Unterbringen des Gepäcks gekümmert, so daß sie wenigstens gleich nach Erhalt des Wechselgeldes hätten losfahren können? Hatte er etwa von *ihr* erwartet, daß sie hinausginge und sich in der Hitze unter die Markise stellte, um mit ihrem Sonnenschirm auf dies und das Gepäckstück zu zeigen? Ein sehr komisches Bild englischen Ehelebens! Selbst als dem Fahrer gesagt worden war, wie schnell er fahren müsse, hatte er es nicht beachtet, sondern nur gelächelt. Oh, stöhnte sie, wäre sie der Fahrer gewesen, hätte sie auch über die alberne, lächerliche Art gelächelt, mit der er zur Eile ermahnt wurde! Und sie lehnte sich zurück und ahmte seine Stimme nach: »*Allez vite, vite*« – als wollte er den Fahrer um Entschuldigung bitten, weil er ihn belästigte ...

Und dann auf dem Bahnhof – unvergeßlich der Anblick des munteren kleinen Zuges, der sich aus dem Staube machte, und der widerlichen Kinder, die aus den Fenstern winkten! ›Oh, warum muß ich das alles ertragen? Warum bin ich alledem preisgegeben?‹ Der grelle Sonnenschein und die Fliegen, während er und der Bahnhofsvorsteher die Köpfe über dem Fahrplan zusammensteckten und den nächsten Zug herauszufinden versuchten, den sie natürlich auch nicht erreichen würden. Die Leute, die sich ansammelten, und die Frau, die das Baby mit dem scheußlichen, scheußlichen Kopf aufgenommen hatte... »Ach, wenn man so sensibel ist wie ich, so einfühlsam, und wenn einem dann nichts erspart bleibt und man nicht einen Augenblick weiß, wie es ist, wenn... wenn...«

Ihre Stimme hatte sich verändert. Sie zitterte jetzt, sie weinte. Sie tastete in ihrer Handtasche herum und holte aus dem kleinen Silberschlund ein duftendes Taschentuch. Dann schlug sie den Schleier zurück, und als tue sie es mitleidsvoll für jemand anders und als sage sie es zu jemand anders, drückte sie das Taschentuch auf ihre eigenen Augen und sagte: »Ich verstehe, mein Liebes!«

Die kleine Handtasche mit ihrem geöffneten Silberschlund lag auf ihrem Schoß. Er konnte ihre Puderquaste und ihren Lippenstift sehen, ein Briefbündel und ein Fläschchen mit winzigen, samenähnlichen schwarzen Pillen, eine zerbrochene Zigarette, einen Spiegel und weiße Elfenbeintäfelchen mit Listen, die dick durchgestrichen waren. Er dachte: ›In Ägypten würde sie mit all dem Zeugs begraben!‹

Sie hatten die letzten Häuser hinter sich gelassen, kleine, vereinzelt dastehende Häuschen, zwischen den Beeten weggeworfene Scherben von Blumentöpfen und halb-

121

nackte Hühner, die vor dem Eingang herumscharrten. Es ging jetzt eine lange, steile Straße hinauf, die sich um den Hügel wand und in die nächste Bucht führte. Die Pferde strauchelten und legten sich ins Geschirr. Alle fünf Minuten, alle zwei Minuten ließ der Kutscher die Peitsche über ihr Kreuz spielen. Sein stämmiger Rücken war wie aus Holz geschnitzt; auf dem rötlichen Nacken hatte er Furunkel, und auf dem Kopf trug er einen neuen, glänzenden Strohhut...

Ein leichter Wind wehte. Er war gerade stark genug, um die jungen Blätter an den Obstbäumen seidig schimmern zu lassen, das feine Gras zu streicheln und die rauchgrauen Olivenbäume zu versilbern – gerade stark genug, um vor dem Wagen eine kreiselnde Staubsäule aufzuwirbeln, die sich als feine Asche auf ihre Kleider senkte. Als sie ihre Puderquaste herausnahm, flog der Puder über beide...

»Oh, der Staub!« kam es wie ein Hauch von ihr. »Dieser ekelhafte, widerwärtige Staub!« Und sie zog den Schleier herunter und lehnte sich wie betäubt zurück.

»Warum spannst du nicht deinen Sonnenschirm auf?« schlug er vor. Der Schirm lag auf dem Vordersitz, und er beugte sich vor, um ihn ihr zu geben. Daraufhin richtete sie sich plötzlich kerzengerade auf und legte wieder los: »Bitte laß meinen Sonnenschirm liegen! Ich brauche meinen Sonnenschirm nicht! Und jeder, der nicht gänzlich abgestumpft ist, wüßte, daß ich viel zu entkräftet bin, um einen Sonnenschirm zu halten... obendrein, wenn ein derartiger Wind an ihm zerrt?... Lege ihn sofort hin!« rief sie zornig, und dann entriß sie ihm den Sonnenschirm, warf ihn hinter sich in das zurückgeklappte Verdeck und beruhigte sich – keuchend.

Noch eine Wegbiegung, und dann kam eine Schar kleiner

122

Kinder quietschend und kichernd bergab: kleine Mädchen mit sonnengebleichtem Haar, kleine Jungen in ausgeblichenen Soldatenmützen. Sie hatten Blumen in ihren Händen – alle möglichen Arten – an den Köpfen abgerissene –, und, neben dem Wagen einherlaufend, boten sie sie jetzt an: Flieder, welke Fliederdolden, grünlichweißen Schneeball, eine Kallalilie und eine Handvoll Hyazinthen. Sie stießen mit ihren Schelmengesichtern und den Händen voll Blumen in den Wagen vor, und ein Kind warf ihr sogar ein Büschel Ringelblumen in den Schoß. Die armen kleinen Kerlchen! Noch ehe sie etwas sagen konnte, fuhr seine Hand in die Hosentasche.

»Um Himmels willen! Gib ihnen ja nichts! Oh, das sieht dir ähnlich! Diese greulichen Rangen! Jetzt werden sie uns die ganze Zeit nachlaufen! Ermutige sie bloß nicht! Aber du würdest noch Bettler ermutigen!« Und sie schleuderte die Blumen aus dem Wagen und schloß: »Tu's wenigstens nicht, wenn ich dabei bin!«

Er sah, wie wunderlich erschrocken die Kinder auf einmal aussahen. Sie rannten nicht mehr, blieben zögernd zurück, und dann begannen sie ihnen etwas nachzurufen und riefen und riefen, bis der Wagen um noch eine Biegung fuhr.

»Oh, wieviel Biegungen kommen noch, bis wir oben sind? Nicht ein einziges Mal haben sich die Pferde in Trab gesetzt! Es ist doch sicher nicht nötig, daß sie dauernd im Schritt gehen!«

»In einer Minute sind wir dort«, sagte er und zog sein Zigarettenetui heraus. Daraufhin drehte sie sich ganz zu ihm herum. Sie hielt die Hände vor der Brust verschränkt; ihre dunklen Augen blickten weit aufgerissen und beschwörend hinter dem Schleier hervor. Ihre Nasenflügel bebten, sie biß sich auf die Lippe, und ihr Kopf zitterte verkrampft. Doch als sie sprach, war ihre Stimme ganz matt und sehr, sehr ruhig.

»Ich möchte dich etwas bitten! Ich möchte dich um einen Gefallen bitten!« sagte sie. »Ich habe dich hundert- und tausendmal darum gebeten – aber du hast es vergessen. Es ist nur eine Kleinigkeit, aber wenn du wüßtest, was sie für mich bedeutet...« Sie preßte die Hände zusammen. »Doch du kannst es unmöglich wissen! Kein Mensch könnte es wissen und trotzdem so grausam sein.« Und dann sagte sie langsam und entschieden und sah ihn dabei mit ihren großen, düsteren Augen an: »Ich bitte und beschwöre dich zum letztenmal, rauche nicht, wenn wir zusammen ausfahren! Könntest du dir vorstellen, was für Qualen ich leide, wenn mir der Rauch ins Gesicht weht...«

»Gut, gut!« sagte er. »Dann rauche ich eben nicht. Ich hatte es vergessen!« Und er steckte das Etui wieder weg.

»O nein!« sagte sie, begann fast zu lachen und legte sich den Handrücken über die Augen. »Vergessen kannst du das nicht haben! Nicht das!«

Der Wind frischte auf und blies heftiger. Sie waren auf der Hügelkuppe angelangt. »Hai-jupp-jupp-jupp!« rief der Kutscher. Sie rollten die Straße bergab, die in ein kleines Tal fiel, unten an der Küste entlanglief und sich jenseits eine sanfte Anhöhe hinaufwand. Jetzt waren wieder Häuser da, mit blauen, wegen der Hitze zugezogenen Fensterläden und grelleuchtenden Gärten und Geranienpolstern, die über rosa Mäuerchen geworfen waren. Die Küstenlinie war dunkel; am Ufer kräuselte sich eine weiße, seidige Rüsche. Der Wagen schaukelte rumpelnd und holpernd zu Tal. »Hai-jupp!« rief der Kutscher. Sie klammerte sich seitlich an den Sitz und schloß die Augen, und er wußte genau, daß sie glaubte, es geschähe aus voller Absicht; all das Schaukeln und Rumpeln – und irgendwie sei er dafür verantwortlich – ereigne sich ihr zum Trotz, weil sie gefragt hatte, ob man nicht etwas schneller fahren könne. Und gerade als sie die Talsohle fast erreicht hatten, schwankte der Wagen so bedenklich, daß er beinah umgekippt wäre. Er sah, wie ihre Augen ihn anfunkelten, und hörte sie hervorzischen: »Dir macht es wohl Spaß?«

Sie fuhren weiter und waren im Talgrund. Plötzlich stand sie auf. »*Cocher! Cocher! Arrêtez-vous*!« Sie drehte sich um und schaute in das zurückgeklappte Verdeck. »Natürlich!« rief sie. »Ich wußte es ja! Ich habe gehört, wie er hinunterfiel, als der Wagen beinah umkippte, und du mußt es auch gehört haben!«

»Was? Wo?«

»Mein Sonnenschirm! Er ist weg! Der Sonnenschirm, der schon meiner Mutter gehört hatte. Der Sonnenschirm, der mir teurer als . . . teurer als . . .« Sie war ganz außer sich. Der Kutscher drehte sich um; sein breites, fröhliches Gesicht griente.

»Ich hab' auch was gehört«, sagte er offenherzig und vergnügt. »Aber ich hab' gedacht, wenn Madame und Monsieur nichts erwähnen . . .«

»Aha! Siehst du wohl? Dann mußt du es auch gehört haben! Das erklärt mir das erstaunliche Lächeln in deinem Gesicht . . .«

»Also hör mal«, sagte er, »er kann doch nicht weg sein! Wenn er rausgefallen ist, muß er noch da sein. Bleib sitzen! Ich hole ihn!«

Doch sie durchschaute es. Und wie sie es durchschaute! »Nein, danke!« Und unbekümmert um den Kutscher blickte sie ihn boshaft lächelnd an. »Ich gehe selbst zurück

und suche ihn und hoffe, daß du mir nicht folgst! Denn« –
da sie wußte, daß der Kutscher sie nicht verstand, sprach sie
leise, ja sanft weiter – »wenn ich dir nicht eine Minute ent-
komme, werde ich verrückt!«

Sie stieg aus. »Meine Handtasche!« Er reichte sie ihr.

»Madame möchte gern selbst...«, sagte er.

Aber der Kutscher hatte sich schon vom Bock geschwun-
gen, saß auf der Mauer und las die Zeitung. Die Pferde ließen die Köpfe hängen. Es war still. Der Mann im Wagen
reckte sich und verschränkte die Arme. Er spürte, wie die
Sonne auf seine Knie niederprallte. Der Kopf war ihm auf
die Brust gesunken. »Hisch! Hisch!« zischelte das Meer.
Der Wind seufzte durchs Tal und legte sich dann. Ausgehöhlt und vertrocknet und verdorrt – so war dem Mann
jetzt zumute. Als sei er zu Asche geworden. Und das Meer
zischelte »Hisch! Hisch!«

Dann aber erblickte er den Baum, wurde sich seiner
Gegenwart hinter einem Gartentor voll bewußt. Es war ein
mächtiger Baum mit einem dicken, runden, silbrigen
Stamm und einer gewaltigen Krone kupferroter Blätter, die
im Licht leuchteten und doch düster waren. Hinter dem
Baum sah er etwas – etwas Weißes, Sanftes, Undurchsichti-
ges und halb Verborgenes – auf schlanken Säulen. Während
er auf den Baum blickte, wurde sein Atem leiser und leiser,
und er wurde eins mit der Stille. Der Baum schien zu wach-
sen, schien in der zitternden Hitze anzuschwellen, bis die
großen, ausgezackten Blätter den Himmel verdeckten, und
stand doch regungslos da. Dann drang aus seiner Tiefe –
oder jenseits – der Klang einer Frauenstimme. Eine Frau
sang. Die warme, sorglose Stimme schwebte in der Luft und
war eins mit der Stille, wie er es auch war. Plötzlich, als die
Stimme weich und träumerisch und sanft anschwoll, wußte

126

er, daß sie aus dem Blätterversteck auf ihn zuschweben würde, und sein Frieden war dahin. Was war ihm widerfahren? In seiner Brust regte sich etwas – etwas Dunkles, Unerträgliches und Erschreckendes drängte hoch und schwebte und schwankte wie ein riesiger Seetang... und war warm, erstickend... Er rang, um es auszureißen, und in *dem* Augenblick – war alles vorbei. Tief, tief sank er in die Stille, blickte auf den Baum und wartete auf die Stimme, die angeschwebt kam und sich niedersenkte, bis er sich eingehüllt fühlte.

Im rüttelnden Seitengang des Zuges. Es war Nacht. Der Zug raste und brüllte durch das Dunkel. Mit beiden Händen hielt er sich an der Messingstange fest. Die Tür ihres Abteils war offen.

»Lassen Sie sich nicht stören, Monsieur! Er wird hereinkommen und sich setzen, wenn er Lust hat. Er mag es – er mag es - es ist eine Gewohnheit von ihm... *Oui, Madame, je suis un peu souffrante... Mes nerfs.* Doch mein Mann ist nie so glücklich, als wenn er reisen kann. Möglichst durch dick und dünn... Mein Mann... Mein Mann...«

Die Stimmen plätscherten, plätscherten. Nie verstummten sie... Doch so groß war die überirdische Seligkeit, die ihn erfüllte, als er dort stand, daß er wünschte, er könnte ewig leben.

Das Gartenfest

Und schließlich war das Wetter ideal. Sie hätten keinen makelloseren Tag für ein Gartenfest haben können, wenn sie ihn in Auftrag gegeben hätten. Windstill, warm, der Himmel ohne eine Wolke. Nur das Blau war von einem Dunst hellen Goldes verschleiert, wie es manchmal im Frühsommer vorkommt. Der Gärtner war seit dem Morgengrauen auf, mähte den Rasen und fegte ihn, bis das Gras und die dunklen, flachen Rosetten, wo die Gänseblümchen gestanden hatten, zu glänzen schienen. Und die Rosen – man konnte nicht umhin zu denken, sie hätten begriffen, daß Rosen die einzigen Blumen sind, die bei einem Gartenfest auf die Leute Eindruck machen, die einzigen Blumen, die jeder mit Sicherheit erkennt. Hunderte, ja buchstäblich Hunderte waren in einer einzigen Nacht aufgeblüht; die grünen Büsche neigten sich, als wären sie von Erzengeln heimgesucht worden. Das Frühstück war noch nicht ganz vorbei, als die Männer kamen, um das Zelt aufzustellen.

»Wo willst du das Zelt aufgestellt haben, Mutter?«

»Mein liebes Kind, es nützt nichts, mich zu fragen. Ich bin entschlossen, dieses Jahr alles euch Kindern zu überlassen. Vergeßt, daß ich eure Mutter bin! Behandelt mich wie einen geliebten Gast!«

Aber Meg konnte unmöglich hingehen und die Männer beaufsichtigen. Sie hatte sich vor dem Frühstück die Haare gewaschen und saß da und trank ihren Kaffee in einem grünen Turban; eine nasse, dunkle Locke war auf jede Wange gedrückt. Und Jose, der Schmetterling? Sie kam stets in einem seidenen Unterrock und einer Kimonojacke nach unten.

»Laura, du mußt gehen, du bist die Künstlerische!«

Laura flog davon und hielt noch ein Stück Butterbrot in der Hand. Es ist köstlich, wenn man einen Vorwand dafür hat, im Freien zu essen, und außerdem liebte sie es, wenn sie etwas arrangieren mußte. Sie fand immer, sie könne es soviel besser als jeder andre.

Vier Männer in Hemdsärmeln standen in einer Gruppe auf dem Gartenweg beisammen. Sie trugen Stangen mit aufgerolltem Segeltuch und hatten große Werkzeugbeutel um den Hals hängen. Sie sahen eindrucksvoll aus. Laura wünschte jetzt, sie hätte kein Butterbrot in der Hand, doch sie konnte es nirgends hinlegen, und wegwerfen konnte sie es unmöglich. Sie wurde rot und versuchte, streng und sogar ein wenig kurzsichtig auszusehen, als sie auf sie zutrat.

»Guten Morgen«, sagte sie und ahmte die Stimme ihrer Mutter nach. Aber das klang so furchtbar geziert, daß sie sich schämte und wie ein kleines Mädchen hervorstotterte: »Oh – hm – Sie sind wohl – wegen des Zelts gekommen?«

»Stimmt, Miss«, sagte der größte der Männer, ein schmächtiger, sommersprossiger Bursche, und ruckte an seinem Werkzeugbeutel, stieß seinen Strohhut zurück und lächelte auf sie herab: »Stimmt genau!«

Sein Lächeln war so ungezwungen, so freundlich, daß Laura sich wieder faßte. Was für hübsche Augen er hatte – klein, aber von einem so dunklen Blau! Und jetzt blickte sie auf die andern, die auch lächelten. ›Nur Mut, wir beißen nicht‹, schien das Lächeln zu besagen. Wie furchtbar nett waren diese Arbeiter! Und was für ein

herrlicher Morgen! Sie durfte den Morgen nicht erwähnen –
sie mußte geschäftstüchtig tun.

»Also wie wär's mit der Lilienwiese? Ginge das?«

Und sie zeigte mit der Hand, in der sie nicht das Butterbrot hielt, auf die Lilienwiese. Sie drehten sich um und
blickten in die Richtung.

Ein kleiner dicker Kerl schob die Unterlippe vor, und der
lange Mensch runzelte die Stirn.

»Die gefällt mir nicht«, sagte er. »Ist nicht auffällig
genug. Sehen Sie, so ein Ding wie ein Festzelt«, wandte er
sich zutraulich an Laura, »das möchte man irgendwo auf-
stellen, wo es einem wie ein Schlag ins Auge knallt, falls Sie
mich verstehen?«

Lauras Erziehung machte sie einen Augenblick unsicher,
ob es von einem Arbeiter genügend ehrerbietig sei, zu ihr
von einem ins Auge knallenden Schlag zu sprechen. Aber
sie verstand ihn recht gut.

»Eine Ecke vom Tennisplatz!« schlug sie vor. »Aber in
der einen Ecke wird schon die Musikkapelle sein.«

»Hoho, werden Sie eine Musikkapelle haben?« fragte ein
andrer Arbeiter. Er war blaß. Er sah verhärmt aus, als seine
dunklen Augen den Tennisplatz musterten. Was mochte er
denken?

»Nur eine sehr kleine Kapelle«, erwiderte Laura sanft.
Vielleicht machte es ihm nicht soviel aus, wenn die Kapelle
klein war. Doch der lange Mensch unterbrach sie.

»Schauen Sie her, Miss! Das da ist der richtige Platz: vor
den Bäumen! Dort drüben! Dort wird es sich fein ausneh-
men!«

Vor den Karakas? Dann würden die Karakabäume verdeckt. Und sie waren so schön mit ihren breiten, glänzenden Blättern und ihren Büscheln gelber Früchte. Sie waren

wie Bäume, die man sich auf einer unbewohnten Insel vorstellt, stolz und einsam wachsend, ihre Blätter und Früchte in einer Art stummer Pracht zur Sonne aufhebend. Sollten die von einem Zelt verdeckt werden?

Es mußte sein. Die Männer hatten schon ihre Stangen geschultert und gingen auf die Stelle zu. Nur der lange Mensch war noch da. Er bückte sich, zerrieb eine Lavendelrispe, hob Daumen und Zeigefinger an die Nase und schnupperte den Duft ein. Als Laura diese Handbewegung sah, vergaß sie die Karakabäume gänzlich, so erstaunt war sie über ihn, daß er für solche Dinge etwas übrig hatte – für den Duft von Lavendel! Wie wenige Männer, die sie kannte, hätten dergleichen getan! Oh, wie erstaunlich nett Arbeiter waren, dachte sie. Warum konnte sie nicht Arbeiter zu Freunden haben statt der albernen Jungen, mit denen sie tanzte und die sonntags zum Abendessen kamen? Mit Männern wie diesen hier würde sie sich viel besser verstehen.

Schuld an alledem sind nur die verrückten Klassenunterschiede, fand sie, während der lange Mensch etwas auf die Rückseite eines Briefumschlags skizzierte – etwas, das hochgewunden werden oder herunterhängen sollte. Sie selbst hielt nichts von Klassenunterschieden. Nicht ein bißchen, keine Spur... Und nun erklang das Poch-poch der Holzhämmer. Jemand pfiff, und jemand trällerte: »Klappt's bei dir, Kumpel?« – Kumpel! Soviel Freundlichkeit, soviel...

Nur um zu beweisen, wie glücklich sie war, nur um dem langen Menschen zu zeigen, wie dazugehörig sie sich empfand und wie sie dumme Konventionen verachtete, biß Laura einen tüchtigen Happen von ihrem Butterbrot ab und blickte auf die kleine Skizze. Sie kam sich genau wie ein Arbeiterkind vor.

»Laura? Laura, wo bist du? Telefon, Laura!« rief eine Stimme vom Haus her.

»Komme schon!« Fort sauste sie über den Rasen, über den Pfad, die Treppe hinauf, quer über die Veranda und durch den Eingang. In der Halle bürsteten ihr Vater und Laurie ihre Hüte, bereit, ins Büro zu gehen.

»Hör mal, Laura«, sagte Laurie ganz eilig, »du könntest dir meine Jacke für heute nachmittag anschauen! Sieh mal nach, ob sie gebügelt werden muß!«

»Gern!« sagte sie. Plötzlich konnte sie nicht mehr an sich halten. Sie lief auf Laurie zu und drückte ihn rasch ein bißchen an sich. »Oh, Feste liebe ich über alles, du auch?« stieß sie hervor.

»Na – es geht«, sagte Laurie mit seiner warmen, knabenhaften Stimme, und er drückte seine Schwester ebenfalls und gab ihr einen sanften Schubs. »Schnell ans Telefon, mein Kleines!«

Das Telefon! »Ja. Ja. O ja. Kitty? Guten Morgen, Liebes! Kommst du zum Mittagessen? Komm doch, Liebes! Freuen uns natürlich. Es wird nur eine sehr zusammengestoppelte Mahlzeit sein – bloß Brotrinden und zerbröckelte Baisers und was sonst noch an Resten da ist. Ja, ist es nicht ein idealer Morgen? Dein Weißes? Oh, würde ich bestimmt tun! Einen Augenblick, bleib am Apparat! Mutter ruft.« Und Laura lehnte sich zurück. »Was, Mutter? Kann's nicht verstehen!« Mrs. Sheridans Stimme schwebte die Treppe hinunter. »Sag ihr, sie soll den süßen Hut aufsetzen, den sie letzten Sonntag getragen hat!«

»Mutter sagt, du sollst den süßen Hut aufsetzen, den du letzten Sonntag getragen hast! Gut! Um eins! Wiedersehen!«

Laura legte den Hörer auf und warf die Arme über den

Kopf, schöpfte tief Atem, reckte sich und ließ sie fallen. »Uff«, seufzte sie, und im nächsten Augenblick nach dem Seufzer richtete sie sich rasch auf. Sie saß still und lauschte. Alle Türen im Haus schienen offenzustehen. Das ganze Haus war lebendig, voll leichter, schneller Schritte und wandernder Stimmen. Die grüne Friestür, die in den Küchenbereich führte, flog mit gedämpftem Knall auf und wieder zu. Und jetzt kam ein langes, gurgelndes, verrücktes Geräusch. Es war der schwere Flügel, der auf seinen starren Rollen verschoben wurde. Aber die Luft! Wenn man sich's überlegte: war die Luft denn immer so? Leise Lüftchen spielten Fangen: zu den Oberlichtfenstern herein und zu den Türen hinaus. Und dort waren zwei kleine Sonnenflecke – einer auf dem Tintenfaß, einer auf einem Photorahmen, und sie spielten auch. Geliebte kleine Sonnenflecke! Besonders der auf dem Tintenfaßdeckel! Er war ganz warm. Ein warmer kleiner Silberstern. Sie hätte ihn küssen können.

Die Haustürglocke läutete, und auf der Treppe tönte das Rascheln von Sadies gemustertem Rock. Eine Männerstimme murmelte. Sadie antwortete gleichgültig: »Das weiß ich wirklich nicht. Warten Sie! Ich werde Mrs. Sheridan fragen.«

»Was gibt's, Sadie?« Laura trat in die Halle.

»Der Mann vom Blumengeschäft, Miss Laura!«

Tatsächlich! Gleich innerhalb der Tür stand ein breites, flaches Tragbrett voller Töpfe mit roten Lilien. Keine andre Sorte. Nichts als Lilien, Cannalilien, große rote Blüten, weit offen, strahlend, fast erschreckend lebendig auf leuchtend karminroten Stielen.

»O-h, Sadie!« rief Laura, und es klang wie ein kleines Ächzen. Sie kauerte sich hin, wie um sich am Lodern der

133

Lilien zu wärmen. Sie spürte sie in ihren Fingern und auf ihren Lippen, sie wuchsen in ihrer Brust.

»Es ist ein Mißverständnis«, sagte sie matt. »Niemand hat so viele bestellt! Sadie, geh und hole Mutter!«

Doch im gleichen Augenblick trat Mrs. Sheridan zu ihnen.

»Es ist ganz richtig«, sagte sie gelassen. »Doch, ich habe sie bestellt. Sind sie nicht herrlich?« Sie drückte Lauras Arm.

»Ich ging gestern an dem Geschäft vorbei und sah sie im Schaufenster. Und plötzlich dachte ich, einmal in meinem Leben will ich genug Cannalilien haben! Das Gartenfest ist ein guter Vorwand!«

»Aber ich meinte, du hättest gesagt, daß du dich nicht einmischen willst«, sagte Laura. Sadie war weggegangen. Der Mann vom Blumengeschäft stand noch draußen bei seinem Lieferwagen. Sie legte ihrer Mutter den Arm um den Hals, und zärtlich, sehr zärtlich biß sie ihrer Mutter ins Ohr.

»Mein liebes Kind, eine logische Mutter würdest du nicht leiden können, nicht wahr? Laß das! Hier kommt der Mann!« Er brachte noch mehr Lilien, noch ein ganzes Tragbrett voll. »Stellen Sie sie bitte gleich an der Tür auf, zu beiden Seiten des Eingangs«, sagte Mrs. Sheridan. »Findest du nicht auch, Laura?«

»O ja, bestimmt, Mutter!«

Im Salon hatten Meg, Jose und der gute kleine Hans es endlich fertiggebracht, den Flügel zu verschieben.

»Wenn wir jetzt das Sofa an die Wand rücken und alles aus dem Zimmer räumen, bis auf die Stühle – was meint ihr dazu?«

»Gut!«

134

»Hans, tragen Sie die Tischchen ins Rauchzimmer und bringen Sie einen Besen mit, um die Druckstellen vom Flügel aus dem Teppich zu bürsten – und, oh, einen Moment, Hans...« Jose liebte es, den Dienstboten Befehle zu erteilen, und sie liebten es, ihr zu gehorchen. Immer weckte sie in ihnen das Gefühl, in einem Drama mitzuspielen. »Sagen Sie Mutter und Miss Laura, sie möchten sofort herunterkommen!«

»Ja, Miss Jose!«

Sie wandte sich an Meg. »Ich wüßte gern, wie der Flügel klingt – nur für den Fall, daß ich heute nachmittag gebeten werde zu singen. Versuchen wir mal ›Das Leben ist traurig!‹« *Pomm!* Ta-ta-ta *ti*-ta! Das Klavier stürmte so leidenschaftlich los, daß Joses Miene sich veränderte. Sie faltete die Hände. Sie blickte traurig und geheimnisvoll auf ihre Mutter und Laura, die ins Zimmer traten.

> *»Das Leben ist traurig,*
> *voll Seufzer und Tränen,*
> *die Liebe vergeht,*
> *das Leben ist trau–rig,*
> *voll Seufzer und Tränen,*
> *die Liebe vergeht,*
> *und dann ... leb wohl!«*

Doch beim Wort ›Lebwohl‹, und obwohl das Klavier verzweifelter denn je klang, flog ein strahlendes, furchtbar gefühlloses Lächeln über ihr Gesicht.

»Bin ich nicht gut bei Stimme, Mummy?« jubelte sie.

> *Das Leben ist traurig,*
> *die Hoffnung erstirbt,*
> *ein Traum, ein Erwa–chen...«*

Aber jetzt wurden sie von Sadie unterbrochen.

»Was gibt es, Sadie?«

»Bitte, M'm, die Köchin läßt fragen, ob Sie die Fähnchen für die Sandwiches bereit haben?«

»Die Fähnchen für die Sandwiches, Sadie?« wiederholte Mrs. Sheridan verträumt. Und die Kinder lasen ihr am Gesicht ab, daß sie sie nicht bereit hatte. »Moment mal!« Und energisch sagte sie zu Sadie: »Bestellen Sie der Köchin, daß sie sie in zehn Minuten bekommt!« Sadie ging.

»So, Laura«, sagte ihre Mutter hastig, »komm mit mir ins Rauchzimmer! Ich habe die Namen irgendwo auf der Rückseite eines Briefumschlags. Du mußt sie mir heraus-schreiben! Meg, geh augenblicklich nach oben und nimm das nasse Ding von deinem Kopf! Jose, lauf und zieh dich fertig an! Habt ihr gehört Kinder? Oder muß ich es eurem Vater sagen, wenn er heute abend nach Hause kommt? Und – und Jose, besänftige die Köchin, wenn du in die Küche gehst, ja? Ich habe heute morgen richtig Angst vor ihr!«

Der Briefumschlag fand sich endlich hinter der Uhr im Eßzimmer, obwohl Mrs. Sheridan sich nicht vorstellen konnte, wie er dort hingeraten war.

»Eins von euch Kindern muß ihn mir aus der Handtasche gestohlen haben, denn ich erinnere mich lebhaft ... Rahm-käse und Zitronenquark ... hast du das?«

»Ja.«

»Eier und ...« Mrs. Sheridan hielt den Umschlag von sich weg. »Es sieht aus wie ›Mäuse‹. Es kann doch nicht ›Mäuse‹ heißen, was?«

»Oliven, Herzchen«, sagte Laura, die ihr über die Schulter blickte.

»Ja, natürlich, Oliven! Klingt wie eine schreckliche Zusammenstellung: Eier und Oliven.«

Endlich waren sie fertiggeschrieben, und Laura brachte die Fähnchen in die Küche. Sie fand Jose, die dabei war, die Köchin zu besänftigen, obwohl sie gar nicht angsteinflößend aussah.

»Ich habe noch nie so ausgezeichnete Sandwiches gesehen«, sagte Joses Stimme hingerissen. »Wieviel Sorten sind es, sagten Sie? Fünfzehn?«

»Ja, fünfzehn, Miss Jose.«

»Dann gratuliere ich Ihnen!«

Die Köchin fegte mit dem langen Sandwichmesser die Rinden zusammen und lächelte von einem Ohr zum andern.

»Godbers' Ausläufer ist da!« verkündete Sadie und kam aus der Vorratskammer. Sie hatte den Mann am Fenster vorbeigehen sehen.

Es bedeutete, daß die Windbeutel gekommen waren. Godbers waren berühmt für ihre Windbeutel. Niemandem kam es in den Sinn, welche zu Hause zu backen.

»Bring sie her und stell sie auf den Tisch, mein Kind!« befahl die Köchin.

Sadie brachte sie und ging wieder an die Tür. Laura und Jose waren natürlich viel zu erwachsen, um sich aus derlei Dingen etwas zu machen. Trotzdem mußten sie zugeben, daß die Windbeutel sehr verlockend aussahen. Sehr! Die Köchin begann sie anzuordnen und schüttelte den überschüssigen Puderzucker ab.

»Versetzen sie einen nicht zurück zu allen früheren Festen?« sagte Laura.

»Vermutlich«, sagte die praktische Jose, die es nie mochte, in die Vergangenheit zurückversetzt zu werden. »Sie sehen wunderschön leicht und luftig aus, das muß ich sagen!«

»Nehmen Sie sich jeder einen!« sagte die Köchin mit ihrer gemütlichen Stimme. »Ihre Ma merkt es nicht!«

Oh, unmöglich! Stellt euch vor: Windbeutel so bald nach dem Frühstück! Der bloße Gedanke ließ einen schaudern! Trotzdem: zwei Minuten darauf leckten sich Jose und Laura die Finger ab – mit dem gewissen andächtigen Blick, der nur von Schlagsahne herrühren kann.

»Laß uns in den Garten gehen, durch die Hoftür!« schlug Laura vor. »Ich möchte sehen, wie die Männer mit dem Zelt vorankommen. Es sind furchtbar nette Männer!«

Aber die Hoftür war von der Köchin, von Sadie, von Godbers' Ausläufer und von Hans blockiert.

Es war etwas passiert.

»Je, je, je!« kakelte die Köchin wie ein aufgeregtes Huhn. Sadie hielt die Hand an die Wange, als hätte sie Zahnweh. Hans' Gesicht war verzerrt von der Anstrengung, es zu begreifen. Nur Godbers' Ausläufer schien befriedigt: es war *seine* Neuigkeit!

»Was ist los? Was ist geschehen?«

»Ein gräßlicher Unfall ist passiert!« sagte die Köchin. »Ein Mann ist verunglückt.«

»Ein Mann ist verunglückt? Wo? Wie? Wann?«

Aber Godbers' Ausläufer ließ sich seine Neuigkeit nicht vor der Nase wegschnappen.

»Kennen Sie die kleinen Hütten gleich da unten, Miss?« Ob sie sie kannte? Natürlich kannte sie sie! »Also dort wohnt ein junger Mann, ein Fuhrmann, Scott heißt er. Sein Pferd hat vor einem Traktor gescheut, heute früh, an der

138

Ecke der Hawke Street, und er wurde runtergeschleudert und ist auf den Hinterkopf gefallen. Tot!«

»Tot?« Laura starrte Godbers' Ausläufer an.

»Tot, als sie ihn aufhoben«, sagte der Ausläufer mit Genugtuung. »Sie haben die Leiche nach Hause geschafft, als ich hier raufkam.« Und zur Köchin sagte er: »Er hinterläßt eine Frau und fünf kleine Kinder!«

»Jose, komm mal mit!« Laura packte ihre Schwester beim Ärmel und zog sie durch die Küche und auf die andre Seite der grünen Friestür. Dort blieb sie stehen und lehnte sich dagegen. »Jose«, sagte sie entsetzt, »wie sollen wir bloß alles absagen?«

»Alles absagen, Laura?« rief Jose erstaunt. »Was meinst du?«

»Das Gartenfest absagen natürlich!« Warum verstellte sich Jose?

Aber Jose war noch erstaunter. »Das Gartenfest absagen? Liebe Laura, sei nicht komisch! Natürlich können wir nichts dergleichen tun! Niemand erwartet es von uns. Sei nicht so überspannt!«

»Aber wir können unmöglich ein Gartenfest geben, wenn gleich hinter unserm Tor ein Toter liegt!«

Das war nun wirklich übertrieben, denn die kleinen Hütten standen in einer Gasse ganz für sich am Fuß einer steilen Steigung, die zum Haus hinaufführte. Eine breite Straße lag dazwischen. Natürlich standen die Hütten viel zu nah. Sie waren der schlimmste Schandfleck und hatten überhaupt kein Recht, in der Nachbarschaft zu stehen. Es waren kleine, schäbige Behausungen, schokoladebraun gestrichen. In den Vorgärten war nichts als Kohlstrünke, kranke Hühner und Tomatenbüchsen. Sogar der Rauch, der aus den Schornsteinen aufstieg, schien von Armut heimgesucht: kleine Fetzen und Fähnchen Rauch, so verschieden von den großen, silbrigen Fahnen, die sich aus den Schornsteinen der Sheridans emporkräuselten. Waschfrauen wohnten in der Gasse, und Schornsteinfeger und ein Schuster und ein Mann, dessen Hausfront über und über mit winzigen Vogelkäfigen bestückt war. Schwärme von Kindern. Solange die Sheridans klein waren, war es ihnen verboten, jemals einen Fuß dorthinzusetzen, wegen der widerlichen Ausdrücke und weil sie sich anstecken könnten. Doch seit sie erwachsen waren, gingen Laura und Laurie manchmal, wenn sie herumstrolchten, dort hindurch. Es war ekelhaft und schmutzig. Sie kamen schaudernd wieder heraus.

Doch schließlich mußte man überall hingehen: man mußte alles gesehen haben.

Deshalb gingen sie also hindurch. »Und stell dir nur vor, wie der armen Frau die Musik in den Ohren klingen würde!« sagte Laura.

»O Laura!« Jose begann ernstlich böse zu werden. »Falls du jedesmal, wenn jemand einen Unfall hatte, eine Musikkapelle am Spielen hindern willst, dann wirst du ein sehr anstrengendes Leben führen. Mir tut es ganz genauso leid wie dir. Ich habe ebensoviel Mitleid.« Ihre Augen wurden hart. Sie blickte ihre Schwester ebenso an wie früher, als sie klein waren und sich zankten. »Du holst einen betrunkenen Arbeiter nicht ins Leben zurück, indem du sentimental wirst«, sagte sie leise.

»Betrunken? Wer sagt, daß er betrunken war?« wandte sich Laura wütend an Jose. Und genauso, wie sie es bei solchen Anlässen immer getan hatten, rief sie: »Ich gehe sofort zu Mutter rauf und sag's ihr!«

»Tu's, liebes Kind!« gurrte Jose.

»Mutter, darf ich zu dir ins Zimmer?« Laura drehte den großen gläsernen Türknauf herum.

»Natürlich, Kind! Oh, was ist denn los? Warum bist du so erhitzt?« Mrs. Sheridan wandte sich von ihrem Toilettentisch ab. Sie probierte einen neuen Hut auf.

»Mutter, ein Mann ist getötet worden«, begann Laura.

»Hoffentlich nicht bei uns im Garten?« fiel ihr die Mutter ins Wort.

»Nein, nein!«

»Oh, was du mir für einen Schreck eingejagt hast!« Mrs. Sheridan seufzte erleichtert, nahm den großen Hut ab und hielt ihn auf den Knien fest.

»Hör doch zu, Mutter!« sagte Laura. Atemlos und halb erstickt erzählte Laura ihr die schreckliche Geschichte. »Natürlich können wir nun unser Fest nicht geben, oder?« flehte sie. »Mit der Musikkapelle und allen, die herkommen! Sie würden uns hören, Mutter, es sind fast Nachbarn von uns!«

Zu Lauras Verwunderung benahm sich ihre Mutter genau wie Jose; es war schwerer zu ertragen, weil es sie zu amüsieren schien. Sie weigerte sich, Laura ernst zu nehmen.

»Aber liebes Kind, nimm deinen Verstand zusammen! Nur durch einen Zufall haben wir es erfahren. Wenn jemand dort unten auf die übliche Art gestorben wäre – ich verstehe ohnehin nicht, wie sie in den muffigen Löchern am Leben bleiben –, dann gäben wir trotzdem unser Fest, nicht wahr?«

Darauf mußte Laura mit ›ja‹ antworten, aber sie fand, daß es ganz falsch war. Sie setzte sich aufs Sofa ihrer Mutter und zupfte am Kissenvolant.

»Mutter, ist es nicht eigentlich furchtbar herzlos von uns?« fragte sie.

»Liebling!« Mrs. Sheridan stand auf und kam zu ihr hinüber, den Hut in der Hand. Bevor Laura sie daran hindern konnte, wurde er ihr aufgestülpt. »Liebes«, sagte ihre Mutter, »ich schenke dir den Hut! Er ist wie für dich gemacht! Für mich ist er viel zu jugendlich. Noch nie habe ich dich so bildhübsch gesehen. Schau dich an!« Und sie hielt ihr den Handspiegel vor.

»Aber Mutter«, begann Laura wieder. Sie konnte sich nicht anschauen; sie wandte sich ab. Diesmal verlor Mrs. Sheridan die Geduld – genau wie Jose es getan hatte.

»Du bist lächerlich, Laura!« sagte sie kalt. »Solche Leute erwarten keine Opfer von uns. Und es ist nicht sehr einfühlsam von dir, allen die Freude zu verderben, wie du es jetzt tust.«

»Ich verstehe es nicht«, sagte Laura und ging rasch aus dem Zimmer und in ihr eigenes Schlafzimmer. Ganz zufällig war das erste, was sie dort im Spiegel erblickte, ein reizendes junges Mädchen – in einem schwarzen Hut, geschmückt mit goldenen Maßliebchen und einem langen schwarzen Samtband. Nie hätte sie geglaubt, daß sie so aussehen könne. Hat Mutter recht? überlegte sie. Jetzt hoffte sie, daß ihre Mutter recht hatte. Bin ich überspannt? Vielleicht war sie überspannt. Nur einen Augenblick machte sie sich noch einmal ein Bild von der armen Frau und ihren kleinen Kindern und der Leiche, die ins Haus getragen wurde. Aber es schien alles verschwommen, unwirklich, wie ein Bild in der Zeitung. Ich will mich wieder daran erinnern, wenn das Fest vorbei ist, beschloß sie. Und irgendwie schien das weitaus der beste Plan zu sein.

Das Mittagessen war um halb zwei beendet. Um halb drei waren sie alle bereit für den ›Kampf‹. Die grünberockte Kapelle war eingetroffen und in einer Ecke des Tennisplatzes untergebracht worden.

»Oh, Liebes«, zwitscherte Kitty Maitland, »sehen sie nicht haargenau wie Laubfrösche aus? Ihr hättet sie rund um den Teich gruppieren sollen und den Dirigenten in der Mitte auf einem Blatt!«

Bruder Laurie traf ein und winkte, als er zum Umziehen ins Haus wollte. Bei seinem Anblick erinnerte sich Laura wieder an das Unglück. Sie wollte es ihm erzählen. Wenn Laurie den andern beipflichtete, dann mußte es in Ordnung sein. Und sie folgte ihm in die Halle.

»Laurie!«

»Hallo!« Er war schon halb die Treppe hinauf, doch als er sich umdrehte und Laura sah, blies er plötzlich die Backen auf und starrte sie mit Glotzaugen an. »Donnerwetter, Laura! Du siehst umwerfend aus!« sagte Laurie. »Was für ein phantastisch schicker Hut!«

Laura sagte leise: »Wirklich?« und lächelte Laurie zu und erzählte es ihm schließlich doch nicht.

Bald darauf begannen die Leute hereinzuströmen. Die Kapelle legte los; die Lohndiener rannten vom Haus zum Festzelt. Wohin man blickte, schlenderten Paare umher, beugten sich über die Blumen, grüßten und gingen auf dem Rasen weiter. Sie glichen bunten Vögeln, die sich für diesen einen Nachmittag in Sheridans Garten niedergelassen hatten – auf dem Flug wohin? Ach, was für ein Glück, mit Menschen zusammenzusein, die alle glücklich sind, und Hände zu drücken und Wangen zu berühren und andern Augen zuzulächeln!

»Liebste Laura, wie gut du aussiehst!«

»Was für ein kleidsamer Hut, Kind!«

»Laura, du siehst richtig spanisch aus! Ich habe dich noch nie so bezaubernd gesehen!«

143

Und Laura erglühte und antwortete sanft: »Haben Sie Tee bekommen? Möchten Sie ein Eis? Das Passifloraeis ist wirklich etwas Besonderes!« Sie lief zu ihrem Vater und bat ihn: »Liebster Vater, kann die Kapelle nicht etwas zu trinken bekommen?«

Und der herrliche Nachmittag erblühte langsam, verwelkte langsam und schloß langsam seine Blütenblätter.

»Nie ein schöneres Gartenfest...« – »Sehr geglückt...« – »Das allernetteste...«

Laura half ihrer Mutter beim Verabschieden. Sie standen nebeneinander im Eingang, bis alles vorüber war.

»Gott sei Dank ist alles vorbei«, sagte Mrs. Sheridan. »Trommle die andern zusammen, Laura! Laß uns frischen Kaffee trinken! Ich bin erschöpft! Ja, es war sehr geglückt, aber, oh, diese Feste, diese Feste! Warum besteht ihr Kinder immer darauf, Feste zu geben?« Und alle ließen sich im leeren Zelt nieder.

»Nimm ein Sandwich, Daddy! Ich habe die Fähnchen beschriftet.«

»Danke!« Mr. Sheridan biß hinein, und das Sandwich war weg. Er nahm noch eins. »Vermutlich habt ihr nichts von dem abscheulichen Unfall gehört, der sich heute ereignet hat?« fragte er.

»Wir wußten es, mein Lieber!« sagte Mrs. Sheridan und hob die Hand. »Es hätte uns fast das Fest verdorben. Laura wollte unbedingt, daß wir es verschieben.«

»O Mutter!« Laura mochte sich nicht damit hänseln lassen.

»Es war immerhin eine schreckliche Sache«, sagte Mr. Sheridan. »Der arme Mensch war obendrein verheiratet. Er wohnte gleich unten in der Gasse, und wie es heißt, hinterläßt er eine Frau und ein halbes Dutzend Kinder!«

Eine verlegene Pause trat ein. Mrs. Sheridan fingerte nervös an ihrer Tasse. Wirklich, es war sehr taktlos von Vater... Plötzlich blickte sie hoch. Vor ihr auf dem Tisch standen all die übriggebliebenen Sandwiches, Kuchen und Windbeutel – alle vergeudet. Sie hatte einen ihrer glänzenden Einfälle.

»Ich weiß was«, sagte sie. »Wir wollen einen Korb zurechtmachen und dem armen Geschöpf etwas von diesen tadellosen Sachen schicken! Für die Kinder wird es auf jeden Fall die größte Schlemmerei. Meint ihr nicht auch? Und sicher kommen Nachbarn zu ihr zu Besuch, und so weiter. Wie praktisch, dann schon alles fertig vorbereitet zu haben! Laura!« Sie sprang auf. »Hol mir den großen Korb aus dem Treppenverschlag!«

»Aber Mutter, glaubst du wirklich, daß es eine gute Idee ist?« fragte Laura.

Wie merkwürdig! Wieder schien sie sich von allen andern zu unterscheiden! Überbleibsel von ihrem Gartenfest zu nehmen – ob das der armen Frau wirklich gefiele?

»Natürlich! Was ist denn heute los mit dir? Vor ein, zwei Stunden wolltest du durchaus, daß wir Mitgefühl zeigen!« Also gut! Laura lief weg, um den Korb zu holen. Er wurde gefüllt, wurde jetzt von ihrer Mutter hoch aufgehäuft.

»Bring ihn selber, Liebling!« sagte sie. »Lauf so hinunter, wie du bist! Nein, warte, nimm auch noch die Cannalilien mit! Leute dieser Klasse lassen sich so von Cannalilien beeindrucken!«

»Die Stiele werden ihr Spitzenkleid verderben«, sagte die praktische Jose.

Das stimmte. Gerade noch rechtzeitig! »Dann nur den Korb! Und, Laura...« Ihre Mutter folgte ihr aus dem Zelt. »Auf keinen Fall sollst du...«

»Was, Mutter?«

Nein, besser, dem Kind keine solchen Gedanken in den Kopf zu setzen. »Nichts. Geh nur!«

Es begann dämmerig zu werden, als Laura ihr Gartentor schloß. Ein großer Hund rannte wie ein Schatten vorbei. Die Straße schimmerte weiß, und unten in der Senke standen die Hütten in tiefem Schatten. Wie still es schien nach diesem Nachmittag! Hier ging sie den Hügel hinab, irgendwohin, wo ein Mann tot dalag, und sie konnte es nicht begreifen. Warum konnte sie nicht? Sie blieb ein Weilchen stehen. Und ihr schien, daß Küsse, Stimmen, klirrende Löffel und Gelächter und der Geruch zertretenen Grases irgendwie in ihr drinnen waren. Für etwas anderes hatte sie keinen Platz. Wie seltsam! Sie blickte zum blassen Himmel auf, und alles, was sie dachte, war: ›Ja, es war ein überaus geglücktes Fest!‹

Jetzt wurde die breite Straße gekreuzt. Die Gasse begann – verqualmt und dunkel. Frauen in Schals und wollene Männermützen eilten vorbei. Männer lungerten über den Zäunen; Kinder spielten vor der Tür. Ein leises Summen stieg aus den armseligen kleinen Hütten auf. In einigen flackerte Licht, und ein Schatten zog krabbenartig über das Fenster. Laura senkte den Kopf und hastete weiter. Jetzt wünschte sie, sie hätte einen Mantel übergezogen. Wie ihr Kleid leuchtete! Und der große Hut mit dem flatternden Samtband – wenn es wenigstens ein andrer Hut gewesen wäre! Ob die Leute sie anstarrten? Sie mußten wohl! Es war ein Fehler, herzukommen, sie wußte es die ganze Zeit über, daß es ein Fehler war. Sollte sie selbst jetzt noch umkehren?

Nein, zu spät! Das hier war das Haus. Das mußte es sein. Eine dunkle Gruppe von Menschen stand draußen. Neben der Pforte saß eine uralte Frau mit Krücke auf einem Stuhl

146

und beobachtete. Sie hatte die Füße auf einer Zeitung. Die Stimmen brachen ab, als Laura näher trat. Die Gruppe teilte sich. Es war, als hätte man sie erwartet, als hätten sie gewußt, daß sie herkäme.

Laura war furchtbar nervös. Sie warf das Samtband über die Schulter und fragte eine Frau, die herumstand: »Ist das Mrs. Scotts Haus?« und die Frau lächelte sonderbar und sagte: »Ja, das ist es, Mädelchen!«

Oh, weit weg sein von alledem! Statt dessen sagte sie: »Gott, steh mir bei!«, als sie den kleinen Gartenweg entlangging und anklopfte. Weit weg sein von den starrenden Augen oder bedeckt sein mit irgendwas, wenigstens mit einem dieser Frauenschals! Ich werde einfach den Korb hierlassen und gehen, beschloß sie. Ich werde nicht mal abwarten, bis er ausgepackt ist!

Dann ging die Tür auf. Eine kleine Frau in Schwarz erschien im dämmerigen Licht.

Laura fragte: »Sind Sie Mrs. Scott?« Aber zu ihrem Entsetzen antwortete die Frau: »Treten Sie bitte ein, Miss!«, und sie stand eingeschlossen auf dem Flur.

»Nein«, sagte Laura. »Ich will nicht eintreten. Ich will nur den Korb hierlassen. Mutter schickt...«

Die kleine Frau im düsteren Flur schien sie nicht gehört zu haben.

»Bitte, hier entlang, Miss!« sagte sie mit öliger Stimme, und Laura folgte ihr.

Sie sah sich in einer armseligen Küche, die von einer blakenden Lampe erhellt wurde. Vor dem Feuer saß eine Frau.

»Emma«, sagte das kleine Geschöpf, das sie hereingelassen hatte, »Emma, hier ist eine junge Dame!« Sie wandte sich zu Laura um. Erklärend sagte sie: »Ich bin ihre Schwester, Miss. Sie entschuldigen sie, nicht wahr?«

»Oh, aber natürlich«, sagte Laura. »Bitte, bitte, stören Sie sie nicht! Ich wollte nur den Korb...«

Doch im gleichen Augenblick drehte sich die Frau vor dem Feuer um. Ihr Gesicht – verquollen, rot, mit geschwollenen Augen und Lippen – sah schrecklich aus. Sie schien nicht verstehen zu können, weshalb Laura da war. Was hatte es zu bedeuten? Warum stand diese Fremde mit einem Korb in der Küche? Was sollte das alles? Und das arme Gesicht verzog sich schmerzlich.

»Laß nur, Liebes«, sagte die andre. »Ich werde der jungen Dame danken!«

Und wieder begann sie: »Sie werden sie sicher entschuldigen, Miss«, und ihr Gesicht, das ebenfalls geschwollen war, bemühte sich um ein öliges Lächeln.

Laura wollte nur hinaus und weg. Sie stand wieder im Flur. Die Tür öffnete sich. Sie ging geradenwegs in das Schlafzimmer, wo der Tote lag.

»Sie wollten ihn gern ansehen, nicht wahr?« sagte Emmas Schwester und streifte an Laura vorbei zum Bett hinüber. »Fürchten Sie sich nicht, Mädelchen« – und jetzt klang ihre Stimme liebevoll und listig, und liebevoll zog sie das Leichentuch weg, »er sieht wie ein Bild aus! Nichts ist zu sehen! Kommen Sie nur, Kind!«

Laura trat vor.

Da lag ein junger Mann, lag schlafend, schlief so fest, so tief, daß er weit, weit weg von den beiden war; oh, so fern, so friedlich! Er träumte. Man durfte ihn nie mehr aufwekken! Sein Kopf war ins Kissen gesunken, seine Augen waren geschlossen, blind unter geschlossenen Lidern. Er war hingegeben an seinen Traum. Was kümmerten ihn Gartenfeste und Körbe und Spitzenkleider? Er war weit weg von solchen Dingen. Er war wundervoll, war schön.

148

Während sie lachten und die Musik gespielt hatte, war dieses Wunder in die Gasse gekommen. Glücklich... glücklich... Alles ist gut, sagte das schlafende Gesicht. Es ist genauso, wie es sein soll. Ich bin zufrieden.

Doch trotzdem mußte man weinen, und sie konnte nicht aus dem Zimmer gehen, ohne etwas zu ihm zu sagen. Laura schluchzte laut und kindlich.

»Verzeih meinen Hut!« sagte sie.

Und diesmal wartete sie nicht auf Emmas Schwester. Sie fand den Weg zur Tür hinaus, den Gartenpfad entlang und an all den dunklen Leuten vorbei. An der Ecke stieß sie auf Laurie. Er trat aus den Schatten. »Bist du es, Laura?«

»Ja.«

»Mutter fing an, sich zu ängstigen. War alles recht?«

»Ja. Doch. O Laurie!« Sie nahm seinen Arm und schmiegte sich an ihn.

»Hör mal, du weinst doch nicht?« fragte der Bruder.

Laura schüttelte den Kopf. Sie weinte.

Laurie legte ihr den Arm um die Schulter. »Weine nicht!« sagte er mit seiner warmen, liebevollen Stimme. »War es schlimm?«

»Nein«, schluchzte Laura. »Es war einfach wunderbar! Aber, Laurie...« Sie verstummte, sie blickte ihren Bruder an. »Ist das Leben...«, stammelte sie, »ist das Leben nicht...« Aber wie das Leben war, konnte sie nicht erklären. Es machte nichts. Er verstand sie gut.

»Ja, nicht wahr, Liebes?« sagte Laurie.

Sonne und Mond

Am Nachmittag kamen die Stühle: ein ganzer, riesiger Wagen voll kleiner goldener Stühle, die ihre Beine gen Himmel streckten. Und dann kamen die Blumen. Wenn man vom Balkon auf die Leute hinunterblickte, die sie ins Haus trugen, sahen die Blumentöpfe wie komische, sehr hübsche Hüte aus, die den Gartenweg entlangnickten.

Sonne glaubte, es wären Hüte. Sie sagte: »Schau mal, da ist ein Mann mit einer Palme auf dem Hut!« Aber sie wußte nie den Unterschied zwischen wirklichen und nichtwirklichen Dingen.

Niemand war da, der sich um Sonne und Mond kümmerte. Ihr Kinderfräulein half Annie, Mutters Kleid zu ändern, das ›viel zu lang und viel zu eng unter den Armen war‹, und Mutter rannte im ganzen Haus herum und rief Vater an, er solle doch ja keine Besorgung vergessen. Sie hatte bloß Zeit, ihnen zuzurufen: »Geht mir aus dem Weg, Kinder!«

Sie gingen ihr aus dem Weg – Mond jedenfalls tat es. Ihm war es gräßlich, ins Kinderzimmer zurückgescheucht zu werden. Bei Sonne war es egal. Wenn sie den Leuten zwischen die Beine geriet, wurde sie einfach hochgehoben und geschüttelt, bis sie quiekte. Aber Mond war zu schwer dafür. Er war so schwer, daß der dicke Mann, der sonntags zum Essen kam, immer sagte: »So, junger Mann, wollen mal versuchen, dich hochzustemmen!« Und dann steckte er die Daumen unter Monds Arme und stöhnte und versuchte es und gab es schließlich auf: »Schwer wie ein Wagen voll Ziegelsteine!«

Aus dem Eßzimmer wurden fast alle Möbel entfernt. Der Flügel wurde in eine Ecke geschoben, und dann kam eine Reihe mit Blumentöpfen, und dann kamen die goldenen Stühle. Die waren für das Konzert. Als Mond hineinspähte, saß ein blasser Mann vor dem Flügel – aber er spielte nicht, sondern hämmerte darauf herum und schaute dann hinein. Er hatte eine Werkzeugtasche auf den Flügel gelegt und einer Statue an der Wand seinen Hut übergestülpt. Manchmal fing er bloß an zu spielen und sprang gleich wieder auf und schaute hinein. Mond hoffte, daß der Mann nicht das Konzert war.

Aber am besten war es natürlich in der Küche! Ein Mann mit einer Mütze wie ein Milchpudding war zum Helfen gekommen, und Minnie, die richtige Köchin, war ganz rot im Gesicht und lachte. Sie war gar nicht ärgerlich. Gab jedem von ihnen einen Fingerkeks und hob sie auf die Mehlkiste, damit sie zuschauen konnten, was für herrliche Sachen sie und der Mann für das Essen machten. Minnie brachte die Sachen an, und er legte sie auf Schüsseln und verzierte sie. Ganze Fische, die noch Kopf, Augen und Schwanz hatten, bestreute er mit roten und grünen und gelben Krümeln. Auf die Sülzen machte er lauter Schnörkel. Einem Schinken gab er einen Kragen und steckte eine sehr dünne Gabel hinein. Und auf die Cremeschüsseln legte er Mandeln und winzige runde Plätzchen. Und immer noch mehr Sachen kamen!

»Oh, ihr habt ja das Eis noch nicht gesehen!« sagte die Köchin. »Kommt mal mit!« ›Warum sie bloß so nett ist?‹ dachte Mond, als sie sie bei der Hand nahm und in den Kühlschrank schauen ließ.

Oh, wie herrlich! Es war ein kleines Haus! Es war ein kleines rosa Haus mit weißem Schnee auf dem Dach und grünen Fenstern und einer braunen Tür, und in der Tür steckte eine Nuß – die war der Türknauf!

»Laß mich mal anfassen! Bloß mal mit dem Finger aufs Dach tippen!« quengelte Sonne und sprang von einem Fuß auf den andern. Sie wollte immer alles Essen anfassen. Mond war nicht so.

»Und wie steht's mit dem Tisch?« sagte die Köchin zu Nellie, dem Mädchen.

»Der ist das reinste Bild, Min!« sagte Nellie. »Kommt bloß und schaut's euch an!« Sie gingen also alle ins Eßzimmer. Sonne und Mond fürchteten sich fast – zuerst wollten sie gar nicht bis vor den Tisch gehen. Sie blieben an der Tür stehen und starrten hinüber.

Es war noch nicht richtig Abend, aber die Vorhänge im Eßzimmer waren zugezogen, und die Lichter brannten – alle Lichter waren rote Rosen! Rote Bänder und Rosensträußchen waren um die Tischtuchzipfel gebunden. In der Mitte war ein See, auf dem Rosenblütchen schwammen.

»Da kommt nachher das Eis hin«, sagte die Köchin.

Zwei silberne Löwen mit Flügeln trugen Obst auf dem Rücken, und die Salzfäßchen waren winzige Vögel, die aus Näpfen tranken.

Und all die blinkenden Gläser und schimmernden Teller und funkelnden Messer und Gabeln – und all die Eßsachen! Und die kleinen roten Servietten, die wie Rosen gebogen waren...

»Wollen die Leute das alles aufessen?« fragte Mond.

»Na, bestimmt!« lachte die Köchin, und Nellie lachte mit. Sonne lachte auch; sie machte immer alles nach, was andre Leute taten. Aber Mond war nicht zum Lachen zumute. Mit auf den Rücken gelegten Händen wanderte er immerzu um den Tisch, immer rundherum. Vielleicht wäre er nie stehengeblieben, wenn ihr Kinderfräulein sie nicht plötzlich gerufen hätte. »Kommt, Kinder! Höchste Zeit, daß ich euch wasche und anziehe!« Und sie wurden ins Kinderzimmer abgeschoben.

Als sie ausgezogen wurden, schaute Mutter zur Tür herein: sie hatte ein weißes Ding um die Schultern und rieb sich Zeugs ins Gesicht.

»Ich läute, Fräulein, wenn es soweit ist, und dann brauchen sie nur nach unten zu kommen, sich zeigen und wieder gehen«, sagte sie.

Mond wurde bis fast auf die Haut ausgezogen und dann wieder angezogen: er bekam ein weißes, mit roten und weißen Gänseblümchen bestreutes Hemd und eine Kniehose mit Verschnürung an den Seiten und Hosenträgern über dem Hemd, und weiße Söckchen und rote Schuhe.

»Das ist ein russisches Kostüm«, sagte das Kinderfräulein und strich ihm die Ponyfransen glatt.

»Ist es meins?« fragte Mond.

»Ja«, antwortete sie. »Setz dich still auf den Stuhl und schau deiner kleinen Schwester zu!«

Sonne stellte sich schrecklich an. Nachdem sie endlich die Socken anhatte, tat sie, als wäre sie hintenüber aufs Bett gekippt, und strampelte mit den Beinen, wie sie es immer machte, und jedesmal, wenn das Fräulein ihr mit einem Finger und einer nassen Bürste die Locken eindrehen wollte, drehte sie den Kopf weg und wollte die Photographie in Fräuleins Brosche sehen oder sonst irgendwas. Aber endlich war Sonne fertig! Das Kleid stand ihr weit ab; es war ganz weiß, und ringsrum Pelz. Sogar auf den Beinen ihres Schlüpfers war flaumiges Zeugs. Die Schuhe waren weiß, mit dicken weißen Bommeln.

»Fertig, mein Lämmchen!« sagte ihr Kinderfräulein.

153

»Du siehst wie eine süße, engelhafte Puderquaste aus!« Sie lief an die Tür: »Ma'am, nur einen Moment bitte!«

Mutter kam wieder herein – mit offenem Haar.

»Oh«, rief sie, »das reinste Bild!«

»Ja, nicht wahr?« sagte das Kinderfräulein.

Und Sonne hielt ihr Röckchen bei den Zipfeln hoch und stellte den einen Fuß vor. Mond machte sich nichts draus, wenn die Leute ihn nicht bewunderten – nicht viel jedenfalls ...

Danach saßen sie am Kindertisch und spielten saubere, ruhige Spiele, während ihr Kinderfräulein an der Tür stand, und als die Wagen vorzufahren begannen und Lachen und Stimmen und Kleidergeraschel von unten heraufdrangen, flüsterte sie: »Bleibt jetzt ganz brav auf eurem Platz!« Sonne zerrte dauernd an der Tischdecke, so daß sie auf ihrer Seite tief herunterhing und Mond überhaupt keine hatte – und dann tat sie noch so, als hätte sie es nicht absichtlich gemacht!

Endlich kam das Klingelzeichen. Das Kinderfräulein stürzte sich mit der Haarbürste auf sie, fuhr Mond noch mal über seine Ponyfransen, richtete Sonnes Haarschleife auf und legte ihnen die Hände ineinander.

»Jetzt nach unten gehen!« flüsterte sie.

Und sie gingen. Mond fand es dumm, daß sie sich bei der Hand halten sollten, aber Sonne machte es anscheinend Spaß. Sie schwenkte den Arm, so daß das Glöckchen an ihrem Korallenarmband klimperte.

Mutter stand an der Tür zum Salon und fächelte sich mit einem schwarzen Fächer. Der Salon war voll gut riechender, seidig raschelnder Damen und voll komischer Herren in Schwarz, die mit den Schwänzen an ihren Jacken wie Käfer aussahen. Vater war mitten unter ihnen, sprach sehr laut und spielte mit etwas Klirrendem in seiner Hosentasche.

»Was für ein Bild!« riefen die Damen. »Oh, was für Schätzchen! Oh, was für Herzchen! Oh, wie süß! Oh, wie goldig!« Alle Leute, die nicht an Sonne herankommen konnten, küßten Mond, und eine magere alte Dame mit Zähnen, die klapperten, sagte zu ihm: »So ein ernster kleiner Mann!« und klopfte ihm mit etwas Hartem auf den Kopf. Mond schaute sich um und suchte den Konzertmann, aber er war weg. Statt seiner beugte sich ein dicker Mann mit rosa Kopf über den Flügel und sprach mit einem Mädchen, das eine Geige an ihr Ohr hielt.

Ein einziger Mann war dabei, den Mond wirklich gut leiden konnte. Es war ein kleiner grauhaariger Mann mit langem grauem Backenbart, der ganz für sich allein herumging. Er kam auf Mond zu, zwinkerte sehr nett mit den Augen und sagte: »Hallo, junger Mann!« Dann ging er. Aber bald kam er zurück und fragte: »Hast du Hunde gern?« Mond sagte: »Ja.« Doch dann ging er wieder weg, und obwohl Mond sich die Augen nach ihm aussah, konnte er ihn nirgends finden. Er dachte: ›Vielleicht ist er rausgegangen und holt mir ein Hündchen.‹

»Gute Nacht, Kinderchen!« sagte Mutter und schlang die nackten Arme ums sie. »Fliegt in euer kleines Nest hinauf!«

Doch nun stellte sich Sonne wieder mal an. Sie hob vor allen Leuten die Arme hoch und rief: »Mein Daddy soll mich rauftragen!«

Aber den Leuten gefiel es anscheinend, und Daddy bückte sich und nahm sie auf den Arm, wie er's immer tat.

Das Kinderfräulein war in solcher Eile, sie ins Bett zu stecken, daß sie Mond mitten im Gebet unterbrach und ihm zurief: »Mach ein bißchen schneller, Kind, hörst du?« Und im nächsten Augenblick lagen sie schon im Dunkeln, nur das Nachtlicht brannte auf der kleinen Untertasse.

»Schläfst du schon?« fragte Sonne.

»Nein«, sagte Mond. »Du schon?«

»Nein«, sagte Sonne.

Viel später wachte Mond auf. Von unten drang ein sehr lautes Geprassel herauf, als ob es regnete. Er hörte, wie Sonne sich umdrehte.

»Sonne, bist du wach?«

»Ja. Du auch?«

»Ja. Komm mit, wir wollen übers Geländer schauen!«

Sie hatten sich gerade auf die oberste Treppenstufe gesetzt, als die Salontür aufging, und sie bemerkten, wie die Gesellschaft durch die Halle ins Eßzimmer zog. Dann wurde die Tür zugemacht, und sie hörten Knallen und Lachen. Dann hörte es auf. Mond sah, wie sie immerzu um den herrlichen Tisch wanderten, immer rundherum und die Hände auf dem Rücken, wie er das getan hatte... Rundherum wanderten sie, rundherum... und schauten und schauten. Dem Mann mit dem grauen Backenbart gefiel das kleine Haus am besten. Als er die Nuß sah, die als Türknauf diente, zwinkerte er mit den Augen und sagte zu Mond: »Hast du die Nuß gesehen?«

»Nick nicht immer mit dem Kopf, Mond!«

»Tu' ich ja gar nicht! Du nickst!«

»Ist nicht wahr! Ich nicke nie mit dem Kopf!«

»Doch! Tust du ja jetzt schon wieder!«

»Nein, tu' ich nicht! Ich will dir bloß zeigen, wie man nicht nicken darf.«

Als sie wieder aufwachten, hörten sie Vaters sehr laute Stimme und Mutter, die immerzu lachte. Vater kam aus dem Eßzimmer, sprang die Treppe rauf und wäre beinah über sie beide gefallen.

»Oho!« sagte er. »Nein, so etwas! Kitty, komm rauf und sieh dir das an!«

Die Mutter kam aus dem Eßzimmer. »Oh, ihr schlimmen Kinder!« rief sie von der Halle herauf.

»Wollen sie nach unten schaffen und ihnen einen Knochen geben!« sagte ihr Vater. Mond hatte ihn noch nie so lustig gesehen.

»Nein, auf keinen Fall!« sagte Mutter.

»Doch, mein Daddy, bitte! Bitte nimm uns mit!« sagte Sonne.

»Natürlich nehm' ich euch mit!« schrie Vater. »Ich lass' mir nichts verbieten! Kitty – Platz da!« Und er nahm unter jeden Arm eins von ihnen.

Mond glaubte, daß Mutter nun furchtbar böse sein würde. Aber nein! Sie lachte über Vater.

»Oh, du schlimmer Junge!« sagte sie. Doch sie meinte nicht Mond damit.

»Kommt mit, Kinderchen! Kommt und fallt über die Reste her!« sagte dieser lustige Vater. Aber Sonne blieb stehen.

»Mutter, dein Kleid ist auf einer Seite weggerutscht!«

»Wirklich?« sagte Mutter. Und Vater sagte: »Ja, stimmt«, und tat so, als wolle er sie in die weiße Schulter beißen, aber sie stieß ihn weg.

Und nun gingen sie in das wunderschöne Eßzimmer.

Aber o weh! Was war dort passiert? Die Bänder und die Rosen waren heruntergerissen. Die kleinen roten Servietten lagen auf dem Fußboden, und all die schimmernden Teller und die blinkenden Gläser waren schmutzig. Das leckere Essen, das der Mann so schön verziert hatte, war herumgestreut, und überall lagen Knochen und Krümel und Obstschalen und Reste. Sogar eine Flasche war umgekippt, und das Zeugs lief heraus, aufs Tischtuch, und niemand kam und stellte sie wieder hin.

Und das kleine rosa Haus mit dem Schneedach und den grünen Fenstern war kaputt! Halb geschmolzen stand es mitten auf dem Tisch.

»Komm her, Mond!« rief Vater, als hätte er es nicht bemerkt. Sonne hob ihre Pyjamabeine und schlurfte zum Tisch, stellte sich auf einen Stuhl und quietschte.

»Etwas Eis gefällig?« sagte Vater und schlug noch ein Stück vom Dach ein.

Mutter nahm einen kleinen Teller und hielt ihn Vater hin; den anderen Arm legte sie ihm um den Hals.

»Daddy, Daddy!« kreischte Sonne. »Der Türknopf ist noch dran! Die kleine Nuß! Kann ich die haben?« Und sie griff über den Tisch und zog die Nuß heraus, biß fest zu und knabberte sie blinzelnd auf.

»Komm her, mein Junge!« sagte Vater.

Aber Mond rührte sich nicht von der Tür weg. Plötzlich warf er den Kopf in den Nacken und stieß ein Jammergeschrei aus.

»Ich find's scheußlich!« schluchzte er. »Scheußlich!«

»Da hast du's!« sagte Mutter. »Da hast du's!«

»Marsch, raus mit dir!« sagte Vater und war gar nicht mehr lustig. »Raus, aber rasch!«

Und laut jammernd stampfte Mond ins Kinderzimmer hinauf.

158

Ihr erster Ball

Leila hätte nur schwer sagen können, wann genau der Ball begann. Vielleicht war ihr erster Partner schon die Droschke gewesen. Es hatte nichts zu bedeuten, daß sie die Droschke mit den Sheridan-Mädchen und deren Bruder teilte. Sie lehnte sich in ihr eigenes kleines Eckchen, und das Armpolster, auf dem ihre Hand lag, fühlte sich wie der Frackärmel eines unbekannten jungen Mannes an – und sie flogen dahin, an walzenden Laternenpfählen und Häusern und Zäunen und Bäumen vorbei.

»Bist du wirklich noch nie auf einem Ball gewesen, Leila? Aber Kind, das ist ja wahnsinnig ulkig!« riefen die Sheridan-Mädchen.

»Unser nächster Nachbar wohnt fünfzehn Meilen weit weg«, sagte Leila leise, und behutsam öffnete und schloß sie ihren Fächer.

O je, wie schwer es war, so gleichgültig wie die andern zu tun! Sie bemühte sich, nicht zu sehr zu lächeln, und sie bemühte sich, sich nicht so aufzuregen. Und doch war einfach alles so neu und aufregend: Megs Tuberosen, Joses lange Bernsteinkette, Lauras dunkles Köpfchen, das sich aus ihrem weißen Pelz wie eine Blume aus dem Schnee reckte. Sie würde es nie vergessen! Es gab ihr sogar einen Stich, als ihr Cousin Laurie die Blättchen Seidenpapier wegwarf, nachdem er sie von den Knöpfen seiner neuen Handschuhe entfernt hatte. Sie hätte die Papierblättchen gern als Andenken behalten, zur Erinnerung. Laurie beugte sich vor und legte Laura die Hand aufs Knie.

»Hör mal, Schwesterchen«, sagte er. »Den Dritten und den Neunten, wie immer – kapiert?«

Oh, wie wundervoll, einen Bruder zu haben! In ihrer Aufregung meinte Leila, daß sie, wenn sie Zeit gehabt hätte und wenn es nicht so unmöglich gewesen wäre, unweigerlich hätte losheulen müssen, weil sie ein einziges Kind war und keinen Bruder hatte, der ›kapiert?‹ zu ihr sagte, und keine Schwester, die sagen würde – wie Meg jetzt eben zu Jose:

»Noch nie war dein Haar so schwungvoll aufwärts frisiert wie heute abend!«

Aber natürlich war keine Zeit für so etwas. Sie waren schon bei der Turnhalle. Vor ihnen waren Wagen, und hinter ihnen waren Wagen. Auf beiden Seiten war die Straße von einem weiterziehenden, fächerartigen Lichterspiel erhellt, und auf dem Bürgersteig schienen fröhliche Paare förmlich durch die Luft zu schweben, und kleine Atlasschuhe jagten einander wie Vögel.

»Halt dich an mir fest, Leila«, sagte Laura, »sonst verlieren wir dich!«

»Los, los, Kinder, wollen uns hineinstürzen!« sagte Laurie. Leila legte zwei Finger auf Lauras rosa Samtumhang, und irgendwie wurden sie an dem großen goldenen Kandelaber vorbeigeschoben, den Korridor entlanggeschwemmt und in das kleine Zimmer mit dem Schild DAMEN getragen. Hier war das Gedränge so groß, daß sie kaum Platz hatten, ihre Überkleider abzulegen; der Lärm war ohrenbetäubend. Die beiden Bänke zu beiden Seiten waren überhäuft mit Umhängen. Zwei alte Frauen in weißen Schürzen liefen hin und her, um immer noch einen neuen Armvoll draufzuwerfen. Und jeder drängte weiter, um an den kleinen Frisiertisch und den Spiegel am anderen Ende zu gelangen.

Eine große zitternde Gasflamme beleuchtete die Damengarderobe. Auch die konnte nicht warten, auch die tanzte bereits. Als die Tür wieder aufflog und aus der Halle das Stimmen der Instrumente herdrang, hüpfte die Flamme fast bis zur Decke hinauf.

Dunkelhaarige Mädchen und blonde Mädchen zupften an ihren Frisuren, banden Schleifen neu, steckten sich Taschentüchlein in den Kleiderausschnitt und strichen marmorweiße Handschuhe glatt. Und weil sie alle lachten, kamen sie Leila alle wunderschön vor.

»Sind nicht irgendwo unsichtbare Haarnadeln?« rief eine Stimme. »Ist ja erstaunlich! Ich kann keine einzige unsichtbare Haarnadel sehen!«

»Bitte, pudere meinen Rücken, sei so lieb!« rief eine andre.

»Aber ich muß unbedingt Nadel und Faden haben!« jammerte eine dritte. »Ich hab' mir ein meilenlanges Ende von meinem Volant abgerissen!«

Dann hieß es: »Weitergeben! Weitergeben!« Das Körbchen mit den Tanzkarten ging von Hand zu Hand. Süße, kleine, rosasilberne Tanzkarten mit rosa Bleistift und flauschigen Quasten. Leilas Finger zitterten, als sie eine aus dem Körbchen nahm. Am liebsten hätte sie jemand gefragt: ›Ist eine davon für mich bestimmt?‹, aber sie hatte nur Zeit, um zu lesen: 3. Walzer: ›Ich und du im Kanu‹, 4. Polka: ›Daß die Federn fliegen!‹, da rief Meg schon: »Fertig, Leila?«, und sie zwängten sich durch das Gedränge im Korridor zu den großen Flügeltüren des Saals.

Es wurde noch nicht getanzt, aber die Kapelle hatte mit dem Stimmen aufgehört, und das allgemeine Stimmengewirr war so stark, daß man glauben konnte, man würde die Musik überhaupt nicht hören, wenn sie einmal anfinge.

Leila hielt sich dicht an Meg, blickte ihr über die Schulter und dachte, daß sogar die flatternden bunten Wimpel, die quer über den Saal gespannt waren, miteinander schwatzten. Sie vergaß ganz, scheu zu sein, und dann fiel ihr ein, wie sie sich zu Hause beim Ankleiden aufs Bett gesetzt hatte, mit nur einem Schuh an, und ihre Mutter angefleht hatte, die Kusinen anzurufen und zu sagen, sie könne nun doch nicht mitkommen. Und vergessen war der glühende Wunsch, auf der Veranda ihres einsamen Landhauses zu sitzen und den Eulenbabies zuzuhören, wenn sie im Mondschein ›Horch, horch!‹ riefen – vergessen und umgewandelt in einen so glühenden Überschwang von Freude, daß es allein kaum zu ertragen war. Sie umklammerte ihren Fächer, und während sie auf die schimmernde, goldene Tanzfläche blickte und auf die Azaleen und Laternen, auf das Podium mit dem roten Teppich und den vergoldeten Stühlen am Ende des Saals und auf die Kapelle in einer Ecke, dachte sie: ›Wie himmlisch! Einfach himmlisch!‹ Die Mädchen standen alle in einer Gruppe links von den Flügeltüren, die Herren rechts davon, und die Anstandswauwaus in ihren dunklen Kleidern gingen töricht lächelnd mit kleinen, zaghaften Schrittchen über den gebohnerten Boden und zum Podium.

»Das hier ist Leila, meine kleine Kusine vom Land. Sei nett zu ihr! Besorge ihr Tänzer! Sie steht unter meinen Fittichen!« sagte Meg und stellte sie einem Mädchen nach dem andern vor.

Fremde Gesichter lächelten Leila an – liebenswürdig und gedankenlos. Fremde Stimmen antworteten: »Natürlich, gerne!« Aber Leila kam es so vor, als sähen die Mädchen sie gar nicht. Sie blickten alle zu den Herren hinüber. Warum setzten die Herren sich nicht in Bewegung? Worauf warteten sie? Sie standen da drüben herum, zogen ihre Handschuhe glatt, betupften ihr glänzendes Haar und lächelten untereinander. Dann plötzlich, als wäre ihnen soeben in den Sinn gekommen, was sie längst hätten tun sollen, glitten sie übers Parkett heran. Auf der Mädchenseite entstand ein fröhliches Geflatter. Ein großer blonder Herr eilte auf Meg zu, griff nach ihrer Tanzkarte und kritzelte etwas hinein; Meg reichte ihn an Leila weiter. »Darf ich um das Vergnügen bitten?« Er dienerte und lächelte. Ein dunkelhaariger Mann mit einem Monokel kam, dann Leilas Cousin Laurie mit einem Freund und Laura mit einem sommersprossigen jungen Bürschlein, dessen weiße Halsbinde verrutscht war. Dann erschien ein ziemlich alter Herr, ein dicker, mit einer großen kahlen Stelle auf dem Kopf, nahm ihre Tanzkarte und murmelte: »Woll'n mal nachsehen! Woll'n mal nachsehen!« Und er brauchte eine Ewigkeit, um seine Karte, die schon schwarz von all den Namen war, mit der ihren zu vergleichen. Es schien ihm so viel Mühe zu machen, daß Leila ganz beschämt war. »Oh, lassen Sie doch!« sagte sie hilfsbereit. Aber statt einer Antwort trug der Herr sich ein und sah dann zu ihr auf. »Erkenne ich's, das strahlende Gesichtchen?« sagte er weich. »Ist's mir von einstens nicht bekannt?« Im gleichen Augenblick setzte die Kapelle ein, und der dicke Herr war weg. Er wurde von einer großen Woge Musik fortgespült, die über das schimmernde Parkett flutete und die Gruppen in Paare aufspaltete und sie zerstreute und herumkreiselte.

Leila hatte im Schulheim tanzen gelernt. Jeden Samstagnachmittag wurden die Heimschülerinnen in den kleinen, mit Wellblech gedeckten Missionssaal geführt, wo Miss Eccles (aus London, bitte!) ihren ›exklusiven‹ Tanzunterricht erteilte. Doch der Unterschied zwischen dem verstaubt riechenden Missionssaal – wo Bibelsprüche an den Wänden hingen und ein verängstigtes, armes Weiblein in brauner Samttoque mit Kaninchenohren das eiskalte Klavier bearbeitete und Miss Eccles mit ihrem langen weißen Zeigestock gegen die Mädchenfüße stieß – und dem Saal hier war so ungeheuer, daß Leila glaubte, sie würde mindestens sterben oder ohnmächtig werden oder die Arme heben und durch eines der dunklen Fenster vor dem Sternhimmel fliegen, falls ihr Tanzpartner nicht käme und sie ganz allein die wundervolle Musik anhören und den andern Mädchen zuschauen müßte, die über den goldenen Fußboden schwebten und glitten.

»Ich glaube, das ist unser Tanz…« Jemand verbeugte sich, lächelte und bot ihr seinen Arm: sie brauchte also nicht zu sterben! Eine Hand hielt ihre Taille, und sie schwebte von dannen wie eine Blüte, die in einen Teich geworfen wurde.

»Ganz nette Tanzfläche, nicht?« näselte eine leise Stimme nah an ihrem Ohr.

»Wundervoll glitschig«, sagte Leila.

»Wie bitte?« Die leise Stimme war anscheinend überrascht.

Leila wiederholte es, und eine kleine Pause entstand, ehe die Stimme bestätigte: »Hm, ja«, und sie wieder herumgeschwungen wurde.

Er konnte großartig führen. Das war der Unterschied, wenn man mit Herren tanzte, dachte Leila. Mädchen stießen immer gegen andre, oder sie traten einander auf die Füße, und das Mädchen, das als Herr tanzte, packte einen viel zu fest.

Die Azaleen waren nicht länger einzelne Blüten: sie

waren zu rosa und weißen Flaggen geworden, die an einem vorbeiströmten.

»Waren Sie vorige Woche bei den Bells?« fragte die Stimme wieder. Sie klang müde. Leila überlegte, ob sie ihm anbieten solle, lieber aufzuhören.

»Nein – das ist hier mein erster Ball«, sagte sie.

Ihr Partner stieß ein unterdrücktes kleines Lachen aus. »Nein, so etwas!« protestierte er.

»Doch, es ist wirklich der erste Ball, den ich jemals mitgemacht habe!« beteuerte Leila eifrig. Sie empfand es wie eine Erlösung, es jemand erzählen zu können. »Ich habe nämlich bis jetzt mein ganzes Leben auf dem Lande gewohnt...«

Die Musik brach ab, und sie setzten sich auf zwei Stühle an der Wand. Leila zog ihre rosa Atlasschuhe unter den Sitz und fächelte sich, während sie glückselig den anderen Paaren nachsah, die vorbeigingen oder zwischen den Flügeltüren verschwanden.

»Gefällt es dir, Leila?« fragte Jose und nickte Leila mit ihrem goldblonden Kopf zu.

Auch Laura kam vorbei und zwinkerte ihr ein ganz klein wenig zu, so daß Leila sich einen Augenblick fragte, ob sie schon richtig erwachsen sei. Ihr Tanzpartner sagte bestimmt nicht viel. Er hustete, steckte sein Taschentuch weg, zog an seiner Weste und nahm ein winziges Fädchen von seinem Ärmel. Aber es machte nichts. Die Musik setzte fast sofort wieder ein, und ihr nächster Partner schien geradezu vom Himmel gefallen zu sein.

»Ganz nette Tanzfläche, nicht?« sagte die neue Stimme. Fingen sie immer mit dem Fußboden an? Und schon ging es weiter: »Waren Sie am Dienstag bei den Neaves?« Und wieder erklärte es Leila. Vielleicht war es ein bißchen seltsam, daß ihre Partner es nicht interessant fanden. Denn es war doch so aufregend! Ihr erster Ball! Sie stand erst am Anfang von allem, was folgen würde. Ihr kam es so vor, als hätte sie nie gewußt, wie die Nacht eigentlich war. Bis jetzt war sie dunkel und stumm gewesen, oft sehr schön, o ja, aber auch etwas traurig. Feierlich. So würde die Nacht nie wieder sein: sie hatte sich in ihrer strahlenden Helle gezeigt.

»Möchten Sie ein Eis?« fragte ihr Partner. Sie gingen durch die Drehtüren, den Korridor entlang und zum Buffet. Ihre Wangen glühten; sie war furchtbar durstig. Wie reizend das Eis auf den kleinen Glastellern aussah, und wie kalt der angelaufene Löffel aussah – wie geeist! Und als sie in den Tanzsaal zurückkehrten, stand der dicke Mann an der Tür und wartete schon auf sie. Es gab ihr einen richtigen Schock, als sie wieder sah, wie alt er war. Er hätte bei den Vätern und Müttern auf dem Podium sitzen sollen. Als Leila ihn mit ihren anderen Tanzpartnern verglich, sah er geradezu schäbig aus. Seine Weste war zerknüllt, an seinem Handschuh fehlte ein Knopf, und sein Frack sah wie von Talkpuder bestäubt aus.

»Kommen Sie, kleine Dame!« sagte der Dicke. Er bemühte sich kaum, sie festzuhalten, und sie bewegten sich so traumhaft, es war eher ein Gehen als ein Tanzen. Doch vom Fußboden sagte er kein Wort. »Ihr erster Ball, nicht wahr?« murmelte er.

»Woher wissen Sie das?«

»Ach«, sagte der Dicke, »das kommt davon, wenn man alt ist.« Er schnaufte ein bißchen, als er sie an einem ungeschickten Paar vorbeisteuerte. »So etwas wie das hier habe ich nämlich schon seit dreißig Jahren getan.«

»Seit dreißig Jahren?« rief Leila. Das war zwölf Jahre, bevor sie geboren war!

»Ein fast unerträglicher Gedanke, nicht wahr!« meinte der dicke Mann düster. Leila blickte auf seinen kahlen Kopf, und sie empfand aufrichtiges Mitleid.

»Ich finde es bewundernswert, daß Sie immer noch auf der Höhe sind!« sagte sie freundlich.

»Sehr gütig, kleine Dame«, erwiderte er, drückte sie etwas fester an sich und summte einen Walzertakt mit. »Sie allerdings«, fuhr er fort, »dürfen nicht erwarten, daß Sie auch nur halbwegs so lange durchhalten! Nein, schon lange vorher werden Sie in Ihrem guten Schwarzsamtenen da oben auf dem Podium sitzen und zuschauen. Ihre schönen Arme werden sich in kurze, dicke Arme verwandelt haben, und wenn Sie den Takt mitschlagen, dann mit einem ganz andern Fächer: mit einem aus schwarzem Ebenholz!« Er schien zu erschauern. »Und Sie werden andauernd lächeln, wie die armen guten Seelen da oben, und auf Ihre Tochter deuten und der ältlichen Dame neben Ihnen erzählen, daß ein abscheulicher Mann auf dem Klubball sie küssen wollte. Und Ihnen wird ganz weh ums Herz, ganz weh« – der dicke Mann drückte sie noch fester an sich, als bemitleide er das arme Herz –, »weil jetzt niemand mehr sie küssen will. Und Sie werden sagen, wie unangenehm es sich auf den gebohnerten Böden gehen läßt, und wie gefährlich sie sind. Stimmt's, Mademoiselle Leichtfuß?« fragte er weich.

Leila lachte ein bißchen, aber es war ihr gar nicht nach Lachen zumute. War das, was er da sagte, wahr? Konnte es wahr sein? Es klang schrecklich wahr. War also ihr erster Ball im Grunde nur der Anfang zu ihrem letzten Ball? Auf einmal schien die Musik anders zu klingen – sie klang traurig, sehr traurig, sie schien zu einem großen Seufzer anzusetzen. Oh, wie schnell sich alles ändern konnte! Warum dauerte das Glück nicht ewig? Ewig war durchaus nicht zu lange.

»Ich möchte aufhören!« sagte sie mit erstickter Stimme. Der dicke Mann führte sie an die Tür.

»Nein«, sagte sie, »ich will nicht hinausgehen. Ich will mich auch nicht setzen. Ich möchte einfach hier stehen, danke!« Sie lehnte sich an die Wand, stampfte mit dem Fuß auf, zog die Handschuhe hoch und versuchte zu lächeln. Doch im innersten Herzen warf sich ein kleines Mädchen die Schürze über den Kopf und weinte jämmerlich. Weshalb hatte er alles verdorben?

»Aber hören Sie mal, kleine Dame«, sagte der dicke Mann, »Sie müssen mich doch nicht ernstnehmen!«

»Tu ich ja gar nicht!« erwiderte Leila, warf ihr dunkles Köpfchen auf und nagte an ihrer Unterlippe...

Wieder promenierten die Paare an ihr vorbei. Die Drehtüren flogen auf und zu. Jetzt verteilte der Kapellmeister neue Noten. Aber Leila mochte nicht mehr tanzen. Sie sehnte sich, zu Hause zu sein und auf der Veranda zu sitzen und den Eulenbabies zuzuhören. Als sie durch die dunklen Fenster zu den Sternen aufblickte, hatten sie lange Strahlen – wie Flügel...

Aber dann begann eine sanfte, schmelzende, betörende Melodie, und ein junger Mann mit krausem Haar verbeugte sich vor ihr. Aus Höflichkeit würde sie tanzen müssen, wenigstens, bis sie Meg fand.

Sehr steif ging sie bis in die Saalmitte; sehr hochmütig legte sie ihre Hand auf seinen Ärmel. Aber schon nach einer Minute, nach einer Drehung, schwebten ihre Füße nur so dahin. Die Lichter, die Azaleen, die Kleider, die rosigen Gesichter, die Samtsessel – alles wurde zu einem einzigen, herrlich kreiselnden Rad. Und als ihr nächster Tanzpartner mit ihr gegen den dicken Mann stieß, der daraufhin »Pardon!« sagte, lächelte sie strahlender denn je zu ihm hinüber. Sie erkannte ihn nicht einmal.

Die Singstunde

Voller Verzweiflung – voll grimmiger, kalter Verzweiflung, die sie wie ein niederträchtiges Messer tief im Herzen vergraben hatte, ging Miss Meadows in Barett und Talar, in der Hand einen kleinen Stab, durch die kalten Korridore, die zum Musiksaal führten. Mädchen aller Altersstufen hasteten, hüpften und liefen an ihr vorbei, Mädchen mit von der Luft geröteten Wangen, übersprudelnd von der fröhlichen Erregung, die das rasche Zurschulegehen an einem schönen Herbstmorgen verursacht; aus den hallenden Klassenzimmern drang ein lärmendes Stimmengeschnatter; eine Klingel schrillte; eine Stimme piepste wie ein Vogel: »Muriel!« Und dann kam von der Treppe her ein fürchterliches Gepolter: ›Bum-bum-bum-bum!‹ Jemand hatte eine Hantel fallen lassen. Die Naturgeschichtslehrerin vertrat Miss Meadows den Weg. »Gu-ten Morgen!« rief sie mit ihrer süßlich näselnden, gezierten Stimme. »Wie kalt es ist, nicht wahr? Wie im Winter!«

Miss Meadows, das Messer im Herzen, starrte die Naturgeschichtslehrerin voller Abscheu an. Alles an ihr war süßlich und blaß – wie Honig! Man wäre nicht verwundert gewesen, hätte man eine Biene gesehen, die sich in dem Gewirr honiggelber Haare verfangen hatte.

»Ja, etwas frisch«, antwortete Miss Meadows unnachgiebig. Die andere Lehrerin lächelte ihr zuckersüßes Lächeln.

»Sie sehen ver-froren aus!« sagte sie. Ihre blauen Augen wurden größer, und spöttische Funken blitzten in ihnen auf. (›Hatte sie etwas gemerkt?‹)

»Ach, so schlimm ist es auch wieder nicht«, sagte Miss Meadows, bedachte die andere, zum Dank für ihr Lächeln, mit einer kleinen Grimasse und ging rasch weiter...

Im Musiksaal waren die vierte, die fünfte und die sechste Klasse versammelt. Der Lärm war ohrenbetäubend. Auf dem Podium neben dem Flügel stand Mary Beazley, Miss Meadows Lieblingsschülerin, die immer die Begleitung spielte. Sie drehte den Klavierhocker höher. Als sie Miss Meadows sah, rief sie laut und warnend: »Ru-he! Scht!«, und Miss Meadows, die Hände in den Talarärmeln, den Taktstock unter den Arm geklemmt, schritt durch den Mittelgang, stieg die Stufen hinauf, drehte sich heftig um, packte den Messingnotenständer, pflanzte ihn vor sich auf und klopfte, Ruhe heischend, zweimal kräftig mit dem Stöckchen auf.

»Ruhe bitte! Sofort!«, und ohne jemand ins Auge zu fassen, glitt ihr Blick über das Meer bunter Flanellblusen, die auf- und abhüpfenden rosigen Gesichter und Hände, das Geflatter der Schmetterlingshaarschleifen und die geöffneten Notenhefte. Sie wußte genau, was sie alle dachten: ›Meady ist heut in Fahrt!‹ Mochten sie! Ihre Augenlider zitterten, und sie warf trotzig den Kopf in den Nacken. Was konnten die Gedanken dieser Kinder jemandem bedeuten, der mit blutendem Herzen dastand, zu Tode getroffen, mitten ins Herz getroffen von so einem Brief: »...ich spüre immer mehr, daß unsre Heirat ein Irrtum wäre! Nicht etwa, daß ich dich nicht liebe – ich liebe dich, so sehr es mir überhaupt möglich ist, eine Frau zu lieben –, aber offen gestanden bin ich zu der Überzeugung gekommen, daß ich nicht zum Ehemann tauge, und der Gedanke, mich zu binden, erfüllt mich mit nichts als –«, das Wort ›Widerwillen‹ war flüchtig ausradiert, und ›Reue‹ war drübergeschrieben.

171

Basil! Miss Meadows ging steifbeinig zum Flügel hinüber. Und Mary Beazley, die auf diesen Moment gewartet hatte, beugte sich vor. Die Locken fielen ihr über die Wangen, während sie »Guten Morgen, Miss Meadows!« flüsterte und ihrer Lehrerin eine wunderschöne gelbe Chrysantheme nicht gerade überreichte, sondern eher darauf hinwies. Das kleine Blumenritual war schon ewig lange ausgeübt worden – fast seit anderthalb Semestern. Es gehörte ebenso zur Unterrichtsstunde wie das Öffnen des Flügels. Doch heute – statt die Blume zu nehmen, sie sich in den Gürtel zu stecken und Mary zuzuflüstern: ›Danke, Mary! Wie reizend! Schlage Seite zweiunddreißig auf!‹ – heute übersah Miss Meadows zu Marys Entsetzen die Chrysantheme absichtlich und grüßte auch nicht, sondern sagte nur mit eisiger Stimme: »Bitte Seite vierzehn, und achte auf die Akzentzeichen!« Es war ein erschütternder Augenblick! Mary wurde rot, und die Tränen schossen ihr in die Augen, Miss Meadows aber war zum Notenpult zurückgegangen, und ihre Stimme schallte durch den Musiksaal.

»Seite vierzehn. Wir fangen mit Seite vierzehn an. ›Eine Klage‹. Ihr solltet es jetzt schon gut können. Wir wollen es einmal durchgehen – alle zusammen, noch nicht mehrstimmig. Und ohne Ausdruck. Also ganz schlicht, und mit der Linken den Takt angebend.« Sie hob den Taktstock; sie schlug ihn zweimal gegen das Notenpult. Schon sanken Marys Hände nieder, um den ersten Akkord anzuschlagen, schon sanken all die linken Hände, den Takt angebend, nieder, und nun fielen die jungen, klagenden Stimmen ein:

Rasch wie die Rosen vergehn unsre Freuden,
Bald weicht der Herbst vor des Winters Macht.

Traurig, ach traurig, wenn Herzen sich scheiden,
Fröhliche Klänge versinken in Nacht.

Großer Gott, was konnte tragischer sein als dieses Klagelied! Jede Note war ein Seufzen, ein Schluchzen, ein Aufstöhnen in furchtbarer Traurigkeit. Miss Meadows hob die Arme in dem weiten Talar und begann mit beiden Händen zu dirigieren. ›...ich spüre immer mehr, daß unsre Heirat ein Irrtum wäre...‹, sagten ihre Hände. Und die Stimmen jammerten: *traurig, ach traurig!* Was konnte nur in ihn gefahren sein, so einen Brief zu schreiben? Was konnte den Anstoß gegeben haben? Nichts! Er kam aus heiterem Himmel. Sein letzter Brief hatte nur von einem Bücherschrank in Mooreiche gehandelt, den er für ›unsere‹ Bücher gekauft hatte, und von einem ›schmucken kleinen Garderobenständer‹, den er gesehen hatte, ›ein sehr praktisches Ding mit einer geschnitzten Eule auf einer Konsole, die drei Hutbürsten in ihren Fängen hält‹. Wie sie darüber gelächelt hatte! Zu glauben, daß man mehr als eine Hutbürste brauchen könne, sah einem Mann so ähnlich! *Versinken in Nacht,* sangen die Stimmen.

»Noch einmal!« gebot Miss Meadows. »Doch diesmal mehrstimmig! Auch wieder ohne Ausdruck!« *Rasch wie die Rosen...* Sowie die dunklen Altstimmen mitsangen, überlief es einen kalt. *Vergehn unsre Freuden.* Als Basil sie das letztemal besuchte, hatte er eine Rose im Knopfloch getragen. Wie hübsch er in dem hellen blauen Anzug mit der dunkelroten Rose ausgesehen hatte! Aber er wußte es auch, mußte es ja wohl wissen. Zuerst strich er sich übers Haar, dann über den Schnurrbart. Wenn er lächelte, blitzten seine Zähne.

»Die Frau unsres Schulvorstehers lädt mich ständig zum

173

Essen ein. Allmählich wird es mir lästig. Ich habe nie mehr einen Abend für mich.«

»Kannst du denn nicht ablehnen?«

»Bei meiner Stellung im Schulheim darf ich mich nicht unbeliebt machen, verstehst du?«

Wenn Herzen sich scheiden, klagten die Stimmen. Die Weiden vor den hohen, schmalen Fenstern wehten im Wind. Sie hatten ihre Blätter schon zur Hälfte verloren. Die kleineren Blättchen, die sich noch anklammerten, zappelten wie Fische an der Angel. ›... daß ich nicht zum Ehemann tauge...‹ Die Stimmen verstummten; der Flügel wartete.

»Ziemlich gut«, sagte Miss Meadows, aber noch immer mit einer so seltsamen, versteinerten Stimme, daß die jüngeren Mädchen es buchstäblich mit der Angst bekamen. »Jetzt, wo wir es kennen, wollen wir es mit Ausdruck singen. Soviel Ausdruck ihr irgend hineinlegen könnt! Denkt an die Worte, Kinder! Beweist, daß ihr Phantasie habt! *Rasch wie die Rosen vergehn unsre Freuden*!« rief Miss Meadows. »Das sollte in einem lauten, betonten *forte* aufklingen, in einer Klage! Und dann in der zweiten Zeile *vor des Winters Macht* – das muß so tönen, als pfiffe ein eisiger Wind hindurch!« *Wi-in-ters* sprach sie so unheimlich aus, daß es Mary Beazley auf ihrem Klavierhocker kalt das Rückgrat hinunterlief. »Die dritte Zeile sollte ein einziges Crescendo sein. *Traurig, ach traurig, wenn Herzen sich scheiden.* Nach den ersten beiden Worten *Fröhliche Klänge* müßt ihr pausieren. Und dann, beim Wort *versinken*, müssen die Stimmen leiser werden, ersterben... bis das *in Nacht* nur noch ein Hauch ist. Die letzte Zeile könnt ihr langsamer nehmen, beinah so langsam wie ihr wollt. Also bitte!«

Wieder zwei leichte Schläge mit dem Taktstock; wieder

174

hob sie die Arme... *vergehn unsre Freuden.* ›...und der Gedanke, mich zu binden, erfüllt mich mit nichts als Widerwillen.‹ Doch, Widerwillen hatte er geschrieben. Das war ja genauso, als hätte er gesagt, die Verlobung sei endgültig aufgehoben! Aufgehoben! Ihre Verlobung! Die Leute hatten schon genug gestaunt, als sie sich verlobt hatte. Die Naturgeschichtslehrerin wollte es zuerst überhaupt nicht glauben. Aber niemand hätte erstaunter sein können als sie selbst. Sie war dreißig. Basil war fünfundzwanzig. Es war ein Wunder gewesen, das reinste Wunder, ihn an jenem dunklen Abend, als sie von der Kirche nach Hause gingen, sagen zu hören: ›Ich weiß nicht, wieso, aber ich habe Sie von Tag zu Tag lieber!‹ Und dabei hatte er den Zipfel ihrer Straußfederboa festgehalten. *Versinken...in...Nacht.*

»Noch einmal, von vorn, von vorn!« rief Miss Meadows. »Mehr Ausdruck, Kinder! Noch einmal!«

Rasch wie die Rosen vergehn unsre Freuden... Die älteren Mädchen waren rot geworden; von den jüngeren waren einige dem Weinen nahe. Der Regen klatschte in dicken Tropfen gegen die Fensterscheiben, und die Weidenzweige schienen zu tuscheln: ›...nicht etwa, daß ich dich nicht liebe...‹ ›Ach, mein Liebster, wenn du mich liebst‹, dachte Miss Meadows, ›ist's mir einerlei, wie sehr du mich liebst. Liebe mich, soviel oder sowenig du magst!‹ Aber sie wußte, daß er sie nicht liebte. Er hatte sich nicht einmal bemüht, das Wörtchen ›Widerwillen‹ wenigstens so gründlich auszuradieren, daß sie es nicht mehr lesen konnte. *Bald weicht der Herbst vor des Winters Macht.* Sie würde von der Schule abgehen müssen! Wurde es einmal bekannt, dann konnte sie der Naturgeschichtslehrerin oder den Mädchen bestimmt nicht mehr ins Gesicht blicken. Sie würde irgendwo untertauchen müssen. *Versinken... in Nacht.*

175

Die Stimmen wurden leiser, erstarben – waren nur noch ein Hauch...

Plötzlich ging die Tür auf. Ein kleines Mädchen in Blau kam zimperlich den Mittelgang herauf, ließ den Kopf hängen, biß sich auf die Lippe und drehte das silberne Armband an ihrem kleinen roten Handgelenk herum. Sie klomm die Stufen hinauf und stellte sich vor Miss Meadows hin.

»Oh, Monica! Was gibt's denn?«

»Miss Meadows, bitte«, leierte die Kleine atemlos hervor, »Sie möchten zu Miss Wyatt ins Zimmer der Vorsteherin kommen.«

»Ja, gut«, sagte Miss Meadows. Und den Mädchen rief sie zu: »Ich verlasse mich auf euren Anstand, daß ihr leise sprecht, solange ich abwesend bin.« Aber sie waren zu bedrückt, um überhaupt etwas zu sagen. Die meisten putzten sich geräuschvoll die Nase.

In den Korridoren war es still und kalt; sie hallten von Miss Meadows eiligen Schritten wider. Die Schulvorsteherin saß an ihrem Schreibtisch. Sie blickte nicht gleich auf. Ihre Brille hatte sich, wie meistens, in ihrem Spitzenjabot verheddert. Dann sagte sie sehr freundlich: »Nehmen Sie Platz, Miss Meadows!« Sie hob einen länglichen Umschlag von ihrer Schreibunterlage auf. »Ich habe Sie rufen lassen, weil das Telegramm hier für Sie eingetroffen ist!«

»Ein Telegramm... für mich, Miss Wyatt?«

›Basil! Er hatte Selbstmord begangen‹, war Miss Meadows erster Gedanke. Schnell streckte sie die Hand aus, aber Miss Wyatt behielt das Telegramm noch einen Augenblick in der Hand. »Hoffentlich sind es keine schlechten Nachrichten«, sagte sie nicht weniger freundlich. Dann riß Miss Meadows den Umschlag auf.

176

›Beachte den Brief nicht muß verrückt gewesen sein habe heute Flurgarderobe gekauft Basil.‹

Sie verschlang des Telegramm mit den Augen.

»Hoffentlich ist es nichts Ernstes?« fragte Miss Wyatt und beugte sich vor.

»O nein, vielen Dank, Miss Wyatt«, stammelte Miss Meadows, »im Gegenteil. Es ist« – Wie zur Entschuldigung stieß sie ein kleines Lachen aus. »Es ist von meinem Verlobten, und er sagt, daß er... daß er...« Eine hörbare Pause entstand. »Ach sooo!« sagte Miss Wyatt. Noch eine Pause. Dann sagte sie: »Sie haben noch eine Viertelstunde zu unterrichten, nicht wahr, Miss Meadows?«

»Ja, Miss Wyatt.« Sie sprang auf. Sie rannte fast und war schon an der Tür.

»Oh, eine Minute, Miss Meadows«, sagte Miss Wyatt. »Ich möchte doch betonen, daß ich es nicht gern sehe, wenn meine Lehrerinnen während der Unterrichtsstunden Telegramme erhalten, es sei denn im Falle von sehr schlechten Nachrichten, wie einem Todesfall«, erklärte Miss Wyatt, »oder bei sehr ernsten Unfällen und dergleichen. Gute Nachrichten können nämlich warten, Miss Meadows!«

Auf Flügeln der Hoffnung, der Liebe, der Freude eilte Miss Meadows in den Musiksaal zurück, durch den Mittelgang, und die Stufen hinauf und zum Flügel.

»Seite zweiunddreißig, Mary«, sagte sie. »Seite zweiunddreißig«, und nun hob sie die gelbe Chrysantheme auf und hielt sie an die Lippen, um ihr Lächeln zu verbergen. Dann wandte sie sich zu den Mädchen um und klopfte mit ihrem Taktstock: »Seite zweiunddreißig, Kinder! Seite zweiunddreißig!«

177

»Wir kommen heut her, mit Blumen beladen,
mit Körben voll Obst und mit Bändern bunt,
um Glück zu wünschen der...«

»Halt! Halt!« rief Miss Meadows. »Ist ja gräßlich! Ist ja furchtbar!« Und sie lachte die Mädchen strahlend an. »Was ist nur los mit euch, Kinder? Denkt doch, denkt, was ihr da singt! Strengt eure Phantasie an! *Mit Blumen beladen!* *Mit Körben voll Obst und mit Bändern bunt!* Und dann noch: *Um Glück zu wünschen...* Miss Meadows unterbrach sich. »Schaut nicht so trübselig drein, Kinder! Es muß warm und fröhlich und beschwingt klingen! *Um Glück zu wünschen!* Noch mal! Rasch! Alle zusammen! Jetzt!«

Und diesmal übertönte Miss Meadows Stimme alle andern Stimmen – leidenschaftlich und innig und mit glühender Wärme im Ausdruck.

Das Puppenhaus

Als die liebe alte Mrs. Hay nach ihrem Aufenthalt bei den Burnells in die Stadt zurückkehrte, schickte sie den Kindern ein Puppenhaus. Es war so groß, daß der Fuhrmann und Pat es in den Hof trugen, und dort blieb es stehen, abgestellt auf zwei Holzkisten neben der Tür zur Futterkammer. Dort konnte es keinen Schaden nehmen, denn es war Sommer. Und vielleicht würde sich der Geruch verloren haben, wenn die Zeit kam, es hereinzuholen. Denn wirklich, der Geruch nach Farbe, der von diesem Puppenhaus ausströmte (›Reizend von der alten Mrs. Hay natürlich, ganz reizend und großzügig‹), aber der Geruch nach Farbe war nach Tante Beryls Ansicht genug, um jedermann ernstlich krank zu machen. Schon bevor die Sackleinwand heruntergenommen war. Und erst, als sie ab war . . .

Da stand das Puppenhaus, ein dunkles, öliges Spinatgrün, hellgelb abgesetzt. Seine beiden massiven, aufs Dach geklebten kleinen Schornsteine waren rot und weiß bemalt, und die Tür, glänzend gelb lackiert, glich einem Stück Karamel. Vier Fenster, richtige Fenster, wurden durch breite grüne Streifen in Scheiben unterteilt. Eine winzige Veranda war auch da, tatsächlich, gelb gestrichen, mit großen, eingetrockneten Farbtropfen, die über den Rand hingen.

Trotzdem: ein makelloses kleines Haus! Wer könnte sich wohl an dem Geruch stören? Er war ein Teil der Freude, ein Teil des Neuen!

»Schnell, mach's noch mal einer auf!«

Der Haken an der Seite war verklemmt. Pat stemmte ihn

mit seinem Taschenmesser auf, und die ganze Hausfront klappte auf und – da stand man nun und schaute in ein und demselben Augenblick in den Salon und ins Eßzimmer, in die Küche und die beiden Schlafzimmer. So sollte sich jedes Haus öffnen! Warum öffneten sich nicht alle Häuser ebenso? Wieviel aufregender, als durch einen Türspalt auf einen armseligen kleinen Flur mit Hutständer und zwei Schirmen zu spähen! Das ist es, was man gern über ein Haus wissen möchte, nicht wahr, wenn man die Hand auf den Türklopfer legt? Vielleicht ist das die Art und Weise, wie Gott mitten in der Nacht die Häuser öffnet, wenn ER mit einem Engel einen ruhigen Rundgang unternimmt ...

»Oh-oh!« Es klang, als wären Burnells Kinder verzweifelt. Es war zu wunderbar, es war zuviel für sie. Nie im Leben hatten sie etwas dergleichen gesehen. Alle Zimmer waren tapeziert. Bilder waren an den Wänden, auf die Tapete gemalte, komplett mit Goldrahmen. Ein roter Teppich bedeckte alle Böden mit Ausnahme der Küche; rote Plüschsessel im Salon, grüne im Eßzimmer; Tische, Betten mit richtigem Bettzeug, eine Wiege, ein Ofen, eine Anrichte mit winzigen Tellern und einem großen Krug. Was Kezia jedoch am meisten gefiel, was sie mehr als alles andre liebte, das war die Lampe. Sie stand mitten auf dem Eßzimmertisch, eine kostbare, kleine bernsteingelbe Lampe mit einer weißen Glocke. Sie war sogar gefüllt, fixfertig zum Anzünden, obwohl man sie natürlich nicht anzünden konnte. Aber innen war etwas, das wie Petroleum aussah und sich bewegte, wenn man es schüttelte.

Puppenvater und Puppenmutter streckten sich im Salon so steif aus, als wären sie ohnmächtig geworden, und ihre beiden kleinen Kinder, die im oberen Stockwerk schliefen, waren eigentlich zu groß für das Puppenhaus. Sie sahen nicht so aus, als gehörten sie dazu. Doch die Lampe war einwandfrei. Sie schien Kezia anzulächeln und zu sagen: ›Ich wohne hier.‹ Die Lampe war echt.

Am nächsten Morgen konnten Burnells Kinder kaum schnell genug in die Schule gehen. Sie brannten darauf, es jedem zu erzählen, zu beschreiben und, hm, mit ihrem Puppenhaus zu prahlen, ehe die Schulglocke läutete.

»Ich erzähl's«, sagte Isabel, »weil ich die Älteste bin. Ihr zwei könnt später mitreden! Aber ich will es zuerst erzählen.«

Darauf ließ sich nichts erwidern. Isabel war herrschsüchtig, aber sie hatte immer recht, und Lottie und Kezia kannten zu gut die Vorrechte, die damit verbunden waren, wenn man die Älteste war.

Sie streiften durch die dichten Butterblumen am Straßenrand und sagten nichts.

»Und ich darf auch aussuchen, wer zuerst kommt und es anschaut! Mutter hat gesagt, ich darf!«

Denn es war abgemacht worden, daß sie, solange das Puppenhaus auf dem Hof stand, die Mädchen in der Schule auffordern durften, zum Anschauen zu kommen, immer zwei auf einmal. Natürlich nicht, um zum Tee zu bleiben oder durchs Haus zu trampeln, sondern um ruhig im Hof zu stehen, während Isabel auf die Schönheiten aufmerksam machte und Lottie und Kezia zufrieden aussahen ...

Aber wie sehr sie sich auch beeilten – als sie den geteerten Zaun am Spielplatz der Knaben erreicht hatten, begann die Glocke zu schrillen. Sie hatten gerade noch Zeit, ihre Hüte herunterzureißen und sich in Reih und Glied zu stellen, ehe die Namen aufgerufen wurden. Einerlei! Isabel versuchte es auszugleichen, indem sie sehr überlegen und geheimnisvoll dreinsah und den Mädchen neben sich hinter der vorgehaltenen Hand zuflüsterte: »Muß euch in der Pause was erzählen!«

Die Pause kam, und Isabel wurde umringt. Die Mädchen aus ihrer Klasse rauften sich beinah darum, den Arm um sie zu legen und mit ihr wegzugehen, schmeichelnd zu lächeln und ihre beste Freundin zu sein. Sie hielt förmlich Hof unter den hohen Kiefern am Rande des Spielplatzes. Die kleinen Mädchen drängten sich nah heran, stießen einander an und kicherten. Und die einzigen beiden, die außerhalb des Kreises standen, waren die zwei, die immer außerhalb standen: die kleinen Kelveys. Sie hüteten sich, den Burnells zu nahe zu kommen.

Es verhielt sich nämlich so, daß die Schule, die Burnells Kinder besuchten, durchaus nicht die Art Schule war, die ihre Eltern ausgesucht haben würden, hätten sie die Wahl gehabt. Aber sie hatten keine Wahl. Es war die einzige Schule auf Meilen in der Runde. Und die Folge war, daß alle Kinder der Nachbarschaft, die kleinen Mädchen des Richters, die Töchter des Doktors und die Kinder des Kaufmanns und des Milchmanns zwangsläufig miteinander Umgang hatten. Gar nicht davon zu reden, daß eine gleich große Anzahl derber, grober kleiner Jungen dabei war. Doch irgendwo mußte ein Strich gezogen werden. Er wurde bei den Kelveys gezogen. Viele Kinder einschließlich der Burnells durften nicht einmal mit ihnen sprechen. Sie gingen mit erhobenem Kopf an den Kelveys vorüber, und da sie in allem, was das Benehmen betraf, den Ton angaben, wurden die Kelveys von allen gemieden. Sogar die Lehrerin hatte einen besonderen Tonfall für sie und ein besonderes Lächeln für die andern Kindern, wenn Lil Kelvey mit einem Strauß furchtbar gewöhnlich aussehender Blumen zu ihr ans Pult trat.

Die kleinen Kelveys waren die Kinder einer munteren, schwer arbeitenden kleinen Waschfrau, die im Tagelohn von Haus zu Haus ging. Das war übel genug. Wo aber war Mr. Kelvey? Niemand wußte etwas Genaues. Doch es hieß, er sei im Gefängnis. Sie waren also die Töchter einer Waschfrau und eines Zuchthäuslers. Sehr netter Umgang für andrer Leute Kinder! Und sie sahen auch so aus. Weshalb Mrs. Kelvey sie so auffällig anzog, war schwer zu verstehen. Die Wahrheit war, daß sie in ›Abgelegtes‹ gekleidet waren, das ihr die Leute geschenkt hatten, für die sie arbeitete. Lil zum Beispiel, ein stämmiges, reizloses Kind mit großen Sommersprossen, kam in einem Kleid in die Schule, das aus einer grünen Kunststoffdecke der Familie Burnell und roten Plüschärmeln aus den Vorhängen der Familie Logan bestand. Ihr Hut, der oben über ihrer hohen Stirn thronte, war ein Hut für Erwachsene – einst das Eigentum der Postbeamtin, Miss Lecky. Er war hinten hochgeschlagen und mit einer großen, scharlachroten Feder verziert. Wie eine kleine Vogelscheuche sah sie aus! Es war unmöglich, nicht über sie zu lachen. Und ihre kleine Schwester, ›unsre Else‹, trug ein langes weißes Kleid, fast wie ein Nachthemd, und ein Paar Jungenstiefel. Aber was auch immer unsre Else trug, sie würde stets seltsam aussehen. Sie war ein winziges, engbrüstiges Kind mit kurzgeschorenem Haar und riesengroßen, ernsten Augen – eine kleine weiße Eule. Niemand hatte sie je lachen sehen; sie sprach kaum jemals. Sie ging durchs Leben, indem sie sich an Lil festhielt, einen Zipfel von Lils Rock in der Hand zusammenknüllend. Wohin Lil ging, folgte ihr unsre Else. Auf dem Spielplatz und auf der Straße zur und von der Schule marschierte Lil vorneweg, und unsre Else hielt sich hintendran. Nur wenn unsre Else etwas wollte oder außer Atem war, zog oder zupfte sie an Lils Rock, und Lil blieb stehen und drehte sich um. Die Kelveys hielten zusammen!

Jetzt lungerten sie am Außenrand herum; man konnte nicht verhindern, daß sie zuhörten. Als die kleinen Mädchen sich umdrehten und spöttisch lachten, setzte Lil, wie üblich, ihr albernes, verschämtes Lachen auf, unsre Else aber starrte nur.

Und Isabels Stimme fuhr sehr stolz zu erzählen fort. Der Teppich machte großen Eindruck, aber auch die Betten mit dem richtigen Bettzeug und der Herd mit der Tür an der Bratröhre.

Als sie fertig war, platzte Kezia los: »Du hast die Lampe vergessen, Isabel!«

»Oh ja«, sagte Isabel. »Und eine winzig kleine Lampe ist da, ganz aus gelbem Glas gemacht; mit einer weißen Glasglocke steht sie auf dem Eßzimmertisch. Man kann sie nicht von einer richtigen unterscheiden.«

»Die Lampe ist das schönste von allem!« rief Kezia. Sie fand, daß Isabel bei weitem nicht genug von der Lampe hermachte. Doch niemand achtete auf sie. Isabel wählte zwei Mädchen aus, die am Nachmittag mit ihnen kommen und das Puppenhaus anschauen sollten. Sie wählte Emmie Cole und Lena Logan. Und als die übrigen erfuhren, daß sie alle an die Reihe kommen sollten, konnten sie gar nicht nett genug zu Isabel sein. Eine nach der andern umarmte Isabel und zog sie mit sich fort. Sie mußten ihr etwas zuflüstern, ein Geheimnis. »Isabel ist meine Freundin!«

Nur die kleinen Kelveys gingen unbeachtet weg; für sie gab es nichts mehr zu hören.

Die Tage vergingen, und als immer mehr Kinder das Puppenhaus sahen, verbreitete sich sein Ruhm. Es wurde zum einzigen Gesprächsstoff, es war ›der letzte Schrei‹. Nur die eine Frage gab es: ›Hast du Burnells Puppenhaus gesehen? Oh, ist es nicht süß?‹ – ›Was, du hast es noch nicht gesehen? Also hör mal!‹

Sogar die Mittagspause benutzten sie, um darüber zu sprechen. Die kleinen Mädchen saßen unter den Kiefern und aßen ihre dick mit Hammelfleisch belegten Sandwiches und große, mit Butter bestrichene Scheiben Weißbrot, und immer saßen, so nah sie nur konnten, die Kelveys da, unsre Else sich an Lil festhaltend, und hörten ebenfalls zu, während sie ihr Marmeladenbrot aus einem Stück Zeitungspapier aßen, das von großen roten Klecksen aufgeweicht war.

»Mutter«, fragte Kezia, »kann ich die Kelveys auffordern, nur dies eine Mal?«

»Bestimmt nicht, Kezia!«

»Aber warum nicht?«

»Geh, Kezia; du weißt ganz gut, warum nicht.«

Schließlich hatten es alle gesehen, ausgenommen die beiden Kelveys. An jenem Tag erlahmte der Gesprächsstoff etwas. Es war während der Mittagspause. Die Kinder standen in einer Gruppe unter den Kiefern, und plötzlich, als sie die Kelveys erblickten, die wie immer abseits saßen und aus ihrem Zeitungspapier aßen, beschlossen sie, ekelhaft zu ihnen zu sein. Emmi Cole begann mit dem Getuschel.

»Lil Kelvey wird mal ein Dienstbolzen, wenn sie erwachsen ist!«

»Oh – oh! Wie furchtbar!« sagte Isabel Burnell und zwinkerte Emmie zu.

Emmie schluckte sehr bedeutungsvoll und nickte zu Isabel hinüber, wie sie es bei ähnlichen Gelegenheiten an ihrer Mutter beobachtet hatte.

»Es ist wahr – es ist wahr – es ist wahr«, sagte sie.

Dann zwinkerte Lena Logan mit ihren kleinen Augen. »Soll ich sie fragen?« flüsterte sie.

»Wetten, daß du's nicht tust?« sagte Jessie May.

»Pah, ich habe keine Angst«, sagte Lena. Plötzlich quietschte sie und tanzte vor den anderen Mädchen herum. »Gebt acht! Gebt auf mich acht!« rief Lena. Und schurrend und schlitternd und einen Fuß nach sich ziehend kicherte Lena hinter der vorgehaltenen Hand und ging zu den Kelveys.

Lil sah von ihrem Essen hoch. Schnell stopfte sie den Rest weg. Unsre Else hörte auf zu kauen. Was würde jetzt geschehen?

»Ist es wahr, daß du ein Dienstbolzen wirst, wenn du erwachsen bist, Lil Kelvey?« fragte Lena schrill.

Totenstille. Statt einer Antwort sah Lil sie nur mit ihrem albernen, verschämten Lächeln an. Sie schien die Frage überhaupt nicht übelzunehmen. Was für ein Reinfall für Lena! Die Mädchen begannen zu kichern.

Das konnte Lena nicht ertragen. Sie stemmte die Hände in die Seite und schoß vor: »Ätsch, dein Vater ist im Gefängnis«, zischte sie boshaft.

Es war so großartig, so etwas gesagt zu haben, daß die kleinen Mädchen allesamt furchtbar aufgeregt und ganz wild vor Freude davonstoben. Jemand fand einen langen Strick, und sie spielten Seilspringen. Und noch nie waren sie so hoch gesprungen, noch nie waren sie so schnell drunter durchgelaufen, und nie hatten sie so wagemutige Dinge unternommen wie an jenem Morgen.

Am Nachmittag holte Pat die Burnell-Kinder mit dem

Buggy ab, und sie fuhren nach Hause. Es waren Gäste da. Isabel und Lottie liebten es, wenn Gäste da waren, und sie gingen hinauf, um die Schürzen zu wechseln. Aber Kezia stahl sich zur Küchentür hinaus. Niemand war zu sehen. Sie begann, auf dem großen weißen Hoftor hin- und herzupendeln. Als sie die Straße entlangschaute, sah sie zwei Pünktchen. Sie wurden größer, sie kamen auf sie zu. Jetzt konnte sie sehen, daß eins vorneweg und das andre dicht dahinterging. Jetzt konnte sie sehen, daß es die Kelveys waren. Kezia hörte auf zu pendeln. Sie glitt vom Tor herunter, als wollte sie fortlaufen. Dann zögerte sie. Die Kelveys kamen näher, und neben ihnen ging – in die Länge gezogen – ihr Schatten und reichte quer über die Straße, so daß ihre Köpfe über die Butterblumen hüpften.

»Hallo!« rief sie den vorübergehenden Kelveys zu.

Sie waren so verdutzt, daß sie stehenblieben.

Lil setzte ihr albernes Lächeln auf.

Unsre Else starrte.

»Ihr könnt kommen und euch unser Puppenhaus ansehen, wenn ihr wollt«, sagte Kezia und schleifte einen Zeh über den Boden. Doch da wurde Lil rot und schüttelte entschieden den Kopf.

»Warum nicht?« fragte Kezia.

Lil schnaufte, dann sagte sie: »Deine Ma hat zu unsrer Ma gesagt, ihr sollt nicht mit uns sprechen.«

»Ach so«, sagte Kezia. Sie wußte nicht, was sie erwidern sollte. »Es macht nichts. Ihr könnt trotzdem kommen und unser Puppenhaus ansehen. Los! Niemand sieht's!«

Aber Lil schüttelte den Kopf noch heftiger.

»Möchtet ihr nicht?« fragte Kezia.

Plötzlich zupfte und zerrte es an Lils Rock. Sie dreht sich um. Unsre Else sah sie mit großen, flehenden Augen an; sie

187

hatte die Stirn kraus gezogen und wollte hineingehen. Einen Augenblick sah Lil unsre Else sehr unsicher an. Doch da zupfte unsre Else sie wieder am Rock. Sie machte ein paar Schritte.

Kezia ging voran. Wie zwei kleine streunende Katzen folgten sie ihr über den Hof dorthin, wo das Puppenhaus stand.

»Da ist es!« sagte Kezia.

Eine Pause entstand. Lil atmete laut, sie schnarchte fast; unsere Else war stumm wie ein Stein.

»Ich werde es für euch öffnen«, sagte Kezia freundlich. Sie machte den Haken auf, und sie schauten hinein.

»Hier ist der Salon, und hier ist das Eßzimmer, und das hier ist die...«

»Kezia!«

Oh, wie sie zusammenzuckten!

»Kezia!«

Es war Tante Beryls Stimme. Sie drehten sich um. In der Küchentür stand Tante Beryl und riß die Augen auf, als könne sie nicht glauben, was sie sah.

»Wie kannst du es wagen, die Kelveys in den Hof zu holen?« rief ihre kalte, zornige Stimme. »Du weißt so gut wie ich, daß ihr nicht mit ihnen sprechen sollt! Lauft weg, Kinder, lauft sofort weg! Und kommt nicht wieder her!« rief Tante Beryl. Und sie trat in den Hof und scheuchte sie hinaus, als wären sie Hühner.

»Schert euch sofort weg!« rief sie kalt und stolz.

Nicht nötig, es ihnen zweimal zu sagen. Lil glühte vor Scham, schrumpfte zusammen und huschelte wie ihre Mutter von dannen; unsre Else war benommen; irgendwie gelang es ihnen, den großen Hof zu überqueren und sich durch das weiße Tor zu zwängen.

»Du böses, ungehorsames Mädchen!« sagte Tante Beryl erbittert zu Kezia und schlug das Puppenhaus zu.

Ihr Nachmittag war schlecht gewesen. Ein Brief war von Willie Brent gekommen, ein entsetzlicher, bedrohlicher Brief, in dem es hieß, wenn sie ihn nicht am Abend in Pulmans Buschwald treffen würde, käme er an die Vordertür, um nach dem Grund zu fragen. Doch jetzt, nachdem sie die kleinen Ratten, die Kelveys, fortgeschüchtert und Kezia tüchtig ausgescholten hatte, war ihr leichter ums Herz. Der schaurige Druck war weg. Summend ging sie wieder ins Haus.

Als die Kelveys ganz außer Sichtweite der Burnells waren, setzten sie sich zum Ausruhen auf ein großes rotes Kanalrohr am Straßenrand. Lils Wangen glühten noch; sie nahm den Hut mit der Feder ab und hielt ihn auf den Knien. Träumerisch blickten beide auf die Koppel, über den Bach und zu der Gruppe von Akazien, wo Logans Kühe standen und darauf warteten, gemolken zu werden. Was dachten die beiden wohl?

Plötzlich drängte sich unsre Else nah an ihre Schwester heran. Die zornige Dame hatte sie inzwischen vergessen. Sie hob den Finger und strich über die Feder ihrer Schwester; sie lächelte ihr seltsames Lächeln.

»Ich habe die kleine Lampe gesehen«, sagte sie leise.

Dann waren sie beide wieder still.

Die Fliege

Sie haben's hier sehr gemütlich«, piepste der alte Mr. Woodifield und lugte aus dem großen, grünledernen Sessel neben dem Schreibtisch des Chefs, seines Freundes – wie ein Baby aus seinem Kinderwagen hervorlugt. Seine Unterredung war beendet; es war an der Zeit wegzugehen. Aber er wollte nicht gehen. Seit er sich zur Ruhe gesetzt hatte, seit seinem ... Schlaganfall hielten ihn seine Frau und seine Töchter jeden Tag der Woche mit Ausnahme des Dienstags im Hause eingesperrt. Am Dienstag wurde er gut angekleidet und gebürstet und durfte für den einen Tag wieder in die City. Doch was er dort trieb, konnten sich seine Frau und seine Töchter nicht vorstellen. Fiel seinen Freunden lästig, vermuteten sie ... Nun ja, vielleicht. Dennoch klammern wir uns alle an unsre letzten Freuden wie der Baum an seine letzten Blätter. Da saß also der alte Woodifield, rauchte eine Zigarre und blickte beinahe gierig auf den Chef, der sich in seinem Bürostuhl wälzte, dick, rosig, fünf Jahre älter als er und noch immer auf der Höhe, noch immer am Steuer. Es tat einem wohl, ihn zu sehen.

Sehnsüchtig und bewundernd fuhr die alte Stimme fort: »Wirklich sehr gemütlich, auf mein Wort!«

»Ja, es ist ganz komfortabel«, gab der Chef zu und klatschte mit dem Papiermesser auf die *Financial Times*. Im Grunde war er sehr stolz auf sein Zimmer; er hatte es gern, wenn es bewundert wurde, besonders vom alten Woodifield. Es verlieh ihm ein Gefühl tiefer, unerschütterlicher

Genugtuung, hier mitten drin zu thronen, in voller Sicht vor der gebrechlichen alten Gestalt im Wollschal.

»Ich habe es kürzlich neu herrichten lassen«, erklärte er, wie er es in den letzten Wochen – seit wieviel Wochen? – stets erklärt hatte. »Ein neuer Teppich!«, und er zeigte auf den leuchtend roten Teppich mit dem Muster aus großen weißen Ringen. »Neue Möbel!«, und er deutete mit einer Kopfbewegung auf den wuchtigen Bücherschrank und den Tisch mit seinen Korkenzieherbeinen. »Elektrische Heizung!« Er winkte fast triumphierend zu den fünf durchsichtigen, perlmatten Würsten, die so sanft in der schräg gestellten Kupfermuschel glommen.

Doch auf die Photographie über dem Tisch – die Photographie eines ernsten jungen Mannes in Uniform, der in einem geisterhaften Photographenpark mit Sturmwolken im Rücken dastand – machte er den alten Woodifield nicht aufmerksam. Sie war seit über sechs Jahren dort.

»Da war noch etwas, was ich Ihnen erzählen wollte«, sagte der alte Woodifield, und seine Augen wurden trübe, während er nachdachte. »Was war es nur? Ich wußte es noch ganz genau, als ich heute morgen wegging.« Seine Hände begannen zu zittern, und über seinem Bart bildeten sich rote Flecke.

Der arme alte Kerl, dachte der Chef, er pfeift auf dem letzten Loch! In freundlicher Stimmung zwinkerte er dem alten Mann zu und sagte scherzhaft: »Ich werde Ihnen was verraten! Ich habe hier einen kleinen Tropfen, etwas, das Ihnen guttun wird, ehe Sie wieder in die Kälte hinausgehen. Es ist ein edler Stoff! Würde keinem Baby schaden!« Er löste einen Schlüssel von seiner Uhrkette, schloß unten im Schreibtisch ein Fach auf und holte eine dunkle, dickbauchige Flasche hervor. »Das ist die Medizin«, sagte er. »Und der Mann, von dem ich sie habe, hat mir unter strengster Verschwiegenheit erzählt, sie käme aus den Kellern von Schloß Windsor!«

Bei ihrem Anblick sperrte der alte Woodifield den Mund auf. Er hätte nicht erstaunter aussehen können, wenn der Chef ein Kaninchen hervorgezaubert hätte.

»Es ist Whisky, nicht wahr?« piepste er schwach.

Der Chef drehte die Flasche herum und zeigte ihm liebevoll das Etikett. Es war tatsächlich Whisky.

»Denken Sie«, sagte er und sah den Chef verdutzt an, »zu Hause lassen sie mich keinen Whisky anrühren.« Und er sah aus, als würde er in Tränen ausbrechen.

»Ah, davon verstehen wir ein bißchen mehr als die Damen«, rief der Chef, langte quer über den Tisch nach zwei Gläsern, die neben der Wasserkaraffe standen, und goß in jedes einen gut bemessenen Fingerhoch Whisky ein. »Kippen Sie's runter! Es wird Ihnen guttun! Und nehmen Sie kein Wasser dazu! Es wäre eine Entweihung, Stoff wie diesen zu verfälschen. Ah!« Er goß seinen Schluck hinunter, zog sein Taschentuch hervor, wischte sich rasch den Schnurrbart und blickte, verständnisinnig zwinkernd, auf den alten Woodifield, der seinen Schluck noch zwischen den Kinnbacken herumrollen ließ.

Der alte Mann schluckte, schwieg einen Augenblick und sagte dann matt: »Ist stark!«

Aber er wärmte ihn – er kroch in sein fröstelndes altes Gehirn, und er erinnerte sich wieder.

»Das war's!« sagte er und hievte sich aus dem Sessel. »Ich dachte, es würde Sie interessieren. Die Mädchen waren vorige Woche in Belgien, um nach dem Grab von unserm armen Reggie zu sehen, und zufällig stießen sie auf das Grab Ihres Jungen. Wie es scheint, liegen sie ganz nah beieinander.«

Der alte Woodifield machte eine Pause, aber der Chef antwortete nichts darauf. Nur ein Zucken in seinen Augenlidern verriet, daß er zuhörte.

»Die Mädchen waren begeistert, wie gepflegt alles ist«, piepste die Stimme. »Wunderschön gepflegt. Es könnte nicht besser sein, wenn sie zu Hause wären. Sie sind ja wohl nie drüben gewesen, was?«

»Nein, nie!« Aus verschiedenen Gründen war der Chef nicht drüben gewesen.

»Meilenweit zieht sich's hin«, zirpte der alte Woodifield, »und alles so schmuck wie ein Garten. Auf allen Gräbern blühen Blumen! Hübsche breite Wege!« Seine Stimme verriet, daß er hübsche breite Wege liebte.

Wieder trat eine Pause ein. Dann wurde der alte Mann wunderbar lebendig.

»Wissen Sie, was die Mädchen im Hotel für ein Glas Marmelade zahlen mußten?« piepste er. »Zehn Francs! Das nenne ich Nepp! Es war ein kleines Glas, sagt Gertrude, nicht größer als eine halbe Krone! Und sie hatte nicht mehr als einen Löffelvoll genommen, und dafür verlangten sie ihr zehn Francs ab! Gertrude hat das Glas mitgenommen, um ihnen eine Lehre zu erteilen. Und das war recht so: es ist Geschäftemachen mit unsern Gefühlen! Sie glauben, weil wir nach drüben fahren, um uns mal umzuschauen, sind wir bereit, wer weiß was zu zahlen! So ist es!« Und er wandte sich zur Tür.

»Sehr richtig! Sehr richtig!« rief der Chef, obwohl er nicht die leiseste Ahnung hatte, was sehr richtig war. Er kam hinter seinem Schreibtisch hervor, folgte den schurrenden Schritten und öffnete dem alten Mann die Tür. Dann war Woodifield weg.

Eine ganze Weile blieb der Chef stehen und starrte vor

sich hin, während der grauhaarige Bürobote, der ihn beobachtete, zu seinem Glaskasten ein- und ausflitzte – wie ein Hund, der erwartet, spazierengeführt zu werden. Dann sagte der Chef: »Ich bin eine halbe Stunde für niemanden zu sprechen, Macey! Verstanden? Für niemanden!«

»Ja, Sir!«

Die Tür schloß sich, feste, schwere Schritte überquerten abermals den leuchtenden Teppich, der dicke Körper plumpste in den gefederten Stuhl, und der Chef beugte sich vor und bedeckte das Gesicht mit den Händen. Er wollte weinen, er beabsichtigte es, er hatte sich darauf vorbereitet zu weinen. Es war für ihn ein furchtbarer Schock gewesen, als der alte Woodifield ihn mit der Bemerkung vom Grab des Jungen überfiel. Es war genauso, als hätte sich die Erde geöffnet und er hätte den Jungen dort liegen sehen, während die Töchter der Woodifields auf ihn niederstarrten. Denn es war seltsam. Obwohl mehr als sechs Jahre verstrichen waren, dachte der Chef nie anders an den Jungen, als läge er unverwundet und makellos in seiner Uniform im ewigen Schlaf. »Mein Sohn!« stöhnte der Chef. Aber die Tränen kamen noch nicht. In der Vergangenheit, in den ersten Monaten nach dem Tode des Jungen und sogar Jahre danach, brauchte er nur diese Worte zu sagen, und er wurde von einem derartigen Kummer überwältigt, daß nichts als ein heftiger Weinkrampf ihm Erleichterung verschaffen konnte. Die Zeit, so hatte er damals erklärt und es jedermann erzählt, könne daran nichts ändern. Andre Männer könnten sich vielleicht erholen, vielleicht über ihren Verlust hinwegkommen, er jedoch nicht. Wie wäre es möglich? Der Junge war sein einziger Sohn gewesen. Von seiner Geburt an hatte der Chef nur dafür gearbeitet, dieses Geschäft für ihn aufzubauen; es hatte keinen Sinn, wenn es nicht für den Jungen war; das Leben selbst hatte allmählich nur diesen Sinn bekommen. Wie in aller Welt hätte er sich all die Jahre abrackern können, sich vieles versagen und durchhalten können, wenn nicht mit der ständigen Zuversicht vor Augen, daß der Junge in seine Fußstapfen treten und dort weitermachen würde, wo er aufhörte?

Und die Hoffnung war so nah dran gewesen, sich zu erfüllen! Vor dem Krieg war der Junge ein Jahr lang im Büro, um sich einzuarbeiten. Jeden Morgen waren sie gemeinsam hingefahren, und mit dem gleichen Zug waren sie zurückgekommen. Und ihn als den Vater des Jungen – wie hatte man ihn beglückwünscht! Kein Wunder: er hatte sich großartig eingelebt! Und was seine Beliebtheit beim Personal betraf, so konnte jeder einzelne bis hinunter zum alten Macey ihn nicht genug rühmen. Und er war nicht im geringsten eingebildet. Nein, er war ganz sein strahlendes, natürliches Selbst, mit dem rechten Wort für jedermann und mit dem jungenhaften Aussehen und seiner Gewohnheit, ›einfach glänzend‹ zu rufen.

Doch all das war aus und vorbei, als wäre es nie gewesen. Der Tag war gekommen, an dem Macey ihm das Telegramm reichte, woraufhin das ganze Luftschloß über ihm zusammenkrachte. ›Wir bedauern auf tiefste, Ihnen mitteilen zu müssen...‹ Und als ein gebrochener Mann hatte er das Büro verlassen; sein Leben war vernichtet.

Vor sechs Jahren... sechs Jahren... Wie schnell die Zeit vergeht! Es hätte gestern passiert sein können. Der Chef nahm die Hände vom Gesicht; er war verblüfft. Etwas schien nicht mit ihm zu stimmen. Er empfand nicht so, wie er empfinden wollte. Er beschloß, aufzustehen und einen Blick auf die Photographie des Jungen zu werfen. Aber es war nicht seine Lieblingsphotographie von ihm; der Ausdruck war unnatürlich. Er blickte kalt drein, sogar streng. So hatte der Junge nie ausgesehen.

In diesem Augenblick bemerkte der Chef eine Fliege, die in sein großes Tintenfaß gefallen war und schwache, aber verzweifelte Versuche unternahm, wieder herauszukrabbeln. Hilfe! Hilfe! sagten die zappelnden Beine. Doch die Seitenwände des Tintenfasses waren feucht und schlüpfrig; sie fiel wieder hinein und begann zu schwimmen. Der Chef nahm seine Feder, hob die Fliege aus der Tinte und schüttelte sie auf das Löschblatt. Für den Bruchteil einer Sekunde lag sie ruhig in dem dunklen Klecks, der um sie herum versickerte. Dann trillerten die Vorderbeine und fanden Halt, und sie zog den kleinen, aufgeweichten Körper hoch und begann mit der Riesenarbeit, die Tinte von ihren Flügeln abzuputzen. Drüber und drunter, drüber und drunter fuhr das Bein über einen Flügel, wie der Wetzstein über und unter die Sense fährt. Dann eine Pause, während die Fliege auf den Zehenspitzen zu stehen schien und zuerst den einen und dann den andern Flügel auszubreiten versuchte. Endlich gelang es ihr, und sie setzte sich und begann, wie ein winzig kleines Kätzchen ihr Gesicht zu putzen. Man konnte sich jetzt vorstellen, wie leicht und fröhlich sich die kleinen Vorderbeine aneinanderrieben. Die gräßliche Gefahr war vorbei; sie war entkommen; sie war wieder fürs Leben bereit.

Doch da gerade kam dem Chef ein Gedanke. Er tauchte seine Feder in die Tinte und stützte sein dickes Handgelenk aufs Löschblatt, und als die Fliege ihre Flügel ausprobierte, tropfte ein großer schwarzer Klecks auf sie herunter. Was würde sie dagegen tun? Ja, was wohl? Der kleine Wicht war gänzlich entmutigt und betäubt und wagte sich nicht zu rühren, vor Angst, was als nächstes passieren würde. Doch dann, als wäre es schmerzhaft, schleppte sie sich weiter. Die Vorderfüße trillerten und fanden Halt, und die Arbeit begann – diesmal langsamer – von neuem!

›Sie ist ein tapferes kleines Teufelchen!‹ dachte der Chef und empfand richtige Bewunderung für den Mut der Fliege. So mußte man an die Dinge herangehen, das war der richtige Kampfgeist! Nie aufgeben. Es war nur eine Frage von... Aber die Fliege hatte ihre mühevolle Arbeit beendet, und der Chef hatte gerade noch Zeit, seine Feder einzutauchen, um auf den frisch geputzten Körper ganz offen und ehrlich noch einen dunklen Tropfen fallen zu lassen.

Wie stand es diesmal damit? Ein qualvoll verhaltener Augenblick folgte. Aber sieh an, die Vorderbeine zappelten schon wieder; der Chef spürte eine große Erleichterung. Er beugte sich über die Fliege und sagte zärtlich: »Du gescheites kleines Luder!« Und dann kam ihm die glänzende Idee, sie anzuhauchen, um den Trockenprozeß zu beschleunigen. Trotzdem war jetzt etwas Schüchternes und Mattes in ihren Anstrengungen, und der Chef beschloß, daß dies das letztemal sein sollte, als er die Feder tief ins Tintenfaß tauchte.

Und das war es. Der letzte Klecks fiel auf das durchweichte Löschpapier, und die besudelte Fliege lag mittendrin und rührte sich nicht. Die Hinterbeine klebten am Körper, die Vorderbeine waren nicht zu sehen.

»Los!« rief der Chef. »Ein bißchen dalli!« Und er stupste sie mit der Feder an – vergebens! Nichts geschah oder versprach zu geschehen. Die Fliege war tot.

Der Chef hob die Leiche auf die Spitze des Brieföffners und schleuderte sie in den Papierkorb. Aber eine so zermürbende Niedergeschlagenheit packte ihn, daß er sich buchstäblich fürchtete. Er schoß vor und drückte auf den Klingelknopf, um Macey herbeizuholen.

»Bring mir frisches Löschpapier«, sagte er streng, »und mach ein bißchen dalli!« Und als der alte Knabe wegtrabte, begann der Chef sich zu fragen, worüber er vorhin nachgedacht hatte. Was war es gewesen? Es war... Er holte sein Taschentuch hervor und fuhr innen am Kragenrand entlang.

Er konnte sich nicht erinnern, ums Leben nicht.

Die Blume Sicherheit

*›Aber ich sage Euch, Mylord Fool, aus dem Nesselbusch
Gefahr holen wir uns die Blume Sicherheit.‹*

Als sie dort lag und zur Decke aufblickte, hatte sie ihren
großen Augenblick – ja, da hatte sie ihn! Und er stand in keinem Zusammenhang mit irgend etwas, was sie vorher
gedacht oder gefühlt hatte, auch nicht mit den Worten, die
der Arzt kaum erst zu äußern aufgehört hatte. Einzigartig
und leuchtend und vollkommen war er – wie eine Perle, die
zu makellos ist, um ihr eine zweite an die Seite zu stellen ...
Könnte sie beschreiben, was geschehen war? Unmöglich.
Selbst wenn es ihr nicht bewußt gewesen wäre (und
bestimmt war es ihr nicht dauernd bewußt gewesen), daß
sie gegen den Lebensstrom – ja, den Strom des Lebens
selbst! – angekämpft hatte, war es nun so, als hätte sie plötzlich zu kämpfen aufgehört. Oh, weit mehr als das! Sie hatte
nachgegeben, restlos nachgegeben, bis herunter zum win-
zigsten Puls und Nerv, und hatte sich an des Stroms leuch-
tende Brust fallen lassen, und er hatte sie getragen ... sie war
nun selbst ein Teil ihres Zimmers, ein Teil des herrlichen
Anemonenstraußes und der weißen Tüllvorhänge, die von
der leichten Brise unaufhörlich hereingeweht wurden, und
der Spiegel und der weißen Seidenteppiche; sie war ein Teil
des schrillen, bebenden, zitternden Lärms, der draußen,
unterbrochen von kleinen Glocken und rufenden Stimmen, unaufhörlich vorüberflutete – ja, ein Teil der Blätter
und des Lichts.

Vorbei. Sie setzte sich auf. Der Arzt war wieder hereingekommen. Dieser seltsame kleine Mann, dem das Stethoskop noch um den Hals hing – denn sie hatte ihn gebeten, ihr Herz zu untersuchen – und der jetzt seine frisch gewaschenen Hände rieb und knetete, hatte ihr gesagt ...

Es war das erstemal, daß sie ihn je erblickt hatte. Roy, der sich natürlich nie die kleinste dramatische Gelegenheit entgehen lassen konnte, hatte seine ziemlich zweifelhafte Adresse in Bloomsbury von dem Mann erfahren, dem er immer alles anvertraute und der, obwohl er sie selbst gar nicht kannte, ›über sie beide genau im Bilde war‹.

»Liebste«, hatte Roy gesagt, »wir wollen lieber einen uns völlig unbekannten Arzt zuziehen – nur für den Fall, daß es – nun ja, daß es das ist, was wir beide nicht hoffen. In solchen Dingen kann man nicht vorsichtig genug sein. Die Ärzte reden eben *doch*! Zu behaupten, daß sie schweigen, ist ein verdammter Unsinn.« Und dann: »Obwohl es mir im Grunde gänzlich einerlei ist, wer in aller Welt es erfährt. Wenn du es wolltest, würde ich's in alle vier Winde ausposaunen oder den *Daily Mirror* beauftragen, unsre beiden Namen auf die Titelseite zu drucken, in einem pfeildurchbohrten Herzen, nicht wahr?«

Trotz alledem hatte seine Vorliebe für Heimlichkeiten und fürs Vertuschen, sein Wunsch, ›unser Geheimnis in Schönheit zu belassen‹ (sein Ausdruck!), den Sieg davongetragen, und er war in einem Taxi weggefahren, um diesen etwas verblasen aussehenden kleinen Arzt zu holen.

Sie hörte ihre gleichmütige Stimme sagen: »Würden Sie bitte Mr. King nichts davon erzählen? Nur, daß ich etwas herunter bin und daß mein Herz Ruhe braucht. Denn über mein Herz hatte ich mich beklagt.«

Roy hatte nur allzu recht gehabt, was für ein Mensch dieser Arzt sei. Er warf ihr einen sonderbaren, raschen, lauernden Blick zu, nahm mit zitternden Säuferfingern das Stethoskop ab und verwahrte es in seiner Besuchstasche, die wie ein zerschlissener alter Leinenschuh aussah.

»Keine Sorge, meine Liebe«, sagte er heiser, »ich stehe Ihnen bei.«

Daß man von einer so widerlichen kleinen Kröte einen Gefallen erbitten mußte! Sie sprang auf, riß ihr violettes Tuchjäckchen an sich und ging vor den Spiegel. Es klopfte leise, und Roy – er sah wirklich blaß aus und hatte sein schiefes Lächeln aufgesetzt – kam ins Zimmer und fragte den Arzt nach dem Befund.

»Eigentlich«, erwiderte der Arzt, nahm seinen Hut, hielt ihn vor die Brust und trommelte mit den Fingern darauf, »habe ich nichts weiter zu sagen, als daß Ihre – hm – Madame etwas Ruhe braucht. Sie ist etwas heruntergewirtschaftet. Das Herz ist etwas überanstrengt. Sonst fehlt ihr nichts.«

Eine Drehorgel auf der Straße unten stimmte eine lustige, lachende, spöttisch losstürmende Melodie mit kleinen Trillern und durcheinanderpurzelnden Tönen an.

Nichts weiter ist zu sagen,
nichts weiter ist zu sagen,

spottete sie. So nah klang es, daß sie nicht überrascht gewesen wäre, wenn der Arzt die Kurbel gedreht hätte.

Sie sah, wie sich das Lächeln über Roys ganzes Gesicht ausbreitete und wie seine Augen aufleuchteten. Das ›Ah!‹, das er ausstieß, klang erleichtert und glücklich. Und einen einzigen kurzen Augenblick gestattete er sich sogar, sie anzusehen, ohne sich auch nur die Spur darum zu kümmern, ob der Arzt es bemerkte: mit dem Blick, den sie so gut an ihm kannte, trank er sie förmlich in sich ein, während sie die blassen Bänder ihres Unterhemds schloß und in ihr violettes Tuchjäckchen schlüpfte. Rasch wandte er sich wieder dem Arzt zu: »Sie muß weg! Sie muß sofort ans Meer!« sagte er, und dann, schrecklich besorgt: »Aber wie ist's mit dem Essen?« Daraufhin mußte sie ihn, während sie vor dem langen Spiegel ihr Jäckchen zuknöpfte, unweigerlich auslachen.

»Lache du nur!« wehrte er sich und lachte den Arzt und sie nun hingerissen an. »Aber wenn ich mich nicht um ihr Essen kümmerte, würde sie nichts als Kaviarsandwich und – weiße Trauben essen! Und wie ist's mit Wein? Darf sie Wein trinken?«

Wein würde ihr nicht schaden.

»Champagner!« bat Roy. Wie er es alles genoß!

»Oh, soviel Champagner, wie sie nur mag«, sagte der Arzt, »und einen Brandy-Soda zum Mittagessen, falls sie Lust darauf hat!«

»Hast du das gehört?« fragte er ernst und zog die Wangen ein, um nicht laut herauszulachen. »Hast du Lust auf einen Brandy-Soda?«

Und in der Ferne flehte die Drehorgel leise und abgekämpft:

Brandy-Soda bitte!
Brandy-Soda bitte!

Der Arzt schien es auch herauszuhören. Er reichte ihr die Hand und folgte Roy auf den Flur, wo das Honorar beglichen wurde.

Sie hörte, wie die Haustür ins Schloß fiel, und dann – schnelle, schnelle Schritte im Flur. Diesmal stürmte er geradezu in ihr Zimmer, und sie lag in seinen Armen, zerdrückt und klein, während er sie mit warmen, raschen Küssen überschüttete und dazwischen murmelte: »Mein Liebstes, meine Schöne, meine Wonne! Du bist mein, du bist in Sicherheit!« Und dann stöhnte er dreimal leise: »Oh! Oh! Oh! Was für eine Erlösung!« Er hatte noch immer seine Arme um sie geschlungen, lehnte aber nun wie erschöpft den Kopf an ihre Schulter. »Wenn du wüßtest, was für Angst ich ausgestanden habe!« murmelte er. »Ich hatte schon geglaubt, diesmal ginge es uns an den Kragen! Wirklich! Und das wäre so – fatal gewesen – so fatal!«

Die Frau im Kaufladen

Den ganzen Tag war die Hitze entsetzlich gewesen. Der Wind wehte dicht am Boden hin; er wühlte im Blütengras und stöberte die Landstraße entlang, so daß uns der weiße Bimssteinstaub ins Gesicht wirbelte, absackte und auf uns niederrieselte und wie juckender Schorf liegenblieb. Die Pferde stolperten hustend und schnaubend weiter. Das Packpferd war krank – es hatte eine große, offene, aufgeriebene Wunde am Bauch. Hin und wieder blieb es plötzlich stehen und warf den Kopf auf, sah uns an, als wolle es weinen, und wieherte. Die Lerchen tirilierten zu Hunderten. Der Himmel war von einem schieferfarbenen Grau, und der schrille Lerchenlaut erinnerte mich an Griffel, die auf Schultafeln herumkratzten.

Nichts war zu sehen als wogendes Blütengras, betupft mit rötlichen Orchideen und dick mit Spinnweb überzogenen Manukasträuchern.

Jo ritt vorneweg. Er trug ein gestreiftes blaues Drellhemd, Kordhosen und Reitstiefel. Um den Hals hatte er sich ein weißes Tuch mit roten Klecksen gebunden – es sah aus, als hätte er Nasenbluten gehabt. Unter seinem Schlapphut hing das weiße Haar in Strähnen herunter, Schnurrbart und Augenbrauen waren beinah weiß; schlaksig und mürrisch saß er im Sattel. An jenem Tag hatte er kein einzigesmal gesungen:

›Mich kümmert's alles einen Dreck,
denn Schwiegermama reitet vorneweg!‹

204

Es war seit einem Monat der erste Tag, an dem wir es nicht genossen hatten, und jetzt schien uns sein Schweigen nicht ganz geheuer. Jim ritt neben mir, weiß wie ein Clown. Seine schwarzen Augen glitzerten, und dauernd schnellte seine Zunge hervor, um die Lippen zu befeuchten. Er trug nur ein Unterhemd und eine blaue Drellhose, die von einem geflochtenen Ledergürtel gehalten wurde. Seit dem Morgengrauen hatte wir kaum miteinander gesprochen. Unsern Lunch in Form von fliegenumschwärmten Keksen und Aprikosen hatten wir neben einem morastigen Bach eingenommen.

»Mein Magen fühlt sich wie'n Hühnerkropf an«, sagte Jo. »Nun laß mal sehen, Jim – du bist ja der Neunmalkluge hier: wo ist denn der Kaufladen, von dem du dauernd quasselst? ›Oho‹, hast du gesagt, ›ich weiß einen feinen Laden mit einer Koppel für die Pferde, wo ein Bach durchläuft – gehört einem Freund von mir, der gibt euch 'ne Flasche Whisky, noch ehe er euch die Hand gibt!‹ Den Laden möcht' ich jetzt gern mal sehen, bloß aus Neugier, denn ich glaub' dir aufs Wort, wie du weißt... aber...«

Jim lachte. »Vergiß nicht, Jo, da ist auch noch 'ne Frau, mit blauen Augen und blonden Haaren, die verspricht dir noch ganz was andres, ehe sie dir die Hand gibt. Da versuch mal, mit fertig zu werden!«

»Bist schon bekloppt von der Hitze, was?« sagte Jo. Aber er drückte dem Pferd die Knie in die Flanken. Wir holperten weiter. Ich ritt wie im Halbschlaf und hatte einen beängstigenden Traum, daß die Pferde überhaupt nicht mehr weiterkämen, und dann, daß ich auf einem Schaukelpferd ritt und meine Mutter mich auszankte, weil ich so furchtbar viel Staub vom Wohnzimmerteppich aufwirbelte. ›Du hast schon das ganze Muster vom Teppich abgewetzt‹, hörte ich sie sagen, und dabei zerrte sie am Zügel. Ich schniefte und wachte auf und sah Jim, der sich boshaft lächelnd zu mir herüberbeugte.

»In den vorletzten Minuten!« sagte er. »Hab' dich gerade noch erwischt! Was ist denn? Heia-heia gemacht?«

»Nein!« Ich hob den Kopf. »Gott sei Dank – wir landen irgendwo!«

Wir waren auf einer Hügelkuppe, und unter uns sah ich eine Hütte mit einem Wellblechdach. Sie stand ziemlich abseits der Straße in einem Garten, gegenüber von einer großen Koppel und einem Bach mit einer Gruppe junger Weidenbäumchen. Ein blauer Rauchfaden stieg senkrecht aus dem Schornstein der Hütte, und während ich noch hinsah, trat eine Frau heraus, hinter ihr ein Kind und ein Hund; die Frau hatte etwas in der Hand, was mir wie ein schwarzer Stecken vorkam. Sie machte uns Zeichen. Die Pferde setzten zu einem Endspurt an. Jo riß sich den Schlapphut vom Kopf, johlte, warf sich in die Brust und sang: »Mich kümmert's alles einen Dreck...« Die Sonne brach durch bleiche Wolken und warf ein kräftiges Licht auf das Bild. Sie glomm im blonden Haar der Frau, auf ihrer flatternden Schürze und der Flinte in ihrer Hand. Das Kind versteckte sich hinter ihrem Rock, und der loh-farbene Hund, ein räudiger Köter, trottete mit eingezogenem Schwanz in die Hütte zurück. Wir zogen die Zügel an und stiegen ab.

»Hallo«, kreischte die Frau, »hab' geglaubt, ihr seid drei Bussarde! Meine Kleine kommt zu mir gerannt: ›Mumma‹, schreit sie, ›da kommen drei Braune über die Kuppe!‹ Und ich wie der Blitz raus, kann ich euch sagen. ›Sicher sind's Bussarde‹, sag' ich zu ihr. Und ihr würdet's nicht glauben, was für Bussarde es hierherum gibt!«

Die ›Kleine‹ wagte sich mit einem Auge hinter der Schürze ihrer Mutter hervor – und zog sich wieder zurück.

»Wo ist dein Alter?« fragte Jim.

Die Frau blinzelte ein paarmal und verzog das Gesicht.

»Fort. Schafscheren! Schon seit einem Monat. Ihr wollt hoffentlich nicht bleiben? Ein Unwetter zieht rauf.«

»Klar woll'n wir bleiben«, sagte Jo. »Sie sind also ganz allein, Missus?«

Sie stand da, strich über ihre Schürze und musterte uns nacheinander wie ein hungriger Vogel. Ich mußte lachen, wenn ich dran dachte, was Jim uns über sie vorerzählt hatte. Ihre Augen waren zwar blau, und das bißchen Haar, das sie hatte, war blond, aber es war häßlich. Sie war die reinste Karikatur. Wenn man sie ansah, meinte man, unter der Schürze wäre nichts als Stöcke und Drähte; die Vorderzähne waren eingeschlagen, die Hände rot und aufgequollen, und an den Füßen trug sie schmutzige Halbschuhe.

»Ich will mal erst die Pferde auf die Koppel lassen«, sagte Jim. »Hast du was zum Einreiben? Poi hat sich verdammt wund gerieben!«

»Halt! Warte mal!« Die Frau stand einen Augenblick still, aber sie atmete so heftig, daß sich ihre Nasenflügel blähten. Dann brüllte sie wie wild: »Ich möcht' nicht, daß ihr bleibt . . . Ihr könnt nicht, und damit Schluß! Die Koppel vermiete ich schon lange nicht mehr. Ihr müßt weiter; ich hab' nix für euch!«

»Das soll doch der Teufel holen!« ärgerte sich Jo. Er nahm mich auf die Seite. »Hat ein paar Schrauben locker!« flüsterte er bedeutsam. »Zuviel allein, verstehst du! Man muß das freundliche Register ziehen, dann wird sie sich's überlegen.« Aber es war nicht mehr nötig – sie hatte sich's schon überlegt.

»Dann bleibt meinetwegen«, murrte sie und zuckte die Achsel. Zu mir gewandt: »Ich gebe Ihnen das Mittel zum Einreiben, wenn Sie mitkommen.«

»Fein, dann bring' ich's denen auf die Koppel!« Wir gingen zusammen den Gartenweg entlang. Er war auf beiden Seiten mit Kohl bepflanzt. Er roch wie abgestandenes Spülwasser. Blumen waren auch ein paar da: gefüllter Mohn und Bartnelken. Ein kleiner Fleck war mit Palmwedeln abgeteilt – wahrscheinlich gehörte er der Kleinen, denn sie trennte sich von der Mutter und begann die Erde mit einer zerbrochenen Wäscheklammer umzugraben. Der lohfarbene Hund lag auf der Schwelle und flöhte sich. Die Frau gab ihm einen Fußtritt.

»Scht! Scher dich, du Vieh!... Alles ist unordentlich. Hab' heut noch keine Zeit zum Aufräumen gehabt – mußte bügeln. Kommen Sie nur mit!«

Es war ein großer Raum. Die Wände waren mit Bildern aus alten englischen Zeitschriften beklebt. Die neueste Nummer war anscheinend das Regierungsjubiläum der Königin Victoria. Ein Tisch mit einem Bügelbrett und einem Waschzuber darauf, ein paar Holzbänke, ein schwarzes Roßhaarsofa und ein paar an die Wand geschobene, zerbrochene Korbstühle. Der Sims über dem Kamin war mit rosa Papier ausgeschlagen und außerdem mit getrockneten Gräsern und Farnkraut und einem Buntdruck von Richard Seldon geschmückt. Vier Türen waren da: eine führte, dem Geruch nach zu schließen, in den ›Laden‹, eine auf den Hof, und durch eine dritte sah ich ins Schlafzimmer. Fliegen sirrten in Kreisen unter der Decke herum, und Streifen mit Fliegenleim und Büschel getrockneten Klees waren an die Fenstervorhänge geheftet.

Ich war allein im Zimmer; sie war in den Laden gegangen

und suchte das Mittel zum Einreiben. Ich hörte sie herum-
stapfen und vor sich hinbrummen: »Ich hatte welche – wo
hab' ich die Flasche hingestellt? Hinter die Gewürzgurken?
Nein, da ist sie auch nicht!« Ich machte eine Ecke auf dem
Tisch frei, setzte mich und ließ die Beine baumeln. In der
Koppel unten konnte ich Jo singen hören und die Hammer-
schläge, mit denen er die Zeltpflöcke in den Boden trieb.
Die Sonne ging schon unter. In unserm Neuseelandklima
gibt es keine Dämmerung, nur eine sonderbare halbe
Stunde, in der alles grotesk und furchterregend wirkt – als
wanderte der wilde Geist des Landes umher und hohn-
lachte über das, was er sah. Als ich so allein in dem häßlichen
Zimmer saß, wurde mir bange. Die Frau nebenan brauchte
viel Zeit, um das Zeugs zu finden. Was tat sie bloß da drin?
Einmal war mir so, als hörte ich sie mit der Faust auf den
Ladentisch schlagen, und einmal fing sie an zu stöhnen, ver-
barg es aber unter Husten und Räuspern. Ich wollte ihr
zurufen: ›Mach dalli!‹, aber ich blieb stumm.

›Großer Gott, was für ein Leben!‹ dachte ich. ›Wenn man
sich vorstellt: tagein, tagaus hier mit dieser Ratte von Kind
und dem räudigen Hund zu hausen! Und sich da noch mit
Bügeln abmühen! Klar ist sie verrückt! Wie lange mag sie
schon hier sein? Ob ich sie zum Reden bringen kann?‹

Endlich steckte sie den Kopf durch den Türspalt.

»Was hatten Sie haben wollen?«

»Was zum Einreiben!«

»Ach, ich hab's vergessen! Hab's ja schon – hat vor den
Gurkengläsern gestanden.« Sie gab mir die Flasche.

»Meine Güte, Sie sehen aber müde aus! Soll ich Ihnen
zum Abendbrot ein paar Grützkuchen aufwärmen? Im
Laden ist auch noch 'ne Pökelzunge, und wenn Sie wollen,
kann ich Ihnen Kohl kochen!«

209

»Prima!« Ich lächelte ihr zu. »Kommen Sie zum Teetrinken in die Koppel runter, und bringen Sie die Kleine mit!«

Sie schüttelte den Kopf und verzog den Mund.

»Nein, nein! Dazu hab' ich keine Lust. Ich schick' aber die Kleine mit den Sachen runter – und mit 'ner Kanne Milch. Soll ich ein paar Grützkuchen extra machen, die ihr morgen mitnehmen könnt?«

»Ja, bitte!«

Sie blieb in der Tür stehen.

»Wie alt ist die Kleine?«

»Sechs – nächste Weihnachten. Hab' ein bißchen Mühe mit ihr gehabt, mal dies, mal das. Hab' zuerst keine Milch für sie gehabt, den ganzen ersten Monat nicht, und sie hat so hingekränkelt wie 'n Kalb.«

»Sie gleicht Ihnen gar nicht – schlägt wohl dem Vater nach, was?« So wie die Frau uns vorhin wütend abgewiesen hatte, schrie sie mich jetzt wieder an.

»Keine Spur! Sie ist mir aus den Augen geschnitten! Das sieht doch jeder Doofkopp! Komm jetzt rein, Else, und hör auf, im Dreck rumzumanschen!«

Ich traf Jo, als er über den Zaun der Koppel kletterte.

»Was hat die alte Ziege denn alles in ihrem Laden?«

»Weiß nicht – hab' nicht nachgeschaut!«

»Na, so dumm! Jim schimpft auf dich! Was hast du denn die ganze Zeit gemacht?«

»Gewartet – sie konnte das Zeugs nicht finden. Lieber Himmel, siehst du aber flott aus!«

Jo hatte sich gewaschen, das nasse Haar über der Stirn in eine gerade Linie gekämmt und eine Jacke über sein Hemd geknöpft. Er grinste.

Jim riß mir die Flasche aus der Hand. Ich ging ans untere Ende der Koppel, wo die Weiden wuchsen, und badete im

Bach. Das Wasser war klar und so weich wie Öl. Weißer Schaum kreiste und sprudelte längs der mit Gras und Binsen bestandenen Ufer. Ich lag im Wasser und blickte in die Bäume hinauf, die einen Augenblick still waren, dann leise zitterten und wieder still waren. Die Luft roch nach Regen. Ich vergaß die Frau und das Kind, bis ich wieder zum Zelt kam. Jim lag vor dem Feuer und beobachtete, wie der Blechkessel kochte. Ich fragte ihn, wo Jo war und ob das Kind unser Abendbrot gebracht hätte.

»Pah!« sagte Jim, rollte sich herum und starrte in den Himmel. »Hast du nicht gesehen, wie Jo sich aufgedonnert hat? Bevor er zur Hütte rauf ist, hat er zu mir gesagt: ›Verdammt noch eins, bei Abendbeleuchtung wird sie schon besser aussehen – und es ist Weiberfleisch, mein Junge!«

»Du hast Jo schön angeführt mit ihrem Aussehen – und mich auch!«

»Nein – hör mal her! Ich kann's nicht begreifen! Vor vier Jahren bin ich zuletzt hier vorbeigekommen und bin zwei Tage geblieben. Ihr Mann war mal ein guter Freund von mir, unten an der Westküste, ein feiner, großer Bursche mit einer Stimme wie 'ne Posaune. Und sie war Barmaid unten an der Küste – und hübsch wie 'ne Porzellanpuppe! Damals kam die Postkutsche alle vierzehn Tage hier durch, das war, bevor sie die Bahnlinie nach Napier rauf gebaut haben, und da hatte sie einen Mordsbetrieb! Hat mir mal in einem vertraulichen Augenblick erzählt, daß sie hundertfünfundzwanzig Arten von Küssen kennt!«

»Ach, hör auf, Jim! Das ist doch nicht dieselbe Frau!«

»Bestimmt ist sie's! Ich kann's nicht begreifen! Kann mir nur vorstellen, daß der Mann abgehauen ist und sie sitzengelassen hat: das mit dem Schafscheren ist geflunkert!

Herrje, was für'n Leben! Die einzigen Leute, die jetzt hier vorbeikommen, sind Maori und Landstreicher.«

Durch die Finsternis sahen wir die Schürze der Kleinen schimmern. Sie kam angezottelt, in der einen Hand den Korb, in der andern die Milchkanne. Ich packte den Korb aus, und das Kind stand herum.

»Komm mal her!« sagte Jim und schnalzte mit den Fingern. Sie kam näher. Die Lampe vom Zelt innen warf einen hellen Lichtschein auf sie. Ein mickeriges, zurückgebliebenes Gör mit weißlichem Haar und schwachen Augen. Breitbeinig stand sie da und streckte den Bauch vor.

»Was machst du so den ganzen Tag?« fragte Jim.

Sie bohrte mit dem kleinen Finger im Ohr, betrachtete das Ergebnis und antwortete: »Ich male!«

»Oho! Was malst du denn! Laß mal dein Ohr in Ruhe!«

»Bilder!«

»Wo drauf?«

»Auf Einwickelpapier und mit 'n Bleistift von meiner Mumma!«

»Was – soviel Worte auf einmal?« Jim riß die Augen auf.

»Wohl Mähschäfchen und Muhkühe?«

»Nein – alles! Ich mal' euch alle, wenn ihr weg seid, und eure Pferde und das Zelt und die da« – sie zeigte auf mich – »mit keinen Kleidern an, im Bach unten. Hab' sie betrachtet, von wo sie mich nicht gesehen hat!«

»Besten Dank! Bist 'ne tolle Motte!« sagte Jim. »Wo ist dein Papa?«

Die Kleine schmollte.

»Das sag' ich dir nicht, weil ich dein Gesicht nicht leiden kann!« Sie nahm sich das andre Ohr vor.

212

»Komm«, sagte ich, »nimm den Korb und geh nach Hause und sag dem andern Mann, das Abendbrot ist fertig.«

»Will ich aber nicht!«

»Ich geb' dir gleich eins hinter die Ohren, wenn du's nicht tust!« sagte Jim aufgebracht.

»Ihhh! Das sag' ich Mumma! Das sag' ich Mumma!« Damit riß sie aus.

Wir aßen, bis wir platzten, und waren bei den Zigaretten angelangt, ehe Jo zurückkam – puterrot und fidel, in der Hand eine Whiskyflasche.

»Hier – trinkt mal, ihr beiden!« rief er und tat großherrlich. »Her mit den Bechern!«

»Hundertfünfundzwanzig verschiedene Arten«, raunte ich Jim zu.

»Was war das? Ach, hört doch auf!« murrte Jo. »Warum müßt ihr immer auf mir rumhacken? Du quasselst wie'n Kind beim Kindergottesdienst! Sie möchte, daß wir heut abend raufkommen und gemütlich schwatzen!« Er winkte großartig mit der Hand. »Ich hab' sie rumgekriegt!«

»Das trau' ich dir glatt zu!« lachte Jim. »Aber hat sie dir auch gesagt, wo ihr Alter abgeblieben ist?«

Jo blickte auf.

»Schafscheren! Hast es doch gehört, Dummkopf!«

Die Frau hatte das Zimmer jetzt aufgeräumt und sogar einen kleinen Strauß Bartnelken auf den Tisch gestellt. Sie und ich saßen an der einen Tischseite, Jo und Jim an der andern. Zwischen uns stand die Petroleumlampe, die Whiskyflasche mit den Gläsern und ein Krug Wasser. Die Kleine kniete vor der einen Bank und malte auf Einwickelpapier; ich fragte mich ergrimmt, ob sie sich an der Bachepisode versuchte. Jo hatte recht gehabt mit dem Aussehen bei Abendbeleuchtung. Das Haar der Frau war ein bißchen wirr, zwei rote Flecke brannten ihr auf den Wangen, ihre Augen leuchteten, und wir wußten, daß die beiden unter dem Tisch füßelten. Die Schürze hatte sie gegen eine weiße Morgenjacke und einen schwarzen Rock vertauscht – und sogar das Kind war herausgeputzt, wenn auch bloß mit einem blauseidenen Haarband. In dem stickigen Zimmer, in dem die Fliegen gegen die Decke prallten und auf den Tisch fielen, wurden wir allmählich betrunken.

»Jetzt hört mir mal zu!« schrie die Frau und schlug mit der Faust auf den Tisch. »Sechs Jahre bin ich jetzt verheiratet – und vier Fehlgeburten! Ich sag' zu ihm: ›Was glaubst du eigentlich‹, sag' ich, ›zu was ich hier bin? Wenn du wieder an der Küste unten wärst, würd' ich dich lynchen lassen wegen Kindermord!‹ Immer wieder und wieder hab' ich's ihm gesagt: ›Du hast mir allen Mut genommen und mein Aussehen ruiniert, und wofür?‹ Und wofür – darauf wollt' ich hinaus.« Sie griff sich mit beiden Händen an den Kopf und starrte uns reihum an. Rasch sprach sie weiter: »Oh, manche Tage – aber monatelang – hör' ich das Wort dauernd in mir klopfen: ›Wofür?‹, und manchmal, wenn ich Kartoffeln koche und hebe den Deckel ab, um reinzustechen, dann hör' ich's plötzlich ganz deutlich: ›Wofür?‹ Oh, ich meine ja nicht bloß die Kartoffeln und das Kind, ich meine – ich meine«, sie rülpste –, »na, Sie wissen wohl, was ich meine, Mr. Jo!«

»Ich weiß«, sagte Jo und kratzte sich am Kopf.

»Das Schlimme für mich war, daß er mich zuviel allein gelassen hat!« Sie beugte sich über den Tisch. »Als die Postkutsche nicht mehr hier durchfuhr, ist er manchmal tagelang und manchmal wochenlang weggegangen und hat's mir überlassen, mich um den Laden zu kümmern. Dann kam er wieder – quietschvergnügt. ›Oh, hallo!‹ ruft er. ›Wie geht's, wie steht's? Komm, gib mir 'n Kuß!‹ Manchmal bin ich 'n bißchen eklig geworden, und da ist er gleich weg, und wenn ich's mir hab' gefallen lassen, hat er gewartet, bis er mich um den Finger wickeln konnte, und dann hat er gesagt: ›Na, leb schön wohl, ich muß jetzt weg!‹ Und glauben Sie, ich hätt' ihn halten können? Ausgeschlossen!«

»Mumma«, quäkte das Kind, »ich hab' ein Bild von den dreien auf der Kuppe gemalt, und von dir und mir und dem Hund hier unten!«

»Halt die Klappe!« sagte die Frau.

Ein greller Blitz züngelte durchs Zimmer, und wir hörten den Donner murren.

»Gut, daß es ausgebrochen ist«, sagte Jo. »Ich hab's seit drei Tagen in meinem Kopf gespürt!«

»Wo ist Ihr Mann jetzt?« fragte Jim langsam.

Die Frau schluchzte auf und ließ den Kopf auf den Tisch fallen: »Jim, er ist auf die Schur und hat mich wieder allein gelassen!« jammerte sie.

»Heda, aufgepaßt mit den Gläsern!« sagte Jo. »Prosit! Nehmen Sie noch einen Schluck! Es nützt nichts, über fortgelaufene Männer zu weinen! Jim, du bist ein elender Blödmann!«

»Mr. Jo«, sagte die Frau und trocknete sich die Augen an der Rüsche ihrer Jacke, »Sie sind ein Gent, und wenn ich 'ne Frau wäre, die Geheimnisse hat – mein ganzes Vertrauen würde ich auf Sie setzen! Und da drauf will ich gern noch einen trinken!«

Von Minute zu Minute wurden die Blitze greller, und der Donner kam immer näher. Jim und ich schwiegen. Die Kleine rührte sich nicht von der Bank weg – während sie zeichnete, steckte sie die Zungenspitze heraus und schnaufte übers Papier.

»Es kommt von der Einsamkeit«, sagte die Frau zu Jo, der sie verliebt anglotzte, »und daß man hier wie 'ne Gluckhenne eingesperrt ist!« Er reichte ihr über den Tisch hinweg seine Hand und hielt ihre Hand fest, und obwohl diese Stellung furchtbar unbequem schien, wenn sie Wasser oder Whisky weiterreichen wollten, blieben ihre Hände doch wie geleimt ineinander liegen. Ich schob meinen Stuhl zurück und ging zu der Kleinen hinüber, die sich sofort auf ihre künstlerischen Heldentaten setzte und mir eine Fratze schnitt.

»Du darfst es nicht anschauen!« sagte sie.

»Ach was, sei nicht eklig!« Jim war zu uns gekommen, und wir waren beide so betrunken, daß es uns gelang, die Kleine zu beschwatzen, bis sie uns die Bilder zeigte. Sie waren ganz ungewöhnlich und abstoßend ordinär. Schöpfungen einer Verrückten, ausgeführt mit der Abgefeimtheit einer Verrückten. Der Geist der Kleinen war krank, daran konnte man nicht zweifeln. Und während sie uns die Bilder zeigte, steigerte sie sich in eine tolle Erregung hinein und lachte und zitterte und fuchtelte mit den Armen.

»Mumma«, kreischte sie, »jetzt will ich ihnen das malen, wovon du gesagt hast, ich darf's niemals tun! Jetzt tu' ich's!« Die Frau stürzte vom Tisch herüber und schlug das Kind mit der flachen Hand auf den Kopf.

»Ich hau' dich auf den nackten Hintern, wenn du dich unterstehst und das noch mal sagst!« schrie sie. Jo war zu betrunken, um etwas zu begreifen, aber Jim fiel ihr in den Arm. Das Kind ließ keinen Mucks hören. Es lief zum Fenster und begann, Fliegen vom Fliegenfänger abzuzupfen.

Wir gingen an den Tisch zurück – Jim und ich saßen auf

der einen Seite, die Frau und Jo saßen Schulter an Schulter auf der andern Seite. Wir lauschten auf den Donner, sagten dümmlich: »Das war ganz nah«, oder »Wieder einer!«, und Jo ulkte bei einem schweren Schlag: »Abfahrt! Festhalten!«, bis endlich der Regen scharf wie Gewehrfeuer auf das Blechdach prasselte.

»Sie sollten lieber hier oben übernachten!« sagte die Frau.

»Ja, wirklich«, sagte Jo, der offensichtlich über diese Wendung schon im Bilde war.

»Holt eure Sachen vom Zelt rauf! Ihr beide könnte im Laden schlafen – bei der Kleinen –, sie ist's gewöhnt, dort zu schlafen und stört sich nicht an euch!«

»Oh, Mumma«, wurde sie vom Kind unterbrochen, »noch nie habe ich im Laden geschlafen!«

»Halt den Mund und lüge nicht! Und Mr. Jo kann das Zimmer hier haben!«

Die Verteilung kam uns lächerlich vor, aber es hatte keinen Sinn, ihnen zu widersprechen, sie waren zu betrunken. Während die Frau den Schlachtplan entwarf, saß Jo hochrot und ungewöhnlich ernst mit hervorquellenden Augen da und zupfte an seinem Schnurrbart.

»Gib mir eine Laterne«, sagte Jim, »ich geh zur Koppel runter.« Wir zwei gingen zusammen. Der Regen peitschte uns ins Gesicht, die Gegend war hell, als wütete ein Buschfeuer. Wir benahmen uns wie zwei Kinder, die mitten im schönsten Abenteuer steckten, lachten und überschrien uns, und als wir wieder bei der Hütte anlangten, war das Kind schon auf dem Ladentisch zu Bett gebracht worden. Die Frau gab uns eine Lampe. Jo nahm sein Bündel von Jim in Empfang, und die Tür wurde geschlossen.

»Allerseits gute Nacht!« brüllte Jo.

Jim und ich saßen auf zwei Kartoffelsäcken. Nicht ums liebe Leben hätten wir aufhören können zu lachen. Von der Decke baumelten Zwiebelschnüre und Räucherwaren, und wohin wir auch schauten, überall waren Plakate für ›Camp-kaffee‹ und Büchsenfleisch. Wir deuteten darauf und versuchten sie uns vorzulesen, doch Gelächter und Schluckauf überwältigten uns. Die Kleine auf dem Ladentisch starrte uns an. Sie warf die Decke beiseite, kletterte auf den Fußboden hinunter und stand in ihrem grauen Flanellhemd da, ein Bein gegen das andre reibend. Wir beachteten sie nicht.

»Worüber lacht ihr?« fragte sie unsicher.

»Über dich!« schrie Jim. »Über das ganze Lumpen-pack!«

Sie wurde fuchsteufelswild und schlug mit den Fäusten um sich. »Ich laß mich nicht auslachen von euch – euch Kötern!«

Jim stürzte sich auf sie und schwenkte sie auf den Ladentisch.

»Schlaf endlich, du Frechdachs! Oder mal uns ein Bild! Da hast du einen Bleistift – kannst in Mamas Kontobuch malen!« Trotz des Regens hörten wir, wie Jo über die knarrenden Dielen des Nebenzimmers schlich – wie eine Tür geöffnet wurde – und ins Schloß fiel.

»Das kommt von der Einsamkeit«, tuschelte Jim.

»Hundertfünfundzwanzig verschiedene Arten – ach du liebe Güte!«

Die Kleine riß eine Seite aus dem Kontobuch und warf sie mir zu.

»Da habt ihr's«, sagte sie. »Jetzt hab' ich's doch gemalt – Mumma zum Trotz, weil sie mich mit euch beiden hier eingesperrt hat. Ich hab' das eine gemalt, wovon sie gesagt hat, ich darf's niemals tun. Ich hab' das eine gemalt, wovon sie gesagt hat, sie erschießt mich, wenn ich's tu'. Mir egal! Mir egal!«

Die Kleine hatte ein Bild von der Frau gezeichnet, wie sie einen Mann mit einer Krähenflinte erschießt und dann ein Loch buddelt, um ihn darin zu vergraben.

Sie sprang vom Ladentisch herunter, krümmte sich auf dem Fußboden und biß sich die Nägel.

Jim und ich saßen bis zum Morgengrauen auf, neben uns die Zeichnung. Es hörte auf zu regnen, die Kleine schlief ein und atmete laut. Wir erhoben uns, stahlen uns aus der Hütte und liefen zur Koppel hinunter. Weiße Wolken zogen über den rötlichen Himmel – ein kühler Wind wehte; die Luft roch nach feuchtem Gras. Im Moment, als wir uns in den Sattel schwangen, trat Jo aus der Hütte: er winkte uns, loszureiten.

»Ich hole euch später ein!« schrie er.

Dann eine Wegbiegung – und der Ort war verschwunden.

Nachwort

In diesem Jahr erschien eine Mansfield-Biographie von Claire Tomalin mit dem herausfordernden Untertitel: »Ein geheimnisvolles Leben.« Gewiß war Katherine Mansfields Leben voll mancher Geheimnisse, denn es war ein vielgestaltiges, buntes, ja stürmisches Leben, und sie selber war, wie sie oft versicherte, eine verschwiegene Natur. Schon während der ersten Schulzeit bezeichneten ihre Mitschülerinnen und ihre Lehrerin sie als geheimnistuerisch, sie schwindle auch oft. Allerdings liebte es Katherine, sich aufzuspielen, und sie hatte mancherlei Gründe dafür. Als sie viele Jahre später in London lebte, ging sie mit ihrer phantasievollen Selbstdarstellung sogar soweit, sich eine besondere Kleidung, die von ihren Fotos her bekannten Samtjäckchen zuzulegen, und erfand für sich einen für die damalige Zeit recht auffälligen Haarschnitt – oder sie trat »japanisch« auf.

In Wellington in Neuseeland wurde sie am 14. Oktober 1888 als Tochter des reichen Geschäftsmannes Beauchamp geboren und wuchs in einer Familie auf, die sich sehr »englisch« fühlte und eine spießbürgerliche Förmlichkeit pflegte. Das gescheite Mädchen galt bald als »aus der Reihe gefallen«, denn ihre jüngeren Schwestern waren gefügig und sanft, sie dagegen war kritisch und hatte Sinn für Humor und für die abstrusen Seiten des Lebens. Die auf steifes Benehmen bedachte Mutter konnte der Tochter ihre Aufsässigkeit und Spottlust nie verzeihen und enterbte sie sogar.

Wegen der Gesundheit seiner Familie erwarb der Vater ein Landgut außerhalb der Stadt im kleinen Bergdorf Karori hoch über der Meeresbucht. Katherine liebte es, in der Umgebung – mit noch richtigem Buschwald und Baumfarnen – herumzustreifen, lernte reiten und unterhielt sich mit den in der Nähe wohnenden Ureinwohnern, den Maoris. Auch darin unterschied sie sich von ihren Schwestern. Ihre spätere Erzählung *Das Puppenhaus* bezeugt ihre Gesinnung den Kindern armer Leute gegenüber. – Als Katherine zehn Jahre alt war, zog die Familie Beauchamp wieder in die Stadt, in ein Haus, das uns durch Katherines großartige Erzählung *Das Gartenfest* vertraut ist und die ihre dünkelhafte Familie karikiert. In der als vornehm geltenden Privatschule, die Katherine und ihre braven Schwestern besuchten, hatte sie bald eine Anzahl ähnlich aufsässiger Freundinnen um sich versammelt und gab eine handgeschriebene Schulzeitung heraus. Sie fühlte sich besonders zu einer eleganten, selbstbewußten Maori-Prinzessin, einem Halbblut, hingezogen, die ihr mit einer herzlichen Wärme entgegenkam. Die Begegnungen mit dieser lesbischen Freundin mußte sie geheimhalten.

Als Katherine bei einem Fest ihrer Eltern den fünfzehnjährigen Arnold Trowell, ein Wunderkind, Cello spielen hörte, bat sie ihren Vater, ihr ein Cello zu kaufen. Sie durfte bei Arnolds Vater, einem Musiker, Cellostunden nehmen, übte mit Ausdauer und verliebte sich in Arnold, der nun den Wunsch in ihr weckte, das engherzige Wellington zu verlassen und in London Musik zu studieren. Katherines Vater hatte ohnehin die Absicht, seine drei älteren Töchter in ein Londoner College mit Internat zu schicken, damit sie dort den letzten Schliff erhalten sollten. Auch in diesem »Queen's College« fühlte sich Katherine als Außenseiterin, weil sie, da in den Kolonien geboren, als »kleine Wilde« galt. Aber auch das überspielte sie durch phantasievolles Aufbauen ihrer Persönlichkeit. Ihre beste Freundin wurde Ida Baker, die Geige spielte und gleich Katherine am Schreiben interessiert war. Schon hier soll betont werden, daß die große Liebe zwischen ihnen nicht auf lesbischen Neigungen beruhte. Ida war eine mütterliche Natur, die jemanden brauchte, den sie aufopfernd umsorgen konnte. So wurde sie für Katherine, die an ihrer kaltherzigen Mutter das Mütterliche vermißte, zur unentbehrlichen Freundin, von Katherine mit der Liebe eines Kindes geliebt, also rückhaltlos jede Hilfe verlangend, oft gehässig ertrotzend und dann wieder reuig um Verzeihung bittend. Trotz alledem nannte sie Ida nicht »Mutter«, sondern »my wife«, weil Ida Katherines Idealbild von einer Ehefrau entsprach. Sich selbst gab sie jetzt den Künstlernamen »Mansfield«, in Erinnerung an ihre geliebte Großmutter. Ida beehrte sie mit dem Namen ihres Bruders Leslie, und als »Leslie« ging Ida in die Literaturgeschichte ein.

Sehr stark wurde Katherine von ihrem damaligen Deutschlehrer Professor Rippmann beeinflußt, der diejenigen seiner Schülerinnen, bei denen er mit seiner skeptischen Einstellung ein Echo fand, zu literarischen Abenden in seine Wohnung einlud. Er machte sie mit den »Dekadenten«, vor allem mit Oscar Wilde bekannt, dessen Äußerungen bei der jungen Katherine einen tiefen, vielleicht verhängnisvollen Eindruck hinterließen. Auch für Rippmann schwärmte sie. Wahrscheinlich gehörte er in Katherines späteren Londoner Jahren zu ihren zahlreichen Liebhabern.

Nur zu schnell vergingen die drei vom Vater vorgeschriebenen Londoner Studienjahre. Bei Ida beklagte sich Katherine sehr, daß sie nun in das spießige Wellington zurückkehren müsse, und von dort sandte sie dann Ida regelmäßige Berichte und schilderte ihr, wie unglücklich sie sich im Hause ihrer Eltern fühle, die nur Interesse für Golf und Bridge hätten. In der späteren Erzählung *Wenn der Wind weht* beschreibt sie den Weg an der Esplanade mit ihrem Bruder Leslie. In Edith Bendell entdeckt sie eine gleichgesinnte Freundin, die auch künstlerisch veranlagt ist: sie zeichnet und illustriert Kindergeschichten. Die späteren Erzählungen *Sonne und Mond* und *Das Puppenhaus* sprechen von Katherines großer Kinderliebe, die sich zu ihrem Kummer nie verwirklichen konnte. Auch das Verhältnis mit Edith war lesbisch – doch derartige Neigungen wurden später von Katherine verurteilt und abgelehnt.

Die Cellostunden bei Arnold Trowells Vater nahm sie wieder auf. Ihre einstige Verliebtheit in das »Wunderkind« Arnold verblaßte etwas; doch in Gedanken bezeichnete sie ihn als »Freund und Gatten«, als er mit seinem Zwillingsbruder Garnet nach Europa geschickt wurde, um weiterzustudieren. Als nun aber die Eltern Trowell, die ihren Söhnen näher sein wollten, auch fortzogen, kannte Katherines Niedergeschlagenheit keine Grenzen. Auch der Erfolg mit ihren selbstgeschriebenen Skizzen, die sie nach Melbourne geschickt hatte und für die sie einen Scheck erhielt, vermochte sie nicht zu trösten. Eine Reise zu den Maoris, in die Gegend um Roturua mit den brodelnden Schlammvulkanen, lenkte sie etwas ab. Die Begegnung mit den Eingeborenen ergab viele Jahre später die berühmte Erzählung *Die Frau im Kaufladen*, in der mit verblüffender Sachlichkeit über einen Mord berichtet wird.

Aber Katherine konnte London mit seiner verfeinerten Kultur nicht vergessen und bedrängte ihren Vater, ihr end-

223

lich die Erlaubnis zum Weiterstudium zu geben und sie in ein Londoner Heim für Musikstudentinnen eintreten zu lassen. Der Vater willigte ein, gewährte aber der im Reichtum aufgewachsenen und daher verwöhnten Tochter eine viel zu niedrige Jahresrente, so daß ihr nach Bezahlung der Wochenmiete nur klägliche zehn Shilling für ihre persönlichen Ausgaben übrigblieben. Doch nun sprang die hilfsbereite Ida ein, die sie schon an der Bahn abgeholt hatte, und half ihr aus jeder Notlage, in der die unternehmungslustige Katherine nur zu oft steckte. Sie hatte sich ja aus Wellington fortgesehnt, um etwas »zu erleben« und »Erfahrungen« zu sammeln, denn das hielt sie für unerläßlich, wenn sie ernsthaft mit dem Schreiben beginnen wollte. Da ihr das Leben im Heim mit all den Musikstudentinnen zu unruhig war, zog sie zu der jetzt in London angesiedelten Familie Trowell, deren Zwillingssöhne einstweilen noch in Brüssel studierten. Bei den Trowells war sie bald Kind im Hause. Als dann der einst angeschwärmte ältere Sohn Arnold, dessen Bild bisher auf ihrem Nachttisch gestanden hatte, zusammen mit dem jüngeren Zwilling Garnet nach London übersiedelte, war Katherine von ihm enttäuscht, weil er sich zu einseitig auf seinen Künstlerberuf vorbereitete und keine Gedanken an die Liebe verschwenden wollte. Bei dem sanfteren Sohn Garnet stieß Katherine auf Gegenliebe und verlobte sich mit ihm, was die Eltern Trowell ganz in Ordnung fanden. Doch als es zu einem Liebesverhältnis kam – und wie hätte es bei der nach Erfahrungen dürstenden Katherine auch anders sein können –, waren die Eltern empört, und Katherine mußte ausziehen. Sie hatte bereits vorher einige Zeit heimlich mit Garnet in Schottland gelebt, wo er bei einer herumreisenden Operntruppe als Geiger angestellt war. Manchmal hatte sie als Statistin mitgemacht,

224

doch fand sie keine Ruhe zum Schreiben und mußte nun in das Studentinnen-Heim zurückkehren. Sie sehnte sich nach Garnet, der von seinen Eltern daran gehindert wurde, Katherine wiederzusehen. Sie merkte, daß ihr Zusammenleben mit Garnet als »seine Frau« nicht ohne Folgen geblieben war, was sie keineswegs störte – im Gegenteil, sie freute sich unbändig auf das Kind und war somit die »moderne Frau«, die ihre schrankenlose Freiheit genoß. Bis sie hörte, daß ihre Mutter nach London kommen wollte!

Die Mutter hatte von den englischen Verwandten erfahren, daß Katherine eine »lesbische Freundin« habe – und dann sogar, daß Katherine heiraten wolle. Um Unannehmlichkeiten vorzubeugen, hatte Katherine beschlossen, rasch einen ihrer zahlreichen Verehrer zu heiraten, den Sänger und Gesangslehrer George Bowden, der nicht wußte, wie ihm geschah. Am 17. März 1909 wurde er mit Katherine auf dem Standesamt getraut. Die Hochzeitsreise führte nur bis zum Hotel, und in der Nacht verließ Katherine ihren verblüfften Gatten, ohne daß die Ehe vollzogen war. Ida verhalf ihr zu einer billigen Wohnung, denn nach einer Überfahrt von fünf Wochen erschien die Mutter und wurde von Katherine an der Bahn abgeholt. Mißbilligend wurde sie begrüßt. Obwohl Katherine schon im fünften Monat ihrer Schwangerschaft war, ließ sich ihre Mutter nicht anmerken, daß sie etwas ahnte, sondern war nur darauf bedacht, die mißratene Tochter schleunigst aus England zu entfernen und den Schandfleck der Familie zu beseitigen. Sie brachte Katherine nach Bayern und ließ sie dort allein zurück.

In Bad Wörishofen mit seinen schönen Wäldern gefiel es Katherine recht gut. Vom ihr angewiesenen Hotel zog sie bald in eine Familien-Pension um, wo sie die deutschen

Gäste beobachtete und sie später in satirischen Erzählungen verewigte. Sie freute sich sehr auf ihr Kind, erlitt aber eine Fehlgeburt, als sie einen Koffer von einem Schrank hob. Um sie in ihrem Unglück zu trösten, schickte ihr die treue Ida einen unterernährten, achtjährigen Londoner Knirps, der mit umgehängtem Namensschild auch richtig bei Katherine eintraf und von ihr aufgepäppelt wurde, bis sie ihn nach zwei Monaten wieder zurücksandte.

Unterdessen hatte sie nette Freunde kennengelernt, eine österreichische Familie, die sie später in Genf wiedersah, und einige Polen, die ihr slawische Lieder vorsangen und sie mit polnischer und russischer Literatur bekanntmachten. Zu ihrem Unheil verliebte sie sich in den Polen Floryan S., der – vielleicht ahnungslos – ihr weiteres Leben, also von 1909 bis zu ihrem Tode im Jahre 1923, vernichtete. Die erste Unglücksgabe bestand darin, daß er Katherine in London fortlaufend – und danach noch ihren zweiten Mann, John Middleton Murry, bis zum Jahre 1947 mit Drohungen wegen eines Plagiats erpreßte. Er hatte Katherine nämlich in Wörishofen eine Erzählung von Čechov gezeigt, die Katherine dann als Vorlage für ihre eigene Erzählung *Das Kind, das müde war* benutzte und neben anderen dem Londoner Redakteur der Zeitschrift *New Age* anbot, der sie begeistert annahm. Von da an war ihre Laufbahn als Schriftstellerin gesichert – und doch war ihr Leben zerstört.

Floryan hatte sie mit einer scheinbar ausgeheilten Gonorrhoe angesteckt – einer damals bei Frauen noch unheilbaren Geschlechtskrankheit, die nach dem ersten widerlichen Auftreten noch eine ganze Reihe schwerer Leiden nach sich zog: Bauchfellentzündung, chronischen Gelenkrheumatismus, Brustfellentzündung und Anfälligkeit für Tuberkulose. Von alledem ahnte Katherine noch nichts, als sie im Dezember 1909 aus Bayern nach London zurückkehrte. Da sie sich in Wörishofen schon als »Mrs. Katherine Bowden-Beauchamp, Schriftstellerin« eingetragen hatte, kam ihr jetzt der Gedanke, sich an Bowden zu wenden, obwohl sie eigentlich mit Floryan abgemacht hatte, ihn in Paris zu treffen und zu heiraten. Nun ließ sie Floryan im Stich und sandte Bowden, der damals gerade abwesend war, ein Telegramm, unterzeichnet »deine Frau«. Der gutmütige Bowden kehrte zurück und lud Katherine ein, bei ihm zu wohnen – nur dürfe sie nicht von Ida besucht werden, die er für Katherines lesbische Freundin hielt – also für die Ursache des ihm unerklärlichen Wirrwarrs. Aber als Katherine in Bowdens Wohnung eine Bauchfellentzündung bekam, mußte Ida doch um Hilfe gebeten werden, was um so nötiger war, da sich im Sommer bei Katherine noch eine Eileiterentzündung nebst Operation anschloß.

Zur Nacherholung schaffte Ida die leidende Katherine nach Rottingdean in ein Cottage. Dort besuchte Bowden sie ein paarmal, dann brach Katherine die Beziehung zu ihm ab. Auch andere Freunde suchten sie auf, darunter A. R. Orage, der Herausgeber des *New Age*, der mit seiner Freundin B. Hastings, auch einer Schriftstellerin, zusammenlebte. Beide schlossen sich Katherine an und wurden ihre Freunde, denn sie verehrte Orage als den Mann, »der sie denken und schreiben gelehrt hatte«.

Als es ihr besser ging, konnte sie nach London zurückkehren. Der im Herbst 1910 nach Marokko reisende Maler Bishop stellte ihr seine Wohnung in Chelsea zur Verfügung. Katherine wohnte sehr gerne dort, arbeitete weiter an Erzählungen und sah viele Freunde. Mit Idas Hilfe kaufte sie in Teilzahlungen den Flügel einer über ihr wohnenden

Dame, um darauf zu üben. Zu ihren neuen Verehrern gehörte der junge Lehrer und Schriftsteller Orton, der später über ihr Zusammenleben schrieb. Nach Aussage Idas hatte die immer auf Erfahrungen erpichte Katherine noch eine andere Liebesbeziehung zu einem Unbekannten: vielleicht war es der ehemalige Deutschlehrer Professor Rippmann – oder ein Wiener Journalist, der zwölf Jahre ältere Sil-Vara. Im Mai erschien der Maler Bishop wieder, und Katherine suchte sich eine eigene Wohnung, Clovelly Mansions, hoch über den Dächern Londons, die sie mit Idas Hilfe ohne Möbel einzurichten versuchte. Japanische Matten und Sitzkissen bedeckten den Boden, zwei Ruhebetten standen im Vorderzimmer, das andere Zimmer füllte der Flügel aus. Es war, wie ihre Freunde fanden, eine sehr originelle Wohnung, und Ida glaubte, sie könne unbesorgt nach Rhodesien zu ihren Verwandten reisen. Sie hinterließ Katherine sechzig Pfund für die Geburt eines mit großer Vorfreude erwarteten Kindes. Doch als Ida nach acht Monaten zurückkehrte, war kein Baby da, und das Geld war verbraucht.

Katherine hatte Nachricht von dem bevorstehenden Besuch ihrer Eltern erhalten, die mit ihren jüngeren Kindern zur Krönung nach London kommen wollten, und nun befürchtete sie wohl einen endgültigen Bruch mit ihren Eltern. Was sie unternahm, ist nicht sicher: wahrscheinlich hatte sie sich hilfesuchend an Orages Freundin gewandt. Sie fühlte sich jedenfalls ihr und Orage verpflichtet und überließ ihm eine neue Erzählung, *Ein Geburtstag*, die scheinbar in Bayern spielte. Jedoch nur die Namen sind deutsch: das karikierte Ehepaar ist unzweifelhaft Mr. Beauchamp mit Frau aus der Tinakori Road in Wellington, mitsamt der dortigen Hängebrücke über der Schlucht. Orage hatte

228

Katherines satirische Begabung sehr richtig erkannt und förderte sie.

Mit den Eltern war auch der jetzt sechzehnjährige, geliebte Bruder Leslie nach London gekommen und besuchte begeistert seine berühmte Schwester. Im Juli erkrankte Katherine aber an einer Brustfellentzündung, wonach ihre Mutter ihr empfahl, zur Erholung in den Süden zu fahren. Katherine zog es vor, nach Brügge und anschließend nach Genf zu reisen, um Stoff für neue Erzählungen zu suchen. Die heimgekehrte Ida war dann froh, als sie die inzwischen mittellose Katherine in Genf aufstöbern konnte.

Die folgenden elf Lebensjahre Katherines bis zu ihrem Tode stehen ganz unter dem Zeichen ihrer wechselvollen Beziehung zu ihrem zweiten Ehemann, John Middleton Murry, der damals, noch Oxford-Student, die kleine, aber angesehene Zeitschrift *Rhythm* herausgab. Auf Murrys Bitte hin sandte Katherine ihm als Beitrag die Erzählung *Die Frau im Kaufladen*, die bewundernd angenommen wurde. Der schüchterne junge Mann folgte einer Einladung Katherines in ihre so eigenartig möblierte Wohnung in Clovelly Mansions, in der sich inzwischen noch ein Schaukelstuhl eingefunden hatte, also ein Sitzplatz für den verlegenen Murry. Während Katherine auf dem Fußboden saß, erzählte er ihr von seinen Schwierigkeiten, und Katherine riet ihm, das Studium aufzugeben und sich ganz auf die Herausgabe des *Rhythm* zu konzentrieren. Daß sie so offensichtlich für den *Rhythm* gearbeitet hatte, erregte den Zorn ihres Freundes Orage, des *New Age*-Redakteurs, und fortan wurden sie und Murry heftig von Orage angegriffen.

Nach ein paar weiteren Besuchen Murrys in ihrer Wohnung forderte Katherine den scheuen Murry auf, er solle

»sie zu seiner Mätresse« machen, was Murry entsetzt von sich wies. Aber sie wurden trotzdem bald ein Liebespaar, und Murry zog in Clovelly Mansions ein. Im Mai 1912 unternahmen sie eine Art Hochzeitsreise nach Paris, und Katherine lernte Murrys Freunde kennen, die später auch die ihren wurden: die Malerin Anne Rice (die sie porträtierte), den Schriftsteller Cannon mit Frau und den Dichter und Bohémien Francis Carco, den Katherine ziemlich unverfroren in ihrer Erzählung *Je ne parle pas français* als Hauptfigur benutzte, also als Zuhälter und Gigolo. Ganz eindeutig tritt auch Murry darin auf, der Katherine von einem früheren Liebesverhältnis erzählt hatte. Als Katherine ihn viele Jahre später in einer grotesk-gehässigen Laune mit dieser Geschichte »überraschte«, war Murry, ohne es sich anmerken zu lassen, verärgert.

Nach der Rückkehr hatte Katherine den scheinbar gescheiten Einfall, dem Verleger Swift, der ein erstes Bändchen ihrer Erzählungen herausgebracht hatte, die Übernahme des *Rhythm* anzubieten. Swift nahm das Angebot sofort an, machte aber zur Bedingung, daß die beiden Murrys für zehn Pfund monatlich als Herausgeber arbeiteten, und bezahlte ihnen gleich vier Monate im voraus. Jetzt schienen sie mancher Schwierigkeiten enthoben, denn Murry hatte auch noch kleine Einnahmen als Rezensent der *Westminster Gazette*. Da ihnen, weil sie nicht verheiratet waren, die Wohnung gekündigt worden war, suchten sie sich ein Häuschen auf dem Lande und richteten es mit gegen Teilzahlung gekauften Möbeln ein. Aber im Herbst erklärte sich Swift für bankrott, floh außer Landes und hinterließ eine Schuldenlast von 400 Pfund, die jetzt die Drukker einforderten. Katherine mußte ihre Jahresrente verpfänden, und sie mußten das Häuschen aufgeben und in eine armselige Londoner Wohnung ziehen, die gleichzeitig ihr Büro war. Doch das Erscheinen des *Rhythm* wollten sie vorläufig nicht einstellen.

Außer den alten Freunden half ihnen auch ein irischer Anwalt, Gordon Campbell, öfters aus der Klemme. Er wurde ihr Freund, besuchte sie häufig und führte lange Zwiegespräche mit Murry, was Katherine aber sehr verdroß. Bald meldete sich auch D. H. Lawrence mit Frieda von Richthofen an. Frieda hatte bekanntlich ihren Mann, Professor Weekley, und ihre drei Kinder verlassen, um Lawrence nach Italien zu folgen. Sie konnte ihn nicht heiraten, weil Weekley nicht in eine Scheidung einwilligte, und auch eine Begegnung der Kinder mit ihrer Mutter verbot er. Katherine übernahm sofort Botengänge zwischen der unglücklichen Frieda und ihren Kindern. Die drei jungen Paare – die Murrys, die Lawrences und Campbell mit seiner Braut – verstanden sich außerordentlich gut, und Lawrence wurde im Laufe der Jahre Katherines treuer Freund, der sie besser verstand als der egoistische Murry. Er forderte die beiden Murrys auf, mit ihm und Frieda nach Italien zu gehen, denn die Einsamkeit und die schöne Natur seien anregend. Aber zu seinem Ärger war Murry zu ängstlich: er getraute sich nicht, längere Zeit irgendwo ohne feste Einnahmen zu leben, und wollte deshalb als Rezensent für die *Times* in Paris arbeiten. Die Übersiedlung nach Paris konnte nur mit Hilfe von Ida bewerkstelligt werden, die den Rest ihrer Familienmöbel dafür hergab. Dann wollte sie nach Rhodesien reisen. Zu Murrys Enttäuschung sandte die *Times* seine Beiträge wiederholt zurück, und er hatte keine anderen Einnahmen. Mit Carcos Hilfe verkauften sie Idas Möbel notgedrungen an eine Bordellwirtin, und mit dem Erlös konnten sie gerade noch die fällige Miete und die

Rückreise nach London bezahlen. Für den Anfang verschafften ihnen die Freunde eine Wohnung – . Darauf folgten später noch eine ganze Reihe geradezu vewirrend zahlreicher Umzüge.

Kurz vor dem Ausbruch des Ersten Weltkriegs, unter dem alle Freunde der Murrys litten, lernten sie den Russen Koteliansky kennen, der den Freundeskreis erfreulich erweiterte und von ihnen »Kot« genannt wurde. Er war mit einem Stipendium aus Kiew gekommen, um zu studieren, blieb aber für immer. Während der Kriegsjahre und später, in Katherines Leidenszeit, erwies er sich als zuverlässiger, uneigennütziger Freund.

Die Murrys wohnten jetzt in einem feuchten Haus, in dem sich Katherines Gelenkrheumatismus verschlimmerte. Ein Arbeitszimmer hatte sie auch nicht, weil Murry den einzigen geeigneten Raum für sich beanspruchte. Sein Egoismus und seine Gleichgültigkeit empörten Katherine immer mehr, und um Weihnachten 1914 beschloß sie, sich von ihm zu trennen. Sie hatte glühende Liebesbriefe von Francis Carco, Murrys Pariser Freund, erhalten, der damals bei Besançon im französischen Heer diente und Katherine seine Wohnung in Paris anbot. Als nun im Februar 1915 Katherines Bruder Leslie nach London kam, um sich zum Offizier ausbilden zu lassen, lieh er Katherine bereitwillig Geld für eine Reise nach Frankreich, wobei er annahm, daß *beide* Murrys sie planten. Katherine reiste aber allein, zuerst – mitten im Krieg – zu Carco an die Front und dann in seine Wohnung am Quai des Fleures mit dem Blick auf den Blumen-Markt, wie sie es im *Feuille d'Album* so prächtig beschrieben hat. Die Tage ihres Beisammenseins mit Carco enttäuschten sie, weil sie ihn als ebenso selbstsüchtig wie Murry erkannte. In Carcos Wohnung

232

hatte sie auch die Geschichte *Wenn der Wind weht* überarbeitet und eine lange Novelle geschrieben, die später unter dem Titel *Prélude* auf der Handpresse von Leonard und Virginia Woolf gedruckt wurde. Damit begann die Annäherung und schließlich die Freundschaft mit der Schriftstellerin Virginia Woolf.

Katherine zog nun wieder zu Murry in dessen neue Wohnung in der Acacia Road, wo ihr Bruder Leslie sie täglich besuchte und wo sie beide, Jugenderinnerungen austauschend, fünf glückliche Wochen verlebten. Der Birnbaum im Garten erinnerte sie so sehr an ihre Kindheit, daß Katherine ihn als wichtiges Symbol in ihre Erzählung *Glück* aufnahm. Doch dann kam Leslie an die Front, und nach wenigen Tagen wurde er von einer Handgranate in Stücke gerissen. Katherines Kummer war maßlos. Sie erklärte Murry, daß sie nicht in der Acacia Road, einer Wohnung, in der sie mit Leslie so glücklich gewesen war, bleiben könne: sie wolle nach Südfrankreich fahren. Murry begleitete sie, und in einem Hotel in Bandol in Südfrankreich fanden sie Unterkunft.

Katherines Trauer um Leslie war jedoch so unbesiegbar, daß Murry eifersüchtig auf den Toten wurde und empört abreiste... Es verhielt sich also nicht so, wie es Murry später in seinem Essay über Katherine darstellte: »Ihre Trauer um ihren toten Bruder war unbesiegbar, aber fast gleichzeitig entfaltete sich eine neue Liebe zu ihrem Gatten.« Katherine verharrte allerdings weiter in tiefem Gram, und schließlich sehnte sie die Anwesenheit Murrys wieder herbei. Sie fand in der schönen Villa Pauline ausreichend Platz für sie beide, und nach Murrys Rückkehr verlebten sie endlich, jeder in Ruhe arbeitend, drei harmonische Monate. Im Frühjahr reisten sie, einer Aufforderung Lawrences folgend, nach Cornwall, wo er ein für Katherine besonders geeignetes »Turmzimmer« vorbereitet hatte. Aber obwohl Katherine viele Jahre später vom Frühling in Cornwall schwärmte, reiste sie doch bald wieder ab, weil das in der Nähe wohnende Ehepaar Lawrence sich zu heftig stritt – auch das ein Zeichen für die Lawrence bedrohende Tuberkulose, die ihn ebenso reizbar machte, wie es mit der Zeit auch Katherine gegenüber Murry und Ida wurde.

Katherine ließ sich nun von Lady Ottoline Morrell, einer reichen, exzentrischen Mäzenin von Künstlern, auf deren schönes Landgut einladen. Als Murry einen Posten als Übersetzer im Kriegsministerium erhielt, zogen sie beide in ein Haus, in dem die Malerin Brett wohnte, eine Freundin des Ehepaars Lawrence, die viele Gäste bei sich sah, was sich auch auf das Leben der Murrys auswirkte. Um Ruhe zum Schreiben zu finden, mietete sich Katherine ein wunderlich gebautes Atelier an der Chelsea Road, empfing dort Freunde und auch den unterernährten Murry, dem sie häufig ein warmes Essen gab, denn sie erhielt dank der Hilfe des Freundes »Kot« auch schwer aufzutreibende Lebensmittel. Von Lady Ottoline wurde Murry nach Garsington eingeladen, er erkältete sich aber so sehr, daß Katherine gerufen wurde, um ihn zu pflegen. Die ohnehin für Krankheiten anfällige Katherine bekam abermals eine Brustfellentzündung und sollte auf Anraten des Arztes das englische Klima meiden, sonst drohe ihr Tuberkulose. Ohne zu bedenken, daß in Frankreich Kriegszustände herrschten, reiste die noch vor Schwäche schwankende Katherine Anfang Januar 1918 allein nach Bandol, das ihr schon einmal so gutgetan hatte. Ida oder Murry konnten sie nicht begleiten, weil beide einen

234

kriegswichtigen Posten bekleideten. Schließlich setzte Ida es unter Tränen durch, daß sie Katherine folgen und sie pflegen durfte.

Nach einem anstrengenden Spaziergang entdeckte Katherine bei einem Hustenanfall Blut im Auswurf. Der Anblick erschreckte sie so sehr, daß sie die vielgeplagte Ida zwang, sofort den Kur-Aufenthalt abzubrechen, um nach England zurückzukehren. In Paris, das unter der Bombardierung litt, mußten sie drei Wochen warten, ehe sie die Erlaubnis zur Weiterreise erhielten. In London war endlich die Scheidung Katherines von Bowden ausgesprochen worden, und die Murrys konnten heiraten, wenn auch auf beiden Seiten mit sehr gemischten Gefühlen. Katherine beklagte sich nach der Trauung, Murry habe sie nicht ein einziges Mal »seine Frau« genannt. Überdies fand sie die Wohnung viel zu eng und wohnte, bis Murry ein Haus aufgetrieben hatte, als Kurgast in einem Hotel in Cornwall.

Das Haus, das Murry dann gefunden hatte, nannten sie wegen seiner Größe und der grauen Farbe den »Elefanten«. Katherine richtete es nach ihrem Geschmack ein und hatte Ruhe und genug Personal. Trotzdem war alles zuviel für sie, und die Freunde, die sie dort besuchten, erschraken über ihr verändertes Aussehen. Sie litt ständig unter ihrem Gelenk-Rheumatismus. Daß Murry sich abwandte, wenn sie husten mußte, bedrückte sie. Als zwei Spezialisten ihr zur Kur in einem Sanatorium rieten, wollte Katherine unbedingt im »Elefanten« bleiben. Ida hatte dort die Aufsicht über die Dienstboten, wurde aber von Katherine weidlich ausgenutzt. Das Kriegsende verlebten sie, ohne zu feiern, aber zu Weihnachten gaben sie allen Freunden eine Party.

Im Herbst 1919 hatte sich Katherines Zustand so verschlimmert, daß ihr Arzt erklärte, sie müsse England für immer verlassen. Murry empfand es für sich als schweren Schlag, tröstete sich aber im Gedanken an den neuen Posten als Redakteur des *Athenaeums*, der ihm tausend Pfund jährlich eintrug, während Katherine, die vom Ausland aus Buchbesprechungen schicken sollte, monatlich nur zehn Pfund erhielt. Murry brachte sie und Ida nach San Remo, wo Katherine auch Erzählungen schrieb, so *Die Blume Sicherheit*. Der Hotel-Direktor hatte ihr ein kleines Chalet in Ospedaletti mit reizendem Garten und Meerblick verschafft. Sie litt unter qualvollen Schmerzen und ständigem Geldmangel, bis sie vom Verwalter ihrer Jahresrente eine monatliche Erhöhung erhielt.

Im November besuchte sie ihr Vater mit zwei Damen, einer Kusine und deren Freundin, die in Mentone in einer eigenen luxuriösen Villa wohnten. Sie schlugen vor, daß Katherine sich bei ihnen erholen solle. Katherine hatte gehofft, daß Murry sie zu Weihnachten besuchen würde. In ihrer Enttäuschung über den nicht erscheinenden Murry sandte sie ihm ein anklagendes Gedicht, das auf die Äußerung eines alten Arztes zurückgeht, den sie vor vier Jahren während ihres Alleinseins in Bandol kennengelernt hatte:

> *»Wer ist der Mann, der dich verbannt*
> *krank und kalt in ein fremdes Land?*
> *Wer ist der Eh'mann, wer der Stein,*
> *der ein Kind wie dich läßt so allein?«*

So quälte sich das bedauernswerte Paar gegenseitig. Katherine beklagte sich bei Ida auch über Murrys Geiz: er hatte sich von der Kranken sogar die Hälfte des Trinkgeldes zurückgeben lassen, das er dem Kutscher des Wagens gezahlt hatte, der sie zu ihrem Arzt fuhr.

In Mentone wurde sie – nach anfänglichen Schwierigkeiten und der Mühsal des Umzugs – von den beiden Damen verwöhnt und fand Ruhe zum Schreiben. In der Erzählung *Der Mann ohne Temperament* schilderte sie einen Ehemann, der verkörpern sollte, wie Murry gehandelt hätte, wäre er gezwungen worden, bei seiner kranken Frau zu bleiben. In Briefen an Murry beteuerte sie immer wieder, wie dankbar sie für Idas Treue sei. Und doch hatte sie während der schlimmsten Schmerzen Ida beschimpft und gequält! Aber Ida hatte volles Verständnis dafür. Im Frühling kehrten sie nach fünf Monaten in Mentone nach London zurück und wohnten im »Elefanten«. Dort schrieb Katherine jeden Monat eine Geschichte für das *Athenaeum*, darunter *Die Rettung* und *Sonne und Mond*. Erstere läßt sich sowohl als Groteske wie auch als Parodie auf ihr Eheleben lesen. In jenem Jahr erschien bei Constable wieder ein Band mit Katherines Erzählungen und erhielt gute Kritiken.

Um dem englischen Winter zu entgehen, fuhren Katherine und Ida im September 1920 wieder nach Mentone, wo sie diesmal in der Villa Isola Bella wohnten, einem Haus mit Terrasse und Garten. Katherine lag im Liegestuhl, oder sie schrieb Erzählungen. Als sie eines Nachts um drei Uhr die großartige Novelle *Die Töchter des jüngst verstorbenen Oberst Pinner* beendet hatte, wurde das Ereignis mit Ida zusammen gefeiert, weil sie von Idas Familie handelte, die Katherine bekannt war. Murry verlangte fortlaufend Besprechungen von langweiligen Büchern, die Katherine alle rezensierte und wofür sie vom *Athenaeum* zehn Pfund im Monat erhalten sollte – wenig genug und unter Erschöpfung geschrieben –, und eines Tages blieb auch dieses »Honorar« aus.

Zu Weihnachten besuchte Murry die Villa Isola Bella. Katherine fühlte sich schon vorher sehr elend. Sie hatte unerträgliche Schmerzen und hohes Fieber, bekam eine Lungenentzündung und litt unter Herzschwäche. Kurz vor Murrys Ankunft hatte sie einen Brief von der Prinzessin Bibesco erhalten, die sie tadelte, weil sie als Kranke Murry an sich fessele. Katherine verzieh Murry den Flirt mit der Prinzessin ebenso wie seine Liebelei mit der Malerin Brett. Sie wußte, daß Frauen mit starkem Charakter sich von dem hilflos wirkenden und treuherzig dreinblickenden Murry unwiderstehlich angezogen fühlten.

Weil der Arzt Katherine empfahl, nicht länger an der Riviera zu bleiben, sondern Heilung in der Schweiz zu suchen, fuhr sie mit Ida – die vorher den Haushalt im »Elefanten« in London aufgelöst hatte –, über Clarens nach Sierre im Wallis. Murry blieb in Oxford: als anerkannter Literaturkritiker hielt er eine Reihe von Vorlesungen. In Sierre schlug der Arzt seiner Patientin vor, das noch höher gelegene Chalet des Sapins in Montana zu mieten. Hier genoß Katherine ihr Balkonzimmer und die kräftige Waldluft.

Als Murry seine Vorlesungen beendet hatte, zog auch er nach Montana und blieb den ganzen Sommer und Winter bis zum Januar im Chalet, wo das Paar endlich in Eintracht zusammenlebte und arbeitete. Jetzt entstanden die aufschlußreichen, in Neuseeland spielenden Erzählungen *Das Gartenfest, Das Puppenhaus, Ihr erster Ball* und *Die Seereise*. Als Katherine an Dysenterie mit hohem Fieber erkrankte, konnte sie sich wieder auf Idas Hilfe verlassen, weil Murry sich als unfähig erwies, die Kranke zu pflegen.

Allmählich setzte sich der Gedanke in ihr fest, daß sie, um besser schreiben zu können, ihr Selbst heilen müsse. Beeinflußt war sie wohl schon durch Orage, ihren ersten Gönner, den Herausgeber des *New Age*, der ihr das Buch eines Theosophen, *Cosmic Anatomy*, empfohlen hatte. Als Katherine dann von ihrem treuen Freund »Kot« von der Bestrahlungskur des Dr. Manoukhin gegen Tuberkulose erfuhr, griff sie die Anregung auf und fuhr mit Ida nach Paris zu der empfohlenen Behandlung. Dr. Manoukhin riet ihr, sofort mit der Kur zu beginnen. Die Bestrahlungen müssen, wie Katherine erklärte, ein wahres Martyrium gewesen sein, aber sie hielt durch. In Paris entstand die Erzählung *Die Fliege*, die später weltberühmt wurde: in vielen Abhandlungen wurde in den verschiedensten Sprachen die Frage erörtert, ob diese Geschichte eine verborgene Grausamkeit der Autorin widerspiegle oder ob der seines Sohnes beraubte Vater die Fliege gar nicht töten, sondern nur ihren Lebensmut herausfordern wolle.

Murry hatte nach Katherines Abreise noch keine Lust gehabt, das angenehme Chalet des Sapins zu verlassen, langweilte sich aber dann doch und fuhr nach Paris. Als Katherine ihre Kur beendet hatte, sollte sie ins Wallis zurückkehren, wohin Murry sie begleiten wollte. Damit erwies sich die treue Ida, die Murry nicht sympathisch war, wieder einmal als überzählig: unverdrossen begab sie sich nach London und eröffnete dort eine Teestube. Das Ehepaar Murry trat die Reise in die Schweiz an, aber Murry war ein unfähiger Reisebegleiter und keine Hilfe für Katherine. Obendrein erkältete sich Katherine und traf geschwächt in Randogne ein. Deshalb mußte heimlich ein Hilferuf an Ida ergehen, die daraufhin in London sofort alles aufgab und zu Hilfe eilte. Sie übersiedelte mit Katherine ins Schloß-Hotel in Sierre, denn die beiden Murrys hatten sich wieder einmal »auseinandergelebt«. Murry blieb in Randogne und zog ins Haus der berühmten Kusine Elizabeth, die als Gräfin Arnim das beliebte Buch *Elizabeth and her German Garden* verfaßt hatte und jetzt das Leben einer emanzipierten Frau führte.

Im August setzte Katherine mit Idas Hilfe ihren Letzten Willen auf: als letzten Wunsch erbat sie, daß ihr der kleine Margeriten-Ring, Murrys erstes Geschenk, auch im Grab belassen bliebe. Murry erfüllte ihren Wunsch nicht, sondern gab den Ring ein Jahr nach Katherines Tod als Verlobungsgeschenk seiner zweiten Frau Violet. Zu der Zeit hatte Murry bereits einen Scheck über tausend Pfund für Katherines Bücher in Aussicht – »einen Scheck, der zehnmal größer als jeder Scheck war, den Katherine jemals erhalten hat!« schrieb er. Violet lebte nicht lange: sie schenkte Murry Kinder, starb aber bald an Tuberkulose. Seine dritte Frau, eine kräftige Farmerstochter, ärgerte sich maßlos über Murry, dessen Schwächlichkeit sie doch zuerst angezogen hatte. Sie verprügelte ihn, und er entfloh. Erst mit seiner vierten Frau Mary wurde er glücklich. Sie kaufte ihm eine seinen Idealen zusagende *Community-Farm*, und er konnte in Ruhe weitere literaturgeschichtliche Bücher und Biographien schreiben – leider auch ein gehässiges Buch über den beneideten D. H. Lawrence, wofür ihn Huxley und andere Schriftsteller verachteten. Seiner Frau Mary überließ er u. a. das Attest eines Arztes, das Katherines unverschuldete Leidensgeschichte enthüllte, die dadurch endlich in ihrer ganzen Tragik bekannt wurde.

Doch noch lebte Katherine. Im August 1922 beschloß sie, vor der zweiten Pariser Strahlenbehandlung nach Lon-

240

don zu fahren. Sie freute sich auf die Wiederbegegnung mit Freunden wie Orage und »Kot«. Orage nahm sie zu den Vorlesungen des Russen Ouspensky mit, der ein Schüler Gurdjieffs war und lehrte, wie die Menschen »die wahre Bewußtheit« erreichen könnten. Katherine gelangte immer mehr zu der Überzeugung, sie könne ihren Körper heilen, wenn sie ihre Seele rette, und fühlte sich – sehr zu Murrys Ärger, der Gurdjieff für einen Scharlatan hielt – unwiderstehlich von der Lehre der beiden Russen angezogen. Durch Orage hoffte sie Zugang zu Gurdjieff und seinem Institut zu erhalten, das er in Avon bei Fontainebleau gegründet hatte. Etwa dreißig russische Anhänger waren dort um ihn versammelt.

Anfang Oktober fuhr Katherine in Idas Begleitung nach Paris, angeblich, um die zweite Kur bei Manoukhin zu beginnen. Manoukhin beschrieb Gurdjieff ihre Leiden und bat ihn, Katherine einstweilen noch nicht aufzunehmen, denn sie sei einer strengen Willensschulung, wie sie von Gurdjieff verordnet wurde, noch nicht gewachsen. Am 17. Oktober trat Katherine zunächst probeweise ins Institut ein, nachdem Ida unter Tränen von ihr Abschied genommen hatte, weil sie von düsteren Ahnungen erfüllt war.

Aber Katherine war glücklich. Sie erhielt ein gutes Zimmer zugewiesen, mußte aber schon schwere Arbeiten verrichten, »damit ihr Wille gebrochen würde«. Mitte Deember fühlte sie sich sehr elend. Sie bewohnte jetzt ein feuchtes, zugiges Zimmer, das sie selbst heizen mußte. Nun wollte Gurdjieff sie mit einer wunderlichen Heilmethode verwöhnen. Im Glauben, daß die Luft im Kuhstall heilkräftig für die kranke Lunge sei, ließ er im Stall über den Kühen eine Empore errichten, stattete sie mit einem Diwan und schönen Teppichen aus und verordnete Katherine dort ein Liegekur.

Am 13. Januar sollte Weihnachten in russischem Stil gefeiert werden. Große Vorbereitungen waren im Gange, und Katherine lud ihren Mann zu dem Fest ein. Als Murry kam, war er erstaunt, sie so strahlend glücklich und wie verwandelt anzutreffen. Sie führte ihn im Institut herum. Als sie um zehn Uhr abends die Treppe zu Katherines Zimmer hinaufstiegen, überfiel sie ein starker Hustenreiz: sie mußte sich sofort aufs Bett legen, erlitt einen Blutsturz und starb unter den Händen der von Murry herbeigerufenen Ärzte. Es war der dreizehnte Januar 1923. Ida eilte, von Murry telegraphisch benachrichtigt, herbei und konnte Katherine nur noch in ihrem kahlen Sarg sehen und mit einem bestickten Tuch zudecken, das Katherine besonders geliebt hatte.

Auf ihren Grabstein ließ Murry die vielsagende Inschrift einmeißeln:

Katherine Mansfield
Frau des John Middleton Murry

Noch im gleichen Jahr begann Murry mit einer Flut von Veröffentlichungen ihrer Werke, sogar ihrer Tagebücher und Briefe und Rezensionen, wie es durchaus nicht Katherines Wunsch entsprechen konnte. Er baute bewußt einen wahren Heiligen-Kult auf, was Lawrence und andere Freunde und Schriftsteller übertrieben fanden. Sie sahen sich zu der bissigen Bemerkung veranlaßt: »Murry kocht Katherines Knochen aus, um ein gutes Süppchen herzustellen.« An den zwölf Büchern, teils von, teils über Katherine, die er in einer wahren Verlagskampagne bei Constable erscheinen ließ, war er der einzige Nutznießer. In den elf

242

Jahren, die unter dem Zeichen von Katherines tragischem Schicksal und ihrer verhängnisvollen Liebe zu Murry standen, hatte er sich zu einem angesehenen Kritiker und Biographen entwickeln können, während sich Katherine ohne seinen Beistand in Haßliebe und Einsamkeit verzehrte.

Elisabeth Schnack

Klassiker und moderne Klassiker
der angelsächsischen Literatur
im Diogenes Verlag

● **Ambrose Bierce**
Die Spottdrossel. Erzählungen und Fabeln. Auswahl und Vorwort von Mary Hottinger. Aus dem Amerikanischen von Joachim Uhlmann, Günter Eichel und Maria von Schweinitz. Zeichnungen von Tomi Ungerer detebe 20234

● **James Boswell**
Dr. Samuel Johnson. Leben und Meinungen. Mit dem Tagebuch einer Reise nach den Hebriden. Herausgegeben und aus dem Englischen von Fritz Güttinger. detebe 20786

● **Charlotte Brontë**
Jane Eyre. Eine Autobiographie. Roman. Aus dem Englischen von Bernhard Schindler. Mit einem Essay von Klaus Mann. detebe 21581

● **John Buchan**
Die neununddreißig Stufen. Aus dem Englischen von Marta Hackel. Mit Zeichnungen von Edward Gorey. detebe 20210
Grünmantel. Roman. Deutsch von Marta Hackel. Mit Zeichnungen von Topor detebe 20771
Mr. Standfast oder Im Westen was Neues Roman. Deutsch von Marta Hackel. Mit Zeichnungen von Topor. detebe 20772
Die drei Geiseln. Roman. Deutsch von Marta Hackel. Mit Zeichnungen von Tatjana Hauptmann. detebe 20773
Basilissa. Roman. Deutsch von Otto Bayer detebe 21249

● **W. R. Burnett**
Little Caesar. Roman. Aus dem Amerikanischen von Georg Kahn-Ackermann detebe 21061
High Sierra. Roman. Deutsch von Armgard Seegers und Hellmuth Karasek. detebe 21208
Asphalt-Dschungel. Roman. Deutsch von Walle Bengs. detebe 21417

● **Erskine Caldwell**
Wo die Mädchen anders waren. Ausgewählte Geschichten. Aus dem Amerikanischen von M. Artl, Elisabeth Schnack und Joachim Marten. detebe 21186

● **Raymond Chandler**
Der große Schlaf. Roman. Aus dem Amerikanischen von Gunar Ortlepp. detebe 20132
Die kleine Schwester. Roman. Deutsch von Walter E. Richartz. detebe 20206
Das hohe Fenster. Roman. Deutsch von Urs Widmer. detebe 20208
Der lange Abschied. Roman. Deutsch von Hans Wollschläger. detebe 20207
Die simple Kunst des Mordes. Essays, Briefe, eine Geschichte und ein Romanfragment Herausgegeben von Dorothy Gardiner und Kathrine Sorley Walker. Deutsch von Hans Wollschläger. detebe 20209
Die Tote im See. Roman. Deutsch von Hellmuth Karasek. detebe 20311
Lebwohl, mein Liebling. Roman. Deutsch von Wulf Teichmann. detebe 20312
Playback. Roman. Deutsch von Wulf Teichmann. detebe 20313
Mord im Regen. Frühe Stories. Vorwort von Philip Durham. Deutsch von Hans Wollschläger. detebe 20314
Erpresser schießen nicht. Detektivstories I detebe 20751
Der König in Gelb. Detektivstories II detebe 20752
Gefahr ist mein Geschäft. Detektivstories III detebe 20753
Alle drei deutsch von Hans Wollschläger.
Englischer Sommer. 3 Stories und Essays. Vorwort von Patricia Highsmith. Deutsch von Hans Wollschläger, Wulf Teichmann u.a. detebe 20754
Meistererzählungen. Deutsch von Hans Wollschläger. detebe 21619

Als Ergänzungsband liegt vor:
Frank MacShane
Raymond Chandler. Eine Biographie. Aus dem Amerikanischen von Christa Hotz, Alfred Probst und Wulf Teichmann detebe 20960

● **G. K. Chesterton**
Pater Brown und Das blaue Kreuz. Erzählungen. detebe 20731
Pater Brown und Der Fehler in der Maschine. Erzählungen. detebe 20732

Pater Brown und Das schlimmste Verbrechen der Welt. Erzählungen. detebe 20733
Eine Trilogie der besten Pater-Brown-Geschichten. Aus dem Englischen von Heinrich Fischer, Dora S. Kellner, Alfred P. Zeller u.a.

● **Joseph Conrad**
Lord Jim. Roman. Aus dem Englischen von Fritz Lorch. detebe 20128
Der Geheimagent. Roman. Deutsch von G. Danehl. detebe 20212
Herz der Finsternis. Erzählung. Deutsch von Fritz Lorch. detebe 20363
Das Duell. Sechs Erzählungen. detebe 21769

● **Stephen Crane**
Das blaue Hotel. Erzählungen. Herausgegeben, aus dem Amerikanischen übersetzt und mit einem Nachwort von Walter E. Richartz. detebe 20789
Die rote Tapferkeitsmedaille. Roman Deutsch von Eduard Klein und Klaus Marschke. Mit einem Nachwort von Stanley J. Kunitz und Howard Haycraft detebe 21299

● **Daniel Defoe**
Robinson Crusoe. Roman. detebe 21364

● **Walter de la Mare**
Sankt Valentinstag. Erzählungen. Aus dem Englischen von Elizabeth Gilbert detebe 21197
Die Orgie – eine Idylle. Erzählungen Deutsch von Elizabeth Gilbert. detebe 21236

● **Charles Dickens**
Ein Weihnachtslied in Prosa. Erzählung. Deutsch von Richard Zoozmann. Mit 16 Zeichnungen von Tatjana Hauptmann Diogenes Evergreens
Ausgewählte Romane und Geschichten in 7 Bänden. In der deutschen Übertragung von Gustav Meyrink
David Copperfield. Roman. Mit einem Essay von W. Somerset Maugham. detebe 21034
Oliver Twist. Roman. detebe 21035
Nikolas Nickleby. Roman. detebe 20998
Bleakhaus. Roman. detebe 21166
Drei Weihnachtsgeschichten. detebe 21241
Die Pickwickier. Roman. Mit einem Nachwort von Walter Kluge. detebe 21405
Martin Chuzzlewit. Roman. Mit einem Nachwort von Jerôme von Gebsattel detebe 21406

Als Ergänzungsband liegt vor:
Charles Dickens. Ein Essay von George Orwell. Deutsch von Manfred Papst detebe 21398

● **Arthur Conan Doyle**
Sherlock Holmes Geschichten. Aus dem Englischen von Margarete Nedem. detebe 21211

● **Ralph Waldo Emerson**
Essays. Herausgegeben und übersetzt von Harald Kiczka. Mit zahlreichen Anmerkungen und einem ausführlichen Index detebe 21071
Natur. Aus dem Amerikanischen von Harald Kiczka. Mit einem Nachruf auf Emerson von Herman Grimm. detebe 21657
Repräsentanten der Menschheit. Deutsch von Oskar Dähnert. Mit einem Nachwort von Egon Friedell. detebe 21696

● **William Faulkner**
Brandstifter. Gesammelte Erzählungen I. Aus dem Amerikanischen von Elisabeth Schnack. detebe 20040
Eine Rose für Emily. Gesammelte Erzählungen II. Deutsch von Elisabeth Schnack detebe 20041
Rotes Laub. Gesammelte Erzählungen III. Deutsch von Elisabeth Schnack detebe 20042
Sieg im Gebirge. Gesammelte Erzählungen IV. Deutsch von Elisabeth Schnack detebe 20043
Schwarze Musik. Gesammelte Erzählungen V. Deutsch von Elisabeth Schnack detebe 20044
Die Unbesiegten. Roman. Deutsch von Erich Franzen. detebe 20075
Sartoris. Roman. Deutsch von Hermann Stresau. detebe 20076
Als ich im Sterben lag. Roman. Deutsch von Albert Hess und Peter Schünemann detebe 20077
Schall und Wahn. Roman. Revidierte Übersetzung von Helmut M. Braem und Elisabeth Kaiser. detebe 20096
Absalom, Absalom! Roman. Deutsch von Hermann Stresau. detebe 20148
Go down, Moses. Chronik amilie. Deutsch von Hermann Stresau und Elisabeth Schnack. detebe 20149
Der große Wald. Jagdgeschichten. Deutsch von Elisabeth Schnack. detebe 20150
Griff in den Staub. Roman. Deutsch von Harry Kahn. detebe 20151
Der Springer greift an. Kriminalgeschichten. Deutsch von Elisabeth Schnack detebe 20152
Soldatenlohn. Roman. Deutsch von Susanna Rademacher. detebe 20512
Moskitos. Roman. Deutsch von Richard K. Flesch. detebe 20512

Wendemarke. Roman. Deutsch von Georg Goyert. detebe 20513
Die Freistatt. Roman. Deutsch von Hans Wollschläger. detebe 20802
Licht im August. Roman. Deutsch von Franz Fein. detebe 20803
Wilde Palmen und Der Strom. Doppelroman. Deutsch von Helmut M. Braem und Elisabeth Kaiser. detebe 20988
Die Spitzbuben. Roman. Deutsch von Elisabeth Schnack. detebe 20989
Eine Legende. Roman. Deutsch von Kurt Heinrich Hansen. detebe 20990
Requiem für eine Nonne. Roman in Szenen. Deutsch von Robert Schnorr. detebe 20991
Das Dorf. Roman. Erster Teil der *Snopes-Trilogie.* Deutsch von Helmut M. Braem und Elisabeth Kaiser. detebe 20992
Die Stadt. Roman. Zweiter Teil der *Snopes-Trilogie.* Deutsch von Elisabeth Schnack detebe 20993
Das Haus. Roman. Dritter Teil der *Snopes-Trilogie.* Deutsch von Elisabeth Schnack detebe 20994
New Orleans. Skizzen und Erzählungen. Deutsch von Arno Schmidt. detebe 20995
Briefe. Herausgegeben und übersetzt von Elisabeth Schnack und Fritz Senn detebe 20958

Als Ergänzungsband liegt vor:
Über William Faulkner. Essays, Rezensionen, ein Interview, Zeichnungen, Chronik und Bibliographie. Herausgegeben von Gerd Haffmans. detebe 20098

● **F. Scott Fitzgerald**
Der große Gatsby. Roman. Revidierte Übersetzung aus dem Amerikanischen von Walter Schürenberg. detebe 20183
Der letzte Taikun. Roman. Deutsch von Walter Schürenberg. detebe 20395
Pat Hobby's Hollywood-Stories. Übersetzt und mit Anmerkungen versehen von Harry Rowohlt. detebe 20510
Der Rest von Glück. Erzählungen 1920 detebe 20744
Ein Diamant – so groß wie das Ritz. Erzählungen 1922–1926. detebe 20745
Der gefangene Schatten. Erzählungen 1926 bis 1928. detebe 20746
Die letzte Schöne des Südens. Erzählungen 1928–1930. detebe 20747
Wiedersehen mit Babylon. Erzählungen 1930 bis 1940. detebe 20748
Alle Erzählungen in der Übersetzung von Walter Schürenberg und Walter E. Richartz

Zärtlich ist die Nacht. Roman. Neu übersetzt von Walter E. Richartz und Hanna Neves. Vorwort von Malcolm Cowley. detebe 21119
Das Liebesschiff. Erzählungen. Deutsch von Alexander Schmitz. detebe 21187
Der ungedeckte Scheck. Erzählungen Deutsch von Alexander Schmitz detebe 21305
Meistererzählungen. Ausgewählt und mit einem Nachwort von Elisabeth Schnack. Deutsch von Walter Schürenberg, Anna von Cramer-Klett, Elga Abramowitz und Walter E. Richartz. detebe 21583

● **Ford Madox Ford**
Die allertraurigste Geschichte. Roman Aus dem Englischen von Fritz Lorch und Helene Henze. detebe 20532

● **Henry Rider Haggard**
Sie. Abenteuerroman. Aus dem Englischen von Helmut Degner. detebe 20236
König Salomons Schatzkammer. Roman Deutsch von V.H. Schmied. detebe 20920

● **Dashiell Hammett**
Der Malteser Falke. Roman. Aus dem Amerikanischen von Peter Naujack. detebe 20131
Rote Ernte. Roman. Deutsch von Gunar Ortlepp. detebe 20292
Der Fluch des Hauses Dain. Roman. Deutsch von Wulf Teichmann. detebe 20293
Der gläserne Schlüssel. Roman. Deutsch von Hans Wollschläger. detebe 20294
Der dünne Mann. Roman. Deutsch von Tom Knoth. detebe 20295
Fliegenpapier. Detektivstories I. Deutsch von Harry Rowohlt, Helmut Kossodo, Helmut Degner, Peter Naujack und Elizabeth Gilbert. Vorwort von Lillian Hellman detebe 20911
Fracht für China. Detektivstories II. Deutsch von Elizabeth Gilbert, Antje Friedrichs und Walter E. Richartz. detebe 20912
Das große Umlegen. Detektivstories III. Deutsch von Walter E. Richartz, Hellmuth Karasek und Wulf Teichmann. detebe 20913
Das Haus in der Turk Street. Detektivstories IV. Deutsch von Wulf Teichmann detebe 20914
Das Dingsbums Küken. Detektivstories V. Deutsch von Wulf Teichmann. Nachwort von Steven Marcus. detebe 20915
Meistererzählungen. Ausgewählt von William Matheson. Deutsch von Wulf Teichmann, Walter E. Richartz und Elizabeth Gilbert. detebe 21722

Als Ergänzungsband liegt vor:
Diane Johnson
Dashiell Hammett. Eine Biographie. Aus dem Amerikanischen von Nikolaus Stingl. Mit zahlreichen Abbildungen. detebe 21618

● **O. Henry**
Die klügere Jungfrau. Geschichten aus den Zyklen ›Die vier Millionen‹ und ›Die klügere Jungfrau‹. Mit einem Essay von Cesare Pavese. detebe 20871
Das Herz des Westens. Geschichten aus den Zyklen ›Das Herz des Westens‹ und ›Die Stimme der Stadt‹. detebe 20872
Der edle Gauner. Geschichten aus den Zyklen ›Der edle Gauner‹ und ›Zur Wahl‹ detebe 20873
Wege des Schicksals. Geschichten aus den Zyklen ›Wege des Schicksals‹ und ›Wirbel‹ detebe 20874
Streng geschäftlich. Geschichten aus den Zyklen ›Streng geschäftlich‹ und ›Sechser und Siebner‹. detebe 20875
Rollende Steine. Geschichten aus den Zyklen ›Rollende Steine‹ und ›Strandgut‹. Mit einem Nachwort von Heinrich Böll. detebe 20876
Aus dem Amerikanischen von Annemarie und Heinrich Böll, Hans Wollschläger, Thomas Eichstätt, Wilhelm Höck, Theo Schumacher, Wolfgang Kreiter

● **James Joyce**
Das James Joyce Lesebuch. Auswahl aus ›Dubliner‹, ›Porträt des Künstlers‹ und ›Ulysses‹. Aus dem Englischen von Dieter E. Zimmer, Klaus Reichert und Hans Wollschläger. Nachwort von Fritz Senn detebe 20486

● **Ring Lardner**
Geschichten aus dem Jazz-Zeitalter. Herausgegeben und mit einem Nachwort von Fritz Güttinger. Aus dem Amerikanischen von Fritz Güttinger, Elisabeth Schnack und Ingeborg Hucke. detebe 20153

● **D. H. Lawrence**
Mr. Noon. Roman. Aus dem Englischen von Nikolaus Stingl. Leinen
Der preußische Offizier. Sämtliche Erzählungen I. detebe 20184
England, mein England. Sämtliche Erzählungen II. detebe 20185
Die Frau, die davonritt. Sämtliche Erzählungen III. detebe 20186
Der Mann, der Inseln liebte. Sämtliche Erzählungen IV. detebe 20187

Der Fremdenlegionär. Autobiographisches und frühe Erzählungen, Fragmente. Sämtliche Erzählungen V. detebe 20188
Der Fuchs / Der Marienkäfer / Die Hauptmanns-Puppe. Sämtliche Kurzromane I detebe 20189
Der Hengst St. Mawr. Sämtliche Kurzromane II. detebe 20190
Liebe im Heu / Das Mädchen und der Zigeuner / Der Mann, der gestorben war. Sämtliche Kurzromane III. detebe 20191
Deutsch von Martin Beheim-Schwarzbach, Georg Goyert, Marta Hackel, Karl Lerbs, Elisabeth Schnack und Gerda von Uslar. Im Anhang des letzten Bandes Nachweis der Erstdrucke, Anmerkungen und Literaturhinweise
Liebe, Sex und Emanzipation. Essays
Deutsch von Elisabeth Schnack
detebe 20955
John Thomas & Lady Jane. Roman. Deutsch von Susanna Rademacher. detebe 20299
Briefe. Deutsch von Elisabeth Schnack, Einleitung von Aldous Huxley, Nachwort von Elisabeth Schnack, Personenverzeichnis, Chronik und Bibliographie. detebe 20954
Mexikanischer Morgen. Reisetagebücher
Deutsch von Alfred Kuoni. detebe 21311
Das Meer und Sardinien. Reisetagebücher
Deutsch von Georg Goyert. detebe 21312
Etruskische Stätten. Reisetagebücher.
Deutsch von Oswalt von Nostitz
detebe 21313
Italienische Dämmerung. Reisetagebücher
Deutsch von Georg Goyert. detebe 21314
Die gefiederte Schlange. Roman. Deutsch von Georg Goyert. detebe 21464

Außerdem liegt vor:
Robert Lucas
Frieda von Richthofen
Ihr Leben mit D.H. Lawrence, dem Dichter der Lady Chatterley. detebe 21356

● **Jack London**
Südsee-Abenteuer. Erzählungen. Aus dem Amerikanischen von Christine Hoeppener detebe 21508
Der Seewolf. Roman. Deutsch von Christine Hoeppener. detebe 21509
John Barleycorn oder Der Alkohol. Deutsch von Günter Löffler. detebe 21510
Der Ruf der Wildnis. Deutsch von Günter Löffler. detebe 21511
Weißzahn, der Wolfshund. Deutsch von Günter Löffler. detebe 21512

● **Carson McCullers**
Wunderkind. Erzählungen I. Aus dem Amerikanischen von Elisabeth Schnack
detebe 20140

Madame Zilensky und der König von Finnland. Erzählungen II. Deutsch von Elisabeth Schnack. detebe 20141
Die Ballade vom traurigen Café. Novelle. Deutsch von Elisabeth Schnack. Diogenes Evergreens. Auch als detebe 20142
Das Herz ist ein einsamer Jäger. Roman Deutsch von Susanna Rademacher detebe 20143
Spiegelbild im goldnen Auge. Roman Deutsch von Richard Moering. detebe 20144
Frankie. Roman. Deutsch von Richard Moering. detebe 20145
Uhr ohne Zeiger. Roman. Deutsch von Elisabeth Schnack. detebe 20146

Als Ergänzungsband liegt vor:
Über Carson McCullers. Essay von und über Carson McCullers. Deutsch von Elisabeth Schnack und Elizabeth Gilbert. Mit Chronik und Bibliographie. Herausgegeben von Gerd Haffmans. detebe 20147

● **A.E.W. Mason**
Die vier Federn. Roman. Aus dem Englischen von Thomas Schlück. detebe 21167

● **W. Somerset Maugham**
Die besten Geschichten von W. Somerset Maugham. Ausgewählt von Gerd Haffmans Diogenes Evergreens
Honolulu. Erzählungen. detebe 21372
Das glückliche Paar. Erzählungen detebe 20332
Vor der Party. Erzählungen. detebe 20333
Die Macht der Umstände. Erzählungen detebe 20334
Lord Mountdrago. Erzählungen. detebe 20335
Das ewig Menschliche. Erzählungen detebe 21365
Ashenden oder Der britische Geheimagent. Erzählungen. detebe 20337
Entlegene Welten. Erzählungen detebe 20338
Winter-Kreuzfahrt. Erzählungen detebe 20339
Fata Morgana. Erzählungen. detebe 20340
Aus dem Englischen von Felix Gasbarra, Marta Hackel, Ilse Krämer, Claudia und Wolfgang Mertz, Wulf Teichmann, Friedrich Torberg, Kurt Wagenseil, Mimi Zoff. u.a.

Rosie und die Künstler. Roman. Deutsch von Hans Kauders und Claudia Schmölders detebe 20086
Silbermond und Kupfermünze. Roman Deutsch von Susanne Feigl. detebe 20087
Auf Messers Schneide. Roman. Deutsch von N. O. Scarpi. detebe 20088

Theater. Ein Schauspielerroman. Deutsch von Renate Seiller und Ute Haffmans detebe 20163
Damals und heute. Ein Machiavelli-Roman. Deutsch von Hans Flesch und Ann Mottier detebe 20164
Der Magier. Ein parapsychologischer Roman. Deutsch von Melanie Steinmetz und Ute Haffmans. detebe 20165
Oben in der Villa. Ein kriminalistischer Liebesroman. Deutsch von William G. Frank und Ann Mottier. detebe 20166
Mrs. Craddock. Liebesroman. Deutsch von Elisabeth Schnack. detebe 20167
Der Menschen Hörigkeit. Roman. Deutsch von Mimi Zoff und Susanne Feigl detebe 20298
Südsee-Romanze. Roman. Deutsch von Mimi Zoff. detebe 21003
Liza von Lambeth. Ein Liebesroman Deutsch von Irene Muehlon. detebe 21307
Don Fernando oder Eine Reise in die spanische Kulturgeschichte. Deutsch von Matthias Fienbork. detebe 21325
Der bunte Schleier. Roman. Deutsch von Anna Kellner und Irmgard Andrae detebe 21461
Meistererzählungen. Ausgewählt von Gerd Haffmans. Deutsch von Mimi Zoff, Tina Haffmans und Kurt Wagenseil. detebe 21726

● **Herman Melville**
Moby-Dick. Roman. Aus dem Amerikanischen von Thesi Mutzenbecher und Ernst Schnabel. detebe 20385
Billy Budd. Erzählung. Deutsch von Richard Moering. detebe 20787

● **Sean O'Casey**
Purpurstaub. Komödie. Aus dem Englischen von Helmut Baierl und Georg Simmgen detebe 20002
Dubliner Trilogie. Tragödien. Deutsch von Maik Hamburger, Adolf Dresen, Volker Canaris und Dieter Hildebrandt detebe 20034
Ich klopfe an. Autobiographie I. Deutsch von Georg Goyert. detebe 20394
Bilder in der Vorhalle. Autobiographie II Deutsch von Georg Goyert. detebe 20761
Trommeln unter den Fenstern. Autobiographie III. Deutsch von Werner Beyer detebe 20762
Irland, leb wohl! Autobiographie IV. Deutsch von Werner Beyer. detebe 20763
Rose und Krone. Autobiographie V. Deutsch von Werner Beyer. detebe 20764

Dämmerung und Abendstern. Autobiographie VI. Deutsch von Werner Beyer
detebe 20765

Das Sean O'Casey Lesebuch. Eine Auswahl aus den Stücken, der Autobiographie und den Essays. Mit einem Vorwort von Heinrich Böll und einem Nachwort von Klaus Völker. Herausgegeben mit Anmerkungen, einer Chronik und Daten zur irischen Geschichte von Urs Widmer. detebe 21126

● **Frank O'Connor**
Und freitags Fisch. Gesammelte Erzählungen I. detebe 20170
Mein Ödipus-Komplex. Gesammelte Erzählungen II. detebe 20352
Don Juans Versuchung. Gesammelte Erzählungen III. detebe 20353
Eine unmögliche Ehe. Gesammelte Erzählungen IV. detebe 20354
Eine selbständige Frau. Gesammelte Erzählungen V. detebe 20355
Brautnacht. Gesammelte Erzählungen VI
detebe 20356
Die Reise nach Dublin. Roman. Leinen
Einziges Kind. Biographie I. detebe 21021
Meines Vaters Sohn. Biographie II
detebe 21022
Alle Bände aus dem Englischen übersetzt von Elisabeth Schnack

● **Sean O'Faolain**
Sünder und Sänger. Ausgewählte Erzählungen I. Aus dem Englischen von Elisabeth Schnack. detebe 20231
Trinker und Träumer. Ausgewählte Erzählungen II. Deutsch von Elisabeth Schnack
detebe 20741
Lügner und Liebhaber. Ausgewählte Erzählungen III. Deutsch von Elisabeth Schnack
detebe 20742

● **Liam O'Flaherty**
Armut und Reichtum. Ausgewählte Erzählungen. Aus dem Englischen von Elisabeth Schnack. detebe 20232
Ich ging nach Rußland. Reisebericht
Deutsch von Heinrich Hauser. detebe 20016
Der Denunziant. Roman. Deutsch von
H. Hauser. detebe 21191
Tiergeschichten. Gesammelt und übersetzt von Elisabeth Schnack. detebe 21253
Zornige grüne Insel. Eine irische Saga.
Deutsch von Herbert Roch. detebe 21330

● **George Orwell**
Erledigt in Paris und London. Bericht. Aus dem Englischen von Alexander Schmitz
detebe 20533

Tage in Burma. Roman. Deutsch von Susanna Rademacher. detebe 20308
Eine Pfarrerstochter. Roman. Deutsch von Hanna Neves. detebe 21088
Die Wonnen der Aspidistra. Roman. Deutsch von Nikolaus Stingl. detebe 21086
Der Weg nach Wigan Pier. Sozialreportage. Deutsch von Manfred Papst. detebe 21000
Mein Katalonien. Bericht über den Spanischen Bürgerkrieg. Deutsch von Wolfgang Rieger. detebe 20214
Auftauchen, um Luft zu holen. Roman
Deutsch von Helmut M. Braem
detebe 20804
Farm der Tiere. Ein Märchen. Neu aus dem Englischen übersetzt von Michael Walter. Mit Zeichnungen von F. K. Waechter und einem neuentdeckten Nachwort des Autors ›Die Pressefreiheit‹. Diogenes Evergreens
Auch als detebe 20118
1984. Roman. Deutsch von Kurt Wagenseil.
detebe 21089
Im Innern des Wals. Ausgewählte Essays I.
Deutsch von Felix Gasbarra und Peter Naujack. detebe 20213
Rache ist sauer. Ausgewählte Essays II.
Deutsch von Felix Gasbarra, Peter Naujack und Claudia Schmölders. detebe 20250
Charles Dickens. Ein Essay. Deutsch von Manfred Papst. detebe 21398
Das George Orwell Lesebuch. Herausgegeben und mit einem Nachwort von Fritz Senn. Deutsch von Tina Richter. detebe 20788
Denken mit Orwell. Sätze für Zeitgenossen, zusammengestellt von Fritz Senn. Deutsch von Felix Gasbarra und Tina Richter. Mit 8 Zeichnungen von Tomi Ungerer. Kleine Diogenes Evergreens

Zur Ergänzung liegen vor:
Über George Orwell. Herausgegeben von Manfred Papst. Deutsch von Matthias Fienbork. detebe 21225
George Woodcock
Der Hellseher. George Orwell's Werk und Wirken. Deutsch von Matthias Fienbork
Leinen

● **Edgar Allan Poe**
Die schwarze Katze und andere Verbrechergeschichten. detebe 21183
Die Maske des roten Todes und andere phantastische Fahrten. detebe 21184
Der Teufel im Glockenstuhl und andere Scherz- und Spottgeschichten. detebe 21185
Der Untergang des Hauses Usher und andere Geschichten von Schönheit, Liebe und Wiederkunft. detebe 21182

Alle vier Bände herausgegeben von Theodor Etzel. Aus dem Amerikanischen von Gisela Etzel, Wolf Durian u.a.
Meistererzählungen. Ausgewählt und mit einem Vorwort von Mary Hottinger. Deutsch von Gisela Etzel. detebe 21721

● **Saki**
Die offene Tür. Ausgewählte Erzählungen. Aus dem Englischen von Günter Eichel Illustrationen von Edward Gorey detebe 20115

● **Olive Schreiner**
Geschichte einer afrikanischen Farm. Roman. Aus dem Englischen von Elisabeth Schnack detebe 20885

● **Walter Scott**
Ivanhoe. Roman. Aus dem Englischen von Benno Tschischwitz. Mit einem Nachwort von Hermann Meier. detebe 21321

● **William Shakespeare**
Dramatische Werke in 10 Bänden
In der Übersetzung von Schlegel/Tieck. Als Vorlage diente die Edition von Hans Matter. Jeder Band mit einer editorischen Notiz des Herausgebers und Illustrationen von Heinrich Füßli aus der Ausgabe von 1805
Romeo und Julia / Hamlet / Othello detebe 20631
König Lear / Macbeth / Timon von Athen detebe 20632
Julius Cäsar / Antonius und Cleopatra Coriolanus. detebe 20633
Verlorene Liebesmüh / Die Komödie der Irrungen / Die beiden Veroneser / Der Widerspenstigen Zähmung. detebe 20634
Ein Sommernachtstraum / Der Kaufmann von Venedig / Viel Lärm um nichts / Wie es euch gefällt / Die lustigen Weiber von Windsor detebe 20635
Ende gut, alles gut / Was ihr wollt / Troilus und Cressida / Maß für Maß. detebe 20636
Cymbeline / Das Wintermärchen / Der Sturm. detebe 20637
Heinrich der Sechste / Richard der Dritte detebe 20638
Richard der Zweite / König Johann Heinrich der Vierte. detebe 20639
Heinrich der Fünfte / Heinrich der Achte Titus Andronicus. detebe 20640
Shakespeare's Sonette. Deutsch und englisch, Nachdichtung von Karl Kraus. Statt eines Nachworts ein Essay von Karl Kraus aus der *Fackel:* »Sakrileg an George oder Sühne an Shakespeare?« detebe 20381

● **Laurence Sterne**
Tristram Shandy. Roman. Aus dem Englischen von Rudolf Kassner. Anmerkungen von Walther Martin. detebe 20950

● **R. L. Stevenson**
Werke in 12 Bänden. Nach der Edition und Übersetzung aus dem Englischen von Curt und Marguerite Thesing
Die Schatzinsel. Roman. detebe 20701
Der Junker von Ballantrae. Roman detebe 20703
Die Entführung. Roman. detebe 20704
Catriona. Roman. detebe 20705
Die Herren von Hermiston. Roman (Fragment). detebe 20702
Der Pavillon auf den Dünen / Der seltsame Fall von Dr. Jekyll und Mr. Hyde Zwei Novellen. detebe 20706
Der Selbstmörderklub / Der Diamant des Rajahs. Zwei Geschichtensammlungen detebe 20707
Die tollen Männer und andere Geschichten detebe 20708
Der Flaschenteufel und andere Geschichten detebe 20709
Der Leichenräuber und andere Geschichten detebe 20710
Der gefährliche Archipel. In der Südsee I Roman. Deutsch von Marguerite Thesing detebe 21449
Der Palast der vielen Frauen. In der Südsee II Roman. Deutsch von Marguerite Thesing detebe 21450

● **Henry David Thoreau**
Walden oder Leben in den Wäldern. Aus dem Amerikanischen von Emma Emmerich und Tatjana Fischer. Mit Anmerkungen, Chronik und Register und mit einem Vorwort von W.E. Richartz. detebe 20019
Über die Pflicht zum Ungehorsam gegen den Staat und andere Essays. Auswahl, Übersetzung und Nachwort von W.E. Richartz detebe 20063

● **Mark Twain**
Gesammelte Werke in 5 Bänden. Herausgegeben, mit Anmerkungen und einem Nachwort von Klaus-Jürgen Popp. detebe 21338
Tom Sawyers Abenteuer. Roman. Aus dem Amerikanischen von Lore Krüger. Mit einem Nachwort von Jack D. Zipes. detebe 21369
Huckleberry Finns Abenteuer. Roman Deutsch von Lore Krüger. Mit einem Essay von T.S. Eliot. detebe 21370

Kannibalismus auf der Eisenbahn und andere Erzählungen. Deutsch von Günther Klotz
detebe 21488
Der gestohlene weiße Elefant und andere Erzählungen. Deutsch von Günther Klotz
detebe 21489
Die Eine-Million-Pfund-Note und andere Erzählungen. Deutsch von Ana Maria Brock und Otto Wilck. detebe 21490
Der Prinz und der Bettelknabe. Eine Erzählung für junge Menschen jeden Alters. Herausgegeben und mit Anmerkungen von Klaus-Jürgen Popp. Deutsch von Lore Krüger
detebe 21507

● **Lewis Wallace**
Ben Hur. Eine Erzählung aus der Zeit Christi. Aus dem Amerikanischen und mit einem Nachwort von Hugo Reichenbach
detebe 21291

● **Evelyn Waugh**
Auf der schiefen Ebene. Roman. Aus dem Englischen von Ulrike Simon. detebe 21173
Der Knüller. Roman. Deutsch von Elisabeth Schnack. detebe 21176
Lust und Laster. Roman. Deutsch von Ulrike Simon. detebe 21174
Tod in Hollywood. Roman. Deutsch von Peter Gan. detebe 21175
Charles Ryders Tage vor Brideshead Erzählungen. Deutsch von Otto Bayer
detebe 21276
Wer zuerst kommt, mahlt zuerst. Erzählungen. Deutsch von Otto Bayer. detebe 21277
Gilbert Pinfolds Höllenfahrt. Roman
Deutsch von Irmgard Andrae. detebe 21326
Eine Handvoll Staub. Roman. Deutsch von Matthias Fienbork. detebe 21348
Schwarzes Unheil. Roman. Deutsch von Irmgard Andrae. detebe 21402
Mit Glanz und Gloria. Roman. Deutsch von Matthias Fienbork. detebe 21465
Helena. Roman. Deutsch von Peter Gan
detebe 21642

● **H. G. Wells**
Der Krieg der Welten. Roman. Aus dem Englischen von G. A. Crüwell und Claudia Schmölders. detebe 20171
Die Zeitmaschine. Roman. Deutsch von Peter Naujack. detebe 20172
Die Geschichte unserer Welt. Vom Neanderthaler bis zum Zweiten Weltkrieg. Deutsch von Otto Mandl, Helene M. Reiff und Eva Redtenbacher. Erweiterte Neuausgabe
detebe 20217

● **Walt Whitman**
Grashalme. Nachdichtung von Hans Reisiger
Mit einem Essay von Gustav Landauer
detebe 21351

● **Oscar Wilde**
Der Sozialismus und die Seele des Menschen. Ein Essay. Aus dem Englischen von Gustav Landauer und Hedwig Lachmann
detebe 20003
Sämtliche Erzählungen. Mit Zeichnungen von Aubrey Beardsley. Herausgegeben und mit einem Nachwort von Gerd Haffmans
detebe 20985
Das Bildnis des Dorian Gray. Roman
Deutsch von W. Fred. detebe 21411
De profundis. Epistola: in carcere et vinculis sowie Die Ballade vom Zuchthaus zu Reading. Deutsch von Hedda Soellner und Otto Hauser. Mit einem Essay von Jorge Luis Borges. detebe 21499
Extravagante Gedanken. Eine Auswahl Herausgegeben und mit einem Vorwort von Wolfgang Kraus. Auswahl und Übersetzung von Candida Kraus. detebe 21648

● **P. G. Wodehouse**
Promenadenmischung. Lustige Geschichten I Aus dem Englischen von Günter Eichel
detebe 21056
Der Pennymillionär. Lustige Geschichten II. Deutsch von Günter Eichel. detebe 21226

● **Cornell Woolrich**
Der schwarze Vorhang. Roman. Aus dem Amerikanischen von Signe Rüttgers
detebe 21625
Der schwarze Engel. Roman. Deutsch von Harald Beck und Claus Melchior
detebe 21626
Der schwarze Pfad. Roman. Deutsch von Daisy Remus. detebe 21627
Das Fenster zum Hof und vier weitere Kriminalstories. Deutsch von Jürgen Bauer und Edith Nerke. detebe 21718
Walzer in die Dunkelheit. Roman. Deutsch von Harald Beck und Claus Melchior
detebe 21719
Die Nacht hat tausend Augen. Roman
Deutsch von Michael K. Georgi. detebe 21720
Ich heiratete einen Toten. Roman. Deutsch von Matthias Müller. detebe 21742
Im Dunkel der Nacht. Kriminalstories. Deutsch von Signe Rüttgers. detebe 21759

Die großen
Erzähler der Weltliteratur
im Diogenes Verlag

● **Pedro Antonio de Alarcón**
Meistererzählungen
Herausgegeben und mit einem Nachwort von Werner Bahner. Aus dem Spanischen von Georg Spranger. detebe 21703

● **Marcel Aymé**
Meistererzählungen
Aus dem Französischen von Hildegard Fuchs und Gertrud Grohmann. detebe 21704

● **Anton Čechov**
Meistererzählungen
Ausgewählt von Franz Sutter. Aus dem Russischen von Ada Knipper, Herta von Schulz und Gerhard Dick. detebe 21702

● **Raymond Chandler**
Meistererzählungen
Aus dem Amerikanischen von Hans Wollschläger. detebe 21619

● **Fjodor Dostojewskij**
Meistererzählungen
Edition, Übersetzung und Nachwort von Johannes von Guenther. detebe 20951

● **Joseph von Eichendorff**
Meistererzählungen
detebe 21608

● **F. Scott Fitzgerald**
Meistererzählungen
Ausgewählt und mit einem Nachwort von Elisabeth Schnack. Aus dem Amerikanischen von Walter Schürenberg, Anna von Cramer-Klett, Elga Abramowitz und Walter E. Richartz. detebe 21583

● **Dashiell Hammett**
Meistererzählungen
Ausgewählt von William Matheson. Aus dem Amerikanischen von Wulf Teichmann, Walter E. Richartz und Elizabeth Gilbert detebe 21722

● **Hermann Hesse**
Meistererzählungen
Herausgegeben und mit einem Nachwort von Volker Michels. detebe 20984

● **Patricia Highsmith**
Meistererzählungen
Ausgewählt von Patricia Highsmith. Aus dem Amerikanischen von Anne Uhde, Walter E. Richartz und Wulf Teichmann. detebe 21723

● **Nikolai Lesskow**
Meistererzählungen
Ausgewählt von Anna Guenther. Aus dem Russischen von Johannes Guenther detebe 21651

● **Joaquim Maria Machado de Assis**
Meistererzählungen
Herausgegeben, übersetzt und mit einem Nachwort von Curt Meyer-Clason detebe 21504

● **Heinrich Mann**
Meistererzählungen
Herausgegeben von Christian Strich Mit einem Vorwort von Hugo Loetscher und Zeichnungen von George Grosz. detebe 20981

● **W. Somerset Maugham**
Meistererzählungen
Ausgewählt von Gerd Haffmans. Aus dem Englischen von Elisabeth Schnack detebe 21726

● **Luigi Pirandello**
Meistererzählungen
Auswahl und Nachwort von Lisa Rüdiger. Aus dem Italienischen von Percy Eckstein, Hans Hinterhäuser und Lisa Rüdiger. detebe 21527

● **Alexander S. Puschkin**
Meistererzählungen
Aus dem Russischen von André Villard. Mit einem Fragment »Über Puschkin« von Maxim Gorki. detebe 21526

● **Georges Simenon**
Meistererzählungen
Aus dem Französischen von Wolfram Schäfer u.a. detebe 21620

● **Henry Slesar**
Meistererzählungen
Aus dem Amerikanischen von Thomas
Schlück. detebe 21621

● **Adalbert Stifter**
Meistererzählungen
detebe 21609

● **Rodolphe Toepffer**
Meistererzählungen
Ausgewählt und aus dem Französischen von
H. Graef. Mit einem Vorwort von Maurice
Aubry. detebe 21505

● **Leo Tolstoi**
Meistererzählungen
Ausgewählt von Christian Strich. Aus dem
Russischen von Arthur Luther, Erich Müller
und August Scholz. detebe 21700

● **Iwan Turgenjew**
Meistererzählungen
Herausgegeben und aus dem Russischen von
Johannes von Guenther. detebe 21051

Lesebücher
im Diogenes Verlag

Das Diogenes Lesebuch klassischer deutscher Erzähler
in drei Bänden: I. von Wieland bis Kleist, II. von Grimm bis Hauff, III. von Mörike bis Busch. Herausgegeben von Christian Strich und Gerd Haffmans
detebe 20727, 20728, 20669

Das Diogenes Lesebuch moderner deutscher Erzähler
in zwei Bänden: I. von Schnitzler bis Kästner, II. von Andersch bis Urs Widmer. Herausgegeben von Christian Strich und Gerd Haffmans
detebe 20782 und 20776

Das Diogenes Lesebuch amerikanischer Erzähler
Geschichten von Washington Irving bis Harold Brodkey. Bio-Bibliographie der Autoren und Literaturhinweise. Herausgegeben von Gerd Haffmans. detebe 20271

Das Diogenes Lesebuch englischer Erzähler
Geschichten von Wilkie Collins bis Alan Sillitoe. Bio-Bibliographie der Autoren und Literaturhinweise. Herausgegeben von Gerd Haffmans. detebe 20272

Das Diogenes Lesebuch französischer Erzähler
von Stendhal bis Simenon. Herausgegeben von Anne Schmucke und Gerda Lheureux.
detebe 20304

Das Diogenes Lesebuch irischer Erzähler
Geschichten von Joseph Sheridan Le Fanu bis Edna O'Brien. Bio-Bibliographie der Autoren und Literaturhinweise. Herausgegeben von Gerd Haffmans. detebe 20273

Das Diogenes Lesebuch deutscher Balladen
von Bürger bis Brecht. Herausgegeben von Christian Strich. detebe 20923

Das Günther Anders Lesebuch
Herausgegeben von Bernhard Lassahn
detebe 21232

Das Alfred Andersch Lesebuch
Herausgegeben von Gerd Haffmans
detebe 20695

Das Gottfried Benn Lesebuch
Ein Querschnitt durch das Prosawerk, herausgegeben von Max Niedermayer und Marguerite Schlüter. detebe 20982

Das Wilhelm Busch Bilder- und Lesebuch
Ein Querschnitt durch sein Werk, dazu Essays und Zeugnisse sowie Chronik und Bibliographie. Herausgegeben von Gerd Haffmans. detebe 20391

Das Čechov Lesebuch
Herausgegeben, kommentiert und mit einem Vorwort von Peter Urban. detebe 21245

Das James Joyce Lesebuch
Auswahl aus ›Dubliner‹, ›Porträt des Künstlers‹ und ›Ulysses‹. Aus dem Englischen von Dieter E. Zimmer, Klaus Reichert und Hans Wollschläger. Mit Aufzeichnungen von Georges Borach und einer Betrachtung von Fritz Senn. detebe 20486

Das Erich Kästner Lesebuch
Herausgegeben von Christian Strich
detebe 20515

Das Hugo Loetscher Lesebuch
Herausgegeben von Georg Sütterlin
detebe 21207

Niklaus Meienberg
Heimsuchungen
Ein ausschweifendes Lesebuch. detebe 21355

Das Sean O'Casey Lesebuch
Herausgegeben von Urs Widmer. Mit einem Vorwort von Heinrich Böll und einem Nachwort von Klaus Völker. detebe 21126

Das George Orwell Lesebuch
Essays, Reportagen, Betrachtungen. Herausgegeben und mit einem Nachwort von Fritz Senn. Deutsch von Tina Richter.
detebe 20788